浙江省重点学科新闻传播学资助成果

传媒实务丛书

New Media Advertising

新媒体广告

孙　黎　徐凤兰　著

ZHEJIANG UNIVERSITY PRESS
浙江大学出版社

目　录

第一章　新媒体概述

你能想象对于一个活跃在 20 世纪 80 年代的企业家来说,可以注册任何他能想到的网络域名是多么令人震惊的事情吗? 无论域名有多长,多有特色,只需要确定没有人已经使用,就可以去注册它,甚至都不需要花钱。这个宏大的愿景早已成为现实。1994 年,Wired 杂志的一个作者突然发现 Mcdonalds.com 这个域名没有人注册,于是他在我们的鼓励下抢注了这个域名,尝试卖给麦当劳公司。但是当时麦当劳对互联网愚蠢的漠视,成就了一篇 Wired 上的经典故事——"价值 10 亿美元的域名注册"。不久之后,我巧合地发现 abc.com 这个域名还没被注册,因此我给 ABC 的顶层建筑——他们的执行部门发了一封咨询建议,建议他们应该招些极客①来迎接互联网时代,去注册一个独立的域名。

他们没理我。

不久之后,互联网变成了一个完全开放的前沿世界,很容易就可以看到任何东西。消费者几乎没什么特别想看的,因为几乎没有"篱笆"的阻碍。打开搜索引擎、网上商店,看看个人上传的视频,当然别忘了,这是当时才有的新奇事。现在回想起来,那时的情景就像是殖民者的浪潮,汹涌而来,将所有可能的领域夷为平地并在废墟上重新构建,只留下那些最困难的部分和粗糙的痕迹,让今人去颠覆。三十年后,互联网充斥着太多东西,APP、平台、设备,远远超过之后百年所有那些我们真正想关注的信息文本。然后它最终变成了一个浮肿、虚胖、装填过度的巨兽。即使你能够在夹缝中搞出一个微小的创新,又有谁会注意到呢?

让我们想想我们在过去三十年中因为互联网而得到的东西,会发现

---

①　极客是美国俚语"geek"的音译。随着互联网文化的兴起,这个词含有智力超群和努力的语意,被用于形容对计算机和网络技术有狂热兴趣并投入大量时间钻研的人。

它们真的是丰富得不可思议。我们获得了：和朋友家人即时、随地通讯的能力；任何时候都可以参阅的定制新闻；包含世界上大多数城市的3D可缩放地图；人人都能查的百科全书；可以用放在口袋里的平板电脑播放电影；第二天就能把货送到的虚拟百货商店——这仅仅是成百上千的例子中的六个罢了。

但是……问题在这儿。对于互联网本身来说，其实什么都没变。互联网还是它诞生时候的模样。如果我们通过时间机器做一次通往三十年后的时间旅行，在三十年后回顾今日，我们将会发现2044年对人们影响最大的产品不会是在2014年后才提出概念的。未来的人们也许待在全息甲板里，戴着虚拟现实的隐形眼镜，下载各种虚拟化身，用着各种智能界面，然后突然说："哦，你们那时候根本不算有真正的互联网（或者他们已经不这么叫了）。"

其实他们是对的。因为从我们的观点来看，最伟大的互联网产品就在我们身边。所有那些奇迹般的发明都像低低垂挂的果实等着那些疯狂的、笃信"这事没有不可能"的梦想家来摘取。

到2044年的时候，或许有个老人会对你说：你能想象2014年的时候对于企业家来说这玩意儿有多么惊人吗？这是一个完全开放边界的世界。你可以挑任何一个东西，给它加上人工智能，放在云端。一些设备开始放上一两个传感器，当然不像现在每个设备都有成百上千个。期望和阻碍变得更平了，很容易就可以研发出新东西。说不定那时候的人也会和我们一样叹息："哦，要是我们当时知道这种东西也能造出来就好了。"

现在，是在互联网上开始创造新东西的黄金时间。历史上从未有过这样开放的平台，超低的门槛，海量的机会，极高的收益风险比。是时候让未来人回顾我们的历史的时候感叹了："哇，好希望回到那个充满机会的时代啊。"

过去的三十年是一个了不起的起点，它构建了一个为那些伟大发明而准备的稳定平台。但是最酷的东西还没有被发明出来——尽管这个伟大发明可能不和今天任何一个存在的产品有相关性。它不仅做到"更好"，而且会是一个不同的、其他的、超验的东西。你早就知道它会诞生于此。

2014年7月，被誉为科技商业预言家的凯文·凯利（Kevin Kelly）在国外知名博客上发表了上述内容①。诚然,以网络为代表的新媒体发展到今天,已经改变了我们的生活方式,成为我们生活中不可或缺的一部分。我们甚至回忆不起来新媒体还未诞生的时候,人们是如何获取信息,如何相互交往,如何打发闲暇的。当下的新媒体经历几十年高速发展,虽然依旧生机勃勃,但信息过量、虚假诱导、隐私侵犯、网络安全等问题如影随形,使新媒体的发展似乎进入了瓶颈状态,让人无法乐观起来。而凯文·凯利通过此文疾呼"这是人类历史上最好的时代,你没有迟到",这不禁让人对新媒体的未来充满期待:新媒体的发展才刚刚起步,新媒体对未来社会的影响非同凡响!

第一节　新媒体概念界定

从人类诞生初期开始,信息传播技术的演进伴随着人类社会的发展。从语言到文字,从手抄到报纸,从广播到电视,从电脑到手机,每一种新的信息传播技术都开创了一个新的人类历史阶段,无一例外展现着与人类社会亲密的互动关系。

那么,当信息传播技术发展到今天——以电脑、网络为代表的新媒体阶段,我们便需要好好去了解,究竟什么是新媒体?

一、定义新媒体

新媒体(New Media)一词最早见于 1967 年美国哥伦比亚广播电视网技术研究所所长、NTSC 电视制式的发明者 P. 戈尔德马克(P. Goldmark)发表的一份关于开发电子录像商品的计划书。后来,1969 年,美国传播政策总统特别委员会主席 E. 罗斯托(E. Rostow)在向尼克松总统提交的报告书中也多次提到新媒体这一概念。② 从此,新媒体这个词慢慢在美国流行开来,之后在全世界得到了广泛传播。

随着科学技术的发展,新媒体处于不断变化、不断更新之中。所以,到目前为止,学界对新媒体的概念理解始终没有一个明确而统一的界定。

003

---

① 节选自凯文·凯利. 蒋思豪,译. 这是人类历史上开拓进取最好的时代,你并没有迟到 [DB/OL]. [2014-07-28]http://news.iheima.com/2014/0728/144493.html.

② 蒋宏,徐剑. 新媒体导论[M]. 上海:上海交通大学出版社,2006:12.

　　国外对于新媒体的定义主要从两个方面展开。一类定义聚焦于新媒体的媒体形态和技术特性。比如罗恩·莱斯(Ron Rice)强调计算机和电信技术的双向传播能力,将新媒体定义为这样的一些传播技术——"包含计算能力(微处理器或主机),能够允许或促进用户之间或用户和信息之间的互动。"这一度成为新媒体概念界定中最有代表性的"技术论"界定。另一类定义则受技术研究中的"社会形成观"的影响,认为对新媒体的理解要超越对媒体技术形态的关注,研究媒体技术与人类行为及社会结构的交互影响。①

　　从国内来看,清华大学熊澄宇教授认为:"所谓新媒体是一个相对的概念,'新'是相对'旧'而言的。"在媒体发展的过程中,我们可以看到新媒体是伴随着媒体的产生和发展在不断变化的。广播相对于报纸是新媒体,电视相对于广播是新媒体,网络相对于电视是新媒体。② 但实际上,新旧媒体的差异,不在于出现时间上的先与后,而在于技术基础、内容呈现形态及传播方式等方面。

　　当然有学者定义"凡是基于数字技术在传媒领域运用而产生的新媒体形态即是新媒体",虽然表明了新媒体存在和发展的技术基础,但"凡数字技术便是新媒体"的论断过于绝对,且依然回避了新媒体在内容呈现形态、传播方式等方面的特性。

　　还有学者简明扼要地把新媒体定义为"互动式数字化复合媒体",鲜明地指出了新媒体的核心特点,以区别于传统媒体。

　　华中科技大学的舒咏平教授在其《新媒体广告》一书中,对新媒体定义的描述相对完整和成熟,"就现阶段而言,新媒体指的是以数字传输为基础、可实现信息即时互动的媒体形式,其终端显现为网络连接的电脑、手机、电视等多媒体视频"。但把新媒体的内容呈现归结于多媒体视频,忽视其他众多的表现形式又显得过于狭隘了。

　　那么,究竟应该怎么定义新媒体才算完整且准确呢?

　　斯蒂夫·琼斯在《新媒体百科全书》导言中写道:"对于新媒体的唯一完美的定义无疑来自于对历史、技术和社会的综合理解。"在《新媒体手册》(Handbook of New Media)一版序言中,编者提出对新媒体的定义理

---

①　毕晓梅.国外新媒体研究溯源[J].国外社会科学,2011(3):114-118.
②　石磊.新媒体概论[M].北京:中国传媒大学出版社,2009:2.

解应包含以下几个层面："延伸我们传播能力的设备装置;使用这些设备进行的传播活动和实践;围绕上述设备与实践形成的社会组织与惯例。"①这些观点无疑为新媒体概念界定提供了相对完整的框架。

综上,在对国内外众多学者的新媒体研究成果分析的基础上,本书认为新媒体是以数字技术、网络技术为基础,以多媒体作为信息呈现方式的媒介形态,通过用户与用户、用户与信息之间的即时互动沟通以助于传播实践的展开,并在媒介形态和传播实践的共同作用下形成特定的社会组织与结构。所以,新媒体的概念界定范围其实相当广泛,既包括从终端(如互联网电视机、平板电脑、智能手机等)角度理解新媒体,也包括从内容和服务(如微博、博客、社交网站等)角度分析新媒体。

二、新媒体定义的核心内容

由上面关于新媒体的阐述,我们可以看到,本书提出的新媒体定义主要由以下几个核心内容构成:

1. 新媒体的建立基础是数字技术和网络技术

当下的新媒体是利用数字技术、网络技术,通过互联网、宽带局域网、无线通信网、卫星等渠道,以计算机、手机、数字电视机等终端,向用户提供数字化内容的媒介形态。可以说,数字技术和网络技术的出现直接推动了媒介的演进,赋予了新媒体大容量存储、快速度传输等传统媒体无法比拟的优势。

2. 新媒体的信息呈现方式是多媒体

新媒体的信息是由文本、图像、动画、音频、视频等有机组合呈现的,即多媒体是新媒体信息内容的呈现方式。多媒体本身具备的多样性、集成性、交互性等特点更加突出了新媒体在信息呈现及传播中的优势。

3. 新媒体给予用户实时互动沟通的可能

新媒体具备的实时、双向、互动的特点保证了用户与用户、用户与信息之间有效的沟通,给予用户更多的自由度和参与度,解决了传统媒体信息传播过程中的单向、延时、反馈差等诸多问题。

---

① 毕晓梅.国外新媒体研究溯源[J].国外社会科学,2011(3):114-118.

4. 新媒体的媒介形态和传播行为对社会结构产生了重大影响

在技术基础、媒介形态以及传播实践的共同作用下,新媒体在时空观念、知识认知、社交范围、话语权力、用户地位等方面都深刻地影响并改变着原有的社会结构。

第二节　新媒体传播的特征

一、新媒体传播的技术特征

1. 时空平衡性

多伦多传播学派的奠基人哈罗德·伊尼斯在 20 世纪 50 年代提出了传播偏向的观点。他认为,传播和传播媒介都有偏向,大体上分为时间的偏向与空间的偏向、口头传播的偏向与书面传播的偏向。他发现,媒介可以分成两类,一类是有利于空间上延伸的媒介,另一类是有利于时间上延伸的媒介。比如,石刻文字和泥板文字耐久,所以它们偏向于在时间上的延伸,但是,他们不容易运输,不容易生产,不容易使用。相反,纸张轻巧,容易运输,方便使用,能够远距离传输信息,但它们传播的信息局限于当下,比较短暂。①由此可见,时间偏向的媒介,是那些质地较重,难移动,可长时间保存的,如雕塑、墓碑、壁画等,他们利于时间上的把控,却不利于空间上的把控;而空间偏向的媒介,是那些质地轻,易携带,易运输,方便传递,却很难长时间保存的,如纸张、卷轴、广播等,他们虽然被时间所约束,却不受空间的限制和束缚。用传播偏向的观点审视从口语传播时代到书面传播时代,再到电子传播时代的各种媒介,无一例外都有或偏向时间或偏向空间的媒介属性。

当进入到以网络为代表的新媒体传播的时代,网络——特别是无线互联网本身在时空上的无束缚,使新媒体很难再被划分到空间和时间任何一种偏向属性中,因为新媒体本身兼具以上两种属性。硬盘有极大的容量,可以存储大量的信息;不论什么时间,发布在网络上的信息都可以被检索到;在世界上任何一个地方发出的信息理论上都可以实时地被其

---

① 哈罗德·伊尼斯.传播的偏向[M].何道宽,译.北京:中国人民大学出版社,2003:13.

他任何一个地方对该信息有需求的人了解到。所以,时间的耐久和空间的易传同时存在于新媒体,它创造性地消解了传统媒体媒介偏向的单一性,实现了媒介的时空平衡。

2. 参与广泛性

计算机的第一定律,即英特尔的创始人戈登·摩尔(Gordon Moore)提出的摩尔定律预测了当价格不变时,集成电路上可容纳的晶体管数目,约每隔 18 个月便会增加一倍,性能也将提升一倍,或者说,每一美元所能买到的电脑性能,将每隔 18 个月翻一倍以上。毫无疑问,摩尔定律不仅揭示了新媒体信息技术革新的速度,更重要的是使受众使用新媒体的成本降低,即解决了上网终端——电脑的问题。随着电脑硬件价格的下降,越来越多的人可以负担上网的基础成本,从而成为网民,成为新媒体的受众,继而参与到新媒体生态系统的建设中。中国互联网信息中心发布的《第 34 次中国互联网网络发展状况统计报告》的数据显示,截至 2014 年 6 月,中国网民规模达到 6.32 亿[①]。可以说,新媒体技术的快速发展对网民数量的巩固作用显现无疑。

乔治·吉尔德(George Gilder)提出的吉尔德定律为我们描述了未来 25 年,主干网的宽带每 6 个月会增长一倍,其增长速度是摩尔定律预测 CPU(中央处理器)增长速度的 3 倍,并预言将来上网免费的可能。这毫无疑问指向了网速问题的解决,提升了用户的上网体验,丰富了用户诸如 P2P(对等网络)下载、网页 APP(应用程序)、三维虚拟技术等更广泛的参与形式。而事实上,微软公司的实验也证明,在 300 公里的范围内无线传输 1GB 的信息仅需 1 秒钟,宽带速度的提升在理论上已经不存在任何技术的障碍,只取决于用户的需求。且上网费用的下降甚至免除,无疑又降低了新媒体的准入门槛,从而帮助新媒体受众更久更广泛地参与使用。

无论是摩尔定律还是吉尔德定律,他们都从技术的角度说明受众使用新媒体的门槛降低成为现实,帮助受众更自由、更便利、更无负担、更广泛地参与到新媒体的信息传播中来。

3. 积累式爆发性

哈佛大学教授斯坦利·米尔格兰姆(Stanley Milgram)在 1967 年提

---

① 中国互联网络信息中心.第 34 次中国互联网网络发展状况统计报告[R].2014-07-21.

出的六度分隔理论本属于数学领域的猜想,后被当成 SNS(社会化网络服务)架构的基础。简单地概括六度分隔理论,其核心内容是,你和任何一个陌生人之间所间隔的人不会超过六个,也就是说,最多通过六个人你就能够认识任何一个陌生人。SNS 使用户在网络上延续社交属性,营造出一个虚拟的社会,使人的社会性有了具体的延伸。假设每个人拥有 30 位朋友,信息经过六度处理后,30 的六次方等于 7.29 亿,即理论上可以覆盖的人数超过 7 亿,而由此结成的社会化大网络真是一个堪比现实社会的虚拟社会。

与六度分隔理论相类似的一个理论——病毒扩散原则,也在描述量的积累式爆发。该原则说的是一项服务或一个事件的扩散每天会以几何级数拓展。比较典型的例子是 Gmail 邮箱邀请制,只有借已经是 Gmail 的用户的邀请,你才有可能注册成为 Gmail 用户。这种方式表面上看是在限制用户,事实上却巧妙地借助了病毒扩散原则,在短时间内以几何级数的方式迅速推广了 Gmail,积累了相当数量的用户。[①]

二、新媒体传播的文化特征

1. 社群化

正如马歇尔·麦克卢汉认为的人类文化进程表现为"部落化——非部落化——重新部落化"。而决定这一图式化的动因就在于三种主导媒介的递进,即部落化的口头媒介、非部落化的印刷媒介和重新部落化的电子媒介。[②] 在口语传播时代,由于条件的限制,人与人的交流更多地只能局限在语言符号层面的小范围传播,这就决定着人只能生活在比较集中、人与人关系比较亲密的部落中。文字的出现,尤其是印刷技术的发展与普及带来了从听觉到视觉的延伸,且由于印刷媒介的一种单向线性的传播特性,导致人的自我意识的出现,开始独自阅读和思考,使得人与人开始疏远,从而促使人类社会进入了"非部落化"阶段。到了电子媒介时代,麦克卢汉认为电子媒介是人的中枢神经系统的延伸,且广播、电视等电子媒介的出现骤然缩短了人与人之间的空间距离,必然把整个人类再次连

---

① 魏武挥.新媒体启示录之三:支柱定律[EB/OL].[2007-11-01]http://weiwuhui.com/90.html.

② 李彬.传播学引论[M].北京:新华出版社,2003:429.

接到一起，促使人类社会再次进入"部落化"，即"重新部落化"的阶段。当然相比口语传播时代的"部落化"，"重新部落化"是社会文化的螺旋式上升与前进。

到了新媒体迅速发展的今天，网络社区、BBS论坛等社群形式的出现将人类文化所处的"重新部落化"阶段朝着更加深入的方向推进。这些能够让网民群居的形式往往用共同的喜好、兴趣来聚拢用户，且让人似乎比在现实中更容易找到"臭味相投"的朋友。虽然每个社群可能人数不多，但会产生极其牢固的网络人际关系和极其强大的影响力度。因此，众多领域已开始利用社群化传播渠道来进行营销推广。比如由产品聚集起来的社群模式，小米是其中当之无愧的佼佼者，以让人"发烧"为导向打造产品，再基于产品来创建社群，在社群中吸取养分进一步完善产品以求继续扩大社群，这样的模式看上去就是个逻辑完美、无懈可击的闭合。由一个社群维系起一个公司、一些产品，这已经不是神话。

2. 草根化

这里说的"草根"指的是与主流、精英文化或精英阶层相对的弱势阶层，可以用"普通大众"来简单理解。

2006年年终美国《时代周刊》的年度人物评选，封面上没有摆放任何名人的照片，而是出现了一个大大的"YOU"和一台电脑。当时《时代周刊》对此解释说："社会正从机构向个人过渡，个人正在成为'新数字时代民主社会'的公民。"这里强调的"'新数字时代民主社会'的公民"便是在新媒体时代拥有话语权力的"草根"，他们控制着信息的产生和发布，决定着信息的走向。

与传统媒体相比，新媒体的参与门槛低，并且展现了极大的包容性，不论"草根"还是精英，新媒体都允许他们表达自我、展现自我，"草根"阶层与精英阶层在新媒体面前第一次实现了平等，"草根"文化第一次通过强劲的渗透力消解着与精英文化的对立。微博就是这样一个为"草根"提供自由传递信息、表达意愿的新媒体平台。每个微博用户都是一个"信息的发布者""信息的接收者"和"信息的中转站"，信息的发布、接收、中转的每一环节都渗透着草根化。用户在微博上发布的内容多种多样，上至国家大事，下至日常生活，囊括了方方面面，形成了多样、广泛的草根信息圈。也正是由于微博信息来源的多样化和广泛性，改变了传统媒体一直以来对新闻来源的第一手把控。比如,汶川地震使得震中与外界隔绝,信息无法传递,而微博在这个时候代替了传统媒体,成为最早报道震中实时信息的媒介,扮演了信息发布和传递的重要角色。此外,用户可以根据自己的喜好订阅内容,自由选择信息接收,甚至参与讨论,继而转发分享,在"草根"之间形成巨大的互动场域。

这些事实都无一例外地证明如微博一般的新媒体是"草根"文化最适合生长、蔓延的空间。

三、新媒体传播的政治特征

1. 促进公众参政与舆论导向的作用

传统媒体环境中,由于公众受制于狭窄的传播渠道,只能一味单向地接收媒介所传递的信息,无法产生真正有效的互动。也正是由于这个原因,公众无法参与政治,甚至无法关注和讨论热点话题。新媒体的出现意味着平民化交流平台的出现,在这个平台上,国家政治工作变得更加透明,鼓励着公众对国家的政治工作通过献言献策等方式来关注、议论和参与,更切实地履行公民的政治权利。

比如"两会"微博的设立,便成为一个联结国家政治工作和公众的前沿平台,一方面通过实时推送让公众第一时间了解到更加丰富、核心、全面的信息,满足其关注"两会"信息的直接需求,同时,还能表达自己的看法和意愿,和其他网友互动,提升公众参与政治的热情;另一方面,公众通过微博渠道,甚至可以直接跟某些政治人物对话,拉近了与政治人物、政治事件的距离。这是国家政治工作民主化的重要表现,也意味着朝公众参与政治的理想迈出了一大步。

大众媒介在社会舆论的反映、形成和引导方面起着重要的作用,或者可以说是大众媒介的一个重要的功能,当然新媒体也不例外。新媒体的出现并不仅仅是多了一种信息传播的方式,而且对社会舆论的反映、形成和引导产生了重大而深刻的影响。比如传播空间的无界性与意见汇聚的实时性、议题生成的自发性与舆论发展的不确定性、舆论主体的匿名性与参与渠道的广泛性、意见表达的失范性与群体行为的极化性、价值观念的多元性与价值取向的批判性等,这些特征捆绑着出现,在促进公众参政议政、起到舆论导向作用的同时,更是对既有的社会管理模式提出了挑战。

2. 民意监督的作用

以往在传统媒体的舆论引导下,产生的都是同质化的内容,非常不利于公众客观、全面地了解政治信息,极易引发群体的极端化,影响社会民主的健康发展。新媒体的出现,让声音变得多样化,国家也借助新媒体推动了政府信息的公开,为公众更直接地看到政府工作的开展和社会发展的方向提供了更多的便利。当然在这个过程中,也会使公众更有效地参与公共监督。

比如以"两会"为例,委员们在博客上公布的内容、公众的意见,是否存在反馈和回应,以及如何反馈和回应,整个过程都是公开和透明的。传统方式下,虽然可以通过诸如市长热线等方式反映问题,表达自己的诉求和意愿,但整个沟通和互动方式是封闭的,无法追踪、无法形成关注效应。而在新媒体的帮助下,人人都可以是监督者,监督政府是否在第一时间给予回应,是否作了妥善的处理和解决,是否真正倾听民声,着民所急、为民办事。

所以说,新媒体在一定程度上弥补了传统媒体在监督公共权力方面的不足,成为民众监督政府的利器。借助新媒体,民众的监督可以覆盖行政程序的任何一个环节、任何一处节点,表现出监督主体大众化、监督内容具体化、监督方式常态化的重要特征。这是以往任何时代的任何监督形式都无法比拟的。

四、新媒体传播的经济特征

1. 马太效应

马太效应与平衡之道相悖,它指的是一种好的愈好、坏的愈坏、多的愈多、少的愈少的现象,即强者越强、弱者越弱的两极分化现象。

虽然在很大程度上,新媒体展现出一种去中心化的特征,让受众更广泛地参与,而马太效应似乎与之有些矛盾。但实际上,越是广泛深入地参与,就越对强有力的信息渠道产生需要和依赖。人类天生需要规律和系统,去中心化演绎得越深入,另外一种中心化的根基就越深,所以马太效应是必然存在的,新媒体经济就是一种巨头经济,垄断经济。①

比如新浪微博的发展就是马太效应的最佳展现。新浪微博打造了一个专门能让用户自由发布信息,自由参与探讨的平台。借由明星大号、热门话题等方式增加对普通用户的吸引力,形成更大的关注度,转而吸引更多的用户使用新浪微博。在这个过程中,新浪微博平台展现出其他平台所没有的强影响力,依靠广泛的用户建立起更为强大的传播渠道。而其他平台在与它的竞争中愈加缺乏吸引力和影响力,节节败退,每况愈下。

2. 梅特卡夫原则

计算机网络先驱罗伯特·梅特卡夫(Robert Metcalfe)曾提出过描述网络技术发展规律的梅特卡夫原则。该原则说的是,网络的价值等于网络节点数的平方,网络的价值与联网用户数的平方成正比。梅特卡夫本意是拿该原则描述电话网络,他认为电话网络的价值是随着使用用户数量的增加而增加的,且网络的经济价值是按几何级数上升的,而不是按照算术级上升的,即一个人使用电话网络的价值是1,两个人使用电话网络的价值是4,而三个人使用电话网络的价值就是8。

每一个用户在使用网络的过程中会相应地催生一定的网络资源,网络资源的数量也将呈现几何式的增长。梅特卡夫原则基于每一个联网的用户都因为别人的联网而获得了更多的信息交流和互动的机会,指出了网络具有极大的外部性和正反馈性。联网的用户越多,网络的价值就越大,联网的需求也就越大。梅特卡夫原则指出,从总体上看,消费方面存在效用递增,即需求创造了新的需求。②

新媒体领域,同样可以拿梅特卡夫原则做类比,把每一个移动互联网的接入终端想象为节点,移动互联网的价值等于节点数的平方,移动互联网的价值与联网用户数成正比。这意味着,移动互联网整体价值的产生不是只依靠一两个联网用户,而是千千万万个联网用户的存在才使移动互联网的整体价值最大化。同时,每个移动互联网的用户能产生一定的网络资源,在网络资源的几何式增长诱惑下,更多的联网需求也相应产生。

---

① 魏武挥.新媒体启示录之三:支柱定律[EB/OL].[2007-11-01]http://weiwuhui.com/90.html.

② 亓恩泽.信息时代三大定律[J].政工研究文摘.2006(3):112-113.

国内的即时聊天工具腾讯 QQ 的发展路径便是一个极好的例子。腾讯 QQ 正是凭借庞大的群众基础确立了即时聊天工具领域的霸主地位，体现了腾讯 QQ 强大的商业价值。之后，腾讯发现更多的用户需求，开拓了其他的互联网业务，从最初简单的广告业务、增值业务，到整合网购平台、微博平台，开发移动互联网的相关应用，如微信等，都满足了用户更广泛的需求，使用户享受到更丰富的资源、更便捷的服务。

3. 史特金定律

科幻作家史特金指出，任何事物，其中 90% 都是垃圾。这被称为史特金定律。从经济学角度解读，90% 都是垃圾的对立面，即有用的东西是稀缺的；继续深究，这 10% 有价值的东西大概只来源于 1% 的贡献者。引申到网络社区，只有 1% 的人在贡献内容，10% 的人参与评论，近 90% 的人是沉默的大多数。

新媒体市场并没有形成一个理性的完全自由竞争的格局，特别是互联网领域，新浪、腾讯、阿里巴巴等成了寡头，成为对互联网有真正贡献的 1%，剩下 10% 相对活跃陪衬着 1%，而那 90% 左右的互联网企业只是昙花一现，生命周期极其短暂。所以有人评论，新媒体经济是一个"大鱼吃小鱼""赢者通吃"的垄断经济。

当然，这里并不是说要丢弃这近 90% 的大多数，正是由于这作为金字塔基础的昙花一现的 90%，才有了金字塔尖的这 1% 与 10%。而且 1%、10% 与 90% 体现的并非是一个单纯的数量关系，而是不同角色、不同作用、不同价值之间的关系展现，甚至很大程度上他们之间还存在着互动的关系。所以，对新媒体经济而言，永远都不缺这 1% 的核心内容的贡献者，没有 90% 的"潜水"者，就无法吸引 10% 的参与者，也就无法响应内容，无法产生互动，无法传播信息。

第三节　新旧媒体从竞争走向融合

新媒体的迅速崛起对以电视、报纸、杂志等平面媒体为主的传统媒体带来了猛烈的冲击，但面对新媒体在信息传播方面的众多优势，传统媒体必须迎接挑战。新媒体作为一种新兴的事物，它的出现使人们长期依赖、长久信赖的传统媒体逐渐衰落。新事物对旧事物的取代是历史发展的必然,但在新媒体对传统媒体的不断蚕食中,新媒体与传统媒体的相处方式从直接竞争发展为相互融合。

一、新旧媒体的互补性

纵使新媒体有着让传统媒体无可比拟的众多优势,但任何事物都有两面性,新媒体也有一定的劣势。新媒体塑造的开放平台赋予了受众话语权力,信息发布不再单一地被精英阶层垄断,每个"草根"都可以是信息的发布者、提供者,这就使得信息审核和管理变得愈加困难,虚假信息、色情信息、暴力信息充斥,影响了受众的价值判断。新媒体内容生产和传播的便利性,也造成了新媒体的信息虽然多杂但不够深入的问题,受众在信息泛滥的新媒体环境中很容易缺乏理性的思考和判断,使得盲目跟风现象日趋严重。所以,在很大程度上,这些新媒体的劣势,恰恰是伴随着优势而产生的,且固有劣势一朝一夕也很难完全根除。

目前看来,虽然传统媒体受到很大冲击,但在一些方面,传统媒体依然存在天然的优势。首先,在优质内容的生产上,传统媒体有着更加成熟的制作团队和模式。《爸爸去哪儿》《中国好声音》等一系列电视节目的热播不仅说明传统媒体在依靠优质内容顽强地生存着,更说明新媒体时代对于优质内容的需求有增无减。其次,传统媒体在传播速度上的劣势反而给予内容生产者更多思考、调查、研究的空间,更注重推进对信息的多角度认识,继而能引发受众更多地参与到对信息的自我解读中,而不是单纯地被卷入传播的链条。

显然,新旧媒体之间的优劣势存在着极大的互补空间,为内容和媒介功能上的"嫁接"提供了天然的原动力。稳固的形象基础和成熟的审核监督机制让传统媒体拥有较高的信誉度和权威性,开放互动的平台和即时共享的传播机制让新媒体充满活力和生机,两者优势互补,扬长避短,各自精彩。

二、新旧媒体的融合

新旧媒体的互补性为媒体融合创造了必要条件。事实也证明,媒体融合是未来传播界发展的趋势,但究竟媒体融合的真正意义是什么,具体的实现方式如何?这些问题依然值得我们进一步研究。

正如喻国明教授在《传媒经济学教程》中认为的,媒体融合是指报刊、广播电视、互联网所依赖的技术越来越趋同，以信息技术为中介，以卫星、电缆、计算机技术等为传输手段，数字技术改变了获得数据、现象和语言三种基本信息的时间、空间及成本，各种信息在同一个平台上得到了整合，不同形式的媒体彼此之间的互换性与互联性得到了加强，媒体一体化的趋势日趋明显。① 所以，媒体融合的本意是指多种媒体呈现出多功能一体化的趋势。当然，完整意义上的融合不仅包括的是媒体形态的融合，还包括媒体功能、传播手段、组织结构等要素多方位全角度的融合。

美国西北大学教授戈登曾从媒介组织行为出发，归纳了三种不同类型的"媒体融合"方式②，分别是：

1. 所有融合

所有融合指的是，大型的传媒集团中，有着多种不同的媒介，能够实施这些媒介之间的内容资源整合与共享。比如新成立不久的上海报业集团，优化资源配置，整合了报纸与网站，推出了如"澎湃新闻"等移动应用，其展现方式新媒体化，内容生产传统媒体化，融合后满足时政类新闻用户的需求。

2. 策略融合

策略融合强调的是不同所有权的媒介之间在内容上的互动共享。比如不同所有权的网站与电视台之间进行合作，互相推荐内容与共享资源。目前，在电视节目的推广过程中，广泛实践着策略融合的方式。比如，通过借助网络的力量，继续引爆和延续热点，当然网站也由于更多的电视节目资源，获取了更多的流量，所以这是一个互相推荐和资源共享的过程。

3. 结构融合

结构融合与信息的采集和分配方式有着密切的联系。比如网站记者转换身份，到合作方的报社对新闻进行深入报道和解释，以求从更严谨的角度、更专业的采集方式丰富新闻的可读性，增加新闻的权威性。

---

① 喻国明.传媒经济学教程[M].北京:中国人民大学出版社,2009:26-28.

② 马雪芬,蓝有林.媒体融合:内容是支点　技术是杠杆[EB/OL].[2015-02-03]http://www.cbbr.com.cn/web/c_0000000/0012/d_40466.htm.

第二章　新媒体新广告新观念

新媒体时代,由客户驱动的品牌传播总在我们周围发生。过去,公司花费多年来建立他们的品牌权益,如今却发生了变化,公司不是品牌的拥有者而是品牌的管理者。这种变化是从什么时候开始发生的呢?时间要追溯到2006年,一家两个人的,名为EepyBird的小剧场艺术公司,帮助健怡可乐和曼妥思直接影响了大量消费者。他们通过一个3分钟视频,创新了品牌传播的方式,解放了广告传播的观念。

现在让我们退回去,还原完整的过程,以了解更多的细节。它开始于2005年10月,一名律师和一名魔术师听说将曼妥思的薄荷糖放入健怡可乐会产生出乎意料的强劲的可乐喷泉。于是,他们在小剧场进行试验,仅仅用十瓶健怡可乐就做了个喷泉,这是第一个现场的实验。效果很惊人,剧院里的人们都疯狂了。这两个人发现他们拥有了一些很"强大"的东西后,又开始创造了一系列不同的特效,这个概念就此诞生了。2006年,他们拥有了第一个视频,即"实验♯137"视频,利用101瓶健怡可乐和超过500个曼妥思,展示了两个产品结合在一起时因反应产生的巨大喷泉效果。之后,这个实验视频被放在他们的网站——EepyBird.com上(如图2-1所示)。一开始只有一个人点击,但仅仅几个小时后,就有了4000人观看,到了当天晚上,观看的人数就增加到20000人。接下来,视频如病毒般传遍世界各地,甚至成为各大节目争相报道的话题。当然,这个"实验♯137"视频并非是健怡可乐和曼妥思营销工作的一部分,但围绕这两个强大品牌进行的轻量级品牌传播却由此开始。

图 2-1　EepyBird 网站上的"实验＃137"视频

　　面对这一次的机遇,曼妥思和可口可乐双方也各有动作。曼妥思非常高兴自己的品牌被提及,展现了他们一贯的与青年文化价值相关的品牌定位。据估计,这种媒体的曝光带来总计超过 1000 万美元的效益,相当于曼妥思美国市场半年的广告预算。于是,他们迅速采取措施,借助与 YouTube 合作的机会,开展了一次最佳视频竞赛。虽然可口可乐最初的反应不太热情,但它还是把这一次客户发起的媒体行为当成它树立自己品牌的机会,发起了一场名为"动态的诗"的竞赛,鼓励用日常的物品做不可思议的事情。同时,可口可乐开始赞助 EepyBird 之后制作的一系列视频。以上种种都意味着,健怡可乐和曼妥思的营销行为开始渗透到由客户最先驱动的品牌传播过程中。而结果也说明了一切,两升瓶装的可乐销量增长很可观,曼妥思的销售量在这一年也上升了超过 15％。

　　上述的案例①从一个层面点中了传统媒体和新媒体在信息传播中的差别。传统的广告主认为他们是自上而下的信息传播者,他们掌握着信息,以及信息发布的对象、时间和渠道。而新媒体展现了新的交流模式。这一类案例提供了非常形象的说明,更多地迫使广告主、媒体以及广告公司去思考如何让新媒体广告的消费者成为主要的广告创新的参与者。众

---

　　①　案例整理自 Christina Spurgeon. *Advertising and New Media*[M]. London:Routledge,2010:1-3.

所周知,新媒体是基于信息和通信技术的,而同时,作为一种产业和营销的交流过程,它能让我们看到关于广告形式、观念的变化,这些都对消费者和公众文化产生了非常重要的影响。所以,接下来,我们要在新媒体的背景下,详细了解广告概念与广告观念的变化。

第一节 新媒体广告的概念

本书在新媒体概念界定的基础上,尝试通过解析新媒体环境下"广告"的本质,以探讨新媒体广告概念的界定。

一、新媒体环境下"广告"概念的变化

美国人威廉·阿伦斯的《当代广告学》中对广告概念的总结是 20 世纪以来最被广泛接受的一个,"广告,是由可识别的出资人通过各种媒介进行的,有关商品(产品、服务和观念)的,通常是有偿的、有组织的、综合的和劝服性的非人员信息传播活动"。[①] 我们可以看到,这个关于现代广告的定义主要包含以下几个核心内容,"由可识别的出资人"即广告主发起的"通过各种媒介"进行的有关"产品、服务、观念等"的"信息传播活动"。

这个广告概念的界定产生于传统媒体时代,时至今日,它依然有存在的价值,因为它概括的广告作为"信息传播活动"的内涵在新媒体时代依然合理。但在新媒体环境下,原有的一对多的广告传播模式被打破,基于双向互动的多对多的传播模式被开启。简言之,新媒体环境下,信息传播的传者和受者的界限开始模糊,如本章开头部分提及的"健怡可乐和曼妥思"案例呈现的便是由客户驱动的品牌传播模式。在最初阶段,我们甚至无法清晰辨认谁是"可识别的出资人",不清楚是否有偿,看上去也不像是劝服性的信息传播活动,与威廉·阿伦斯的广告定义中涉及的构成内容相比有了些许变化。而这些都与新媒体的互动性、开放性和用户主动性的传播特征有着密不可分的联系。所以在新媒体环境下,把握广告概念的变化,重新考察广告概念的内涵与外延,便成为定义新媒体广告的基础。

---

① 威廉·阿伦斯.当代广告学[M].丁俊杰,程坪,等译.北京:人民邮电出版社,2006:8.

二、新媒体广告的概念界定

美国德克萨斯大学广告学系早在 1995 年就提出"新广告"的概念,着力揭示新广告的本质特点是互联网广告的个性化和互动化,但没有整体性地提出新媒体广告的概念。[①] 国内较早把新媒体与广告联系起来的是北大的陈刚教授,他提出一个"后广告"的概念,实际上强调的是对新媒体广告的关注,只是借用新媒体环境下的广告方式,对互联网广告等形式作了深入剖析,但遗憾的是,并没有对新媒体广告进行明确定义。

从 2007 年开始,越来越多关于新媒体广告研究的论文出现。但对于新媒体广告的概念没有作严格的界定,只是从广告媒介传播渠道的差别化角度来进行研究。

高丽华等编著的《新媒体广告》中对新媒体广告概念的理解是:"所谓的新媒体广告就是将新媒体作为传播载体的广告。"[②]强调了新媒体广告的载体,却忽视了新媒体广告的内涵、新媒体广告的特点,以及受众在新媒体广告中的作用,所以这个概念过于泛化,无法对新媒体广告形成有代表性的概括。

华中科技大学舒咏平教授的《新媒体广告》一书对新媒体广告的定义描述是:"以数字传输为基础、可实现信息即时互动、终端显现为网络链接的多媒体视频上,有利于广告主与目标受众进行信息沟通的品牌传播行为与形态。"[③]虽然有了长足的进步,概括了新媒体广告的特点——"即时互动",又明确了新媒体广告的内涵——"品牌传播行为与形态",但"终端显现为网络链接的多媒体视频上"的说法过于狭隘,排除了其他的多媒体形式。

由于学界对新媒体广告的概念一直缺乏明确界定,所以,新媒体广告常常被"新媒体时期的广告""多媒体广告"等说法加以代替。而在已有的对新媒体广告概念界定的尝试中,大部分解释相对模糊,欠准确,且说服力不够。为了更好地定义新媒体广告,我们将从新媒体的概念入手,着重突出"新媒体"与"传统媒体"的差别,以此为基础加以总结。

---

① 舒咏平.新媒体广告[M].北京:高等教育出版社,2010:5.
② 高丽华,赵妍妍,王国胜.新媒体广告[M].北京:清华大学出版社,北京交通大学出版社,2011:26.
③ 舒咏平.新媒体广告[M].北京:高等教育出版社,2010:6.

　　综上,本书理解的新媒体广告是通过以数字技术、网络技术为基础的,以多媒体作为信息呈现方式的传播媒介,有关商品(产品、服务和观念)的,依靠受众的即时互动沟通而深入展开的信息传播活动。

　　新媒体广告概念中,其实还隐藏着对"新"的全面考量和把握,除了包含媒介的变化外,这个"新"还包含着其他哪些方面呢?本质上,广告就是一种信息传播活动,所以,我们尝试从信息的生产、呈现、传播角度来进一步分析新媒体广告的"新"。

1. 新的生产态度

　　传统的信息生产是专业化的模式,所以,无论是利用纸与笔的生产时代,还是利用电脑进行数字化处理的生产时代,都需要在专门的培训下,严肃认真地生产。但在新媒体时代,信息不再完全依靠传统的主观创作和制作,而更多的可能是以一种低门槛的、不需要进行专业培训的或是偶然的、随意的方式出现。这样的生产态度,改变了人们早已建立起来的对信息的同质、刻板、疏远等固有认识,赋予信息更多的活力。

2. 新的生产方式

　　传统的信息生产,是无法通过一两个人,依靠单打独斗的方式完成的。一个有影响力的精英信息的产生,势必通过专业化团队,严格按照传统的采集、加工、整理、包装这样一个复杂又固定的程序进行。在新媒体时代,信息生产的专业化不再是信息影响力的必要条件,信息素材的出现可能变得更加偶然,人人都能发现信息;素材的加工等变得更加便利和多元,人人都可以制作与发布;信息不再统一需要细致完整的包装,人们喜欢看到更加鲜活、更加与众不同的东西。这些变化都在告诉我们,信息的时效性、互动性、个性化等都在左右着它的传播,而这些恰恰都是新媒体传播的主要特征。

3. 新的呈现和传播方式

　　传统信息的呈现相对比较单一。比如报纸只能呈现图文、广播只能呈现声音,而电视已经是最复合的媒体了,但也主要通过视频音频来进行呈现。新媒体环境下信息的呈现更加多元化,各种形式优势互补。比如电子杂志,除了展现传统杂志的必要图文外,为了扩展感官体验,也会融入一部分视频、音频、动画等,满足用户的各种需求。

　　传播方式上,信息不再是一味的捆绑式、强制性地进行曝光,新媒休给予受众更多的自由选择信息的机会。信息变得更加零碎、更加多元,以便于满足受众的个性化需求,把曝光与传播的主动权交给受众,允许受众的订阅、定制,或者鼓励他们进行转发、评论等互动行为。

由此可见,正是在新媒体媒介与传播特征、广告本质属性等的共同作用下,新媒体广告的概念才丰满起来。所以,在考察新媒体广告概念的时候,不能孤立地、单个地进行解读,应该把概念置放在特定的媒介环境、传播环境中,有逻辑地、动态地进行解读。

第二节　新媒体广告的特点

在新媒体广告概念界定的基础上,再对新媒体广告的特点进行了解,可以帮助我们更加深刻地、具体地了解新媒体广告的概念。

一、受众导向的互动性

互动性是新媒体广告区别于传统媒体广告最基本的特点。传统媒体广告的信息流是由发送者强制推送给受众的。广告主都希望在短暂的时间内,尽可能排除外界干扰,将广告信息最大化地强行植入到受众脑中。在这个过程中,受众没有任何说不的权利,以及挑选信息的权利,只能被动接受,即使受众产生兴趣,有进一步关注的念想或采取行动的意愿,由于缺少反馈途径,也不会立即得到答复。

而新媒体技术实现的传者与受者之间的互动传播,打破了过去这种单向的信息传递模式。这种互动性主要表现在两个方面:第一,传者与受者的界线正在日益淡化;第二,传者和受者之间的交流更加容易。展开来说,传统意义上的受众是无法在媒体上发布信息的,而在网上,即使一般的网民也能自由地发表自己的观点,成为信息的传播者;网络传播者与受众交流的增强,既有利于提高网络传播的效率,又有助于在受众与传播者之间建立起更加牢固的关系,传播者可以更好地把握到受众的脉搏,并以此作为调整自己的传播内容与传播策略的依据。[①]

刘国基也曾写道:广告,在互联网络高度发达的今天,已经进化为"双

---

① 舒咏平,陈少华,鲍立泉.新媒体与广告互动传播[M].武汉:华中科技大学出版社,2006:24.

向的、互动的、参与式的、数据库驱动"的沟通行为,甚至消费者已经成为"需求广告"的发布者,彻底颠覆传统受讯者(receiver)的被动角色,主动形成各种发讯者(sender)构成的"粉丝"(fans)圈群,对各种品牌体验自动出击表态,形成舆论社群,全面摆脱企业主通过广告发布的话语控制权。[①]

综上,新媒体环境下,受众不仅表现出对广告信息的需求,更体现出主动搜索品牌信息、双向沟通信息、主动发布需求的特点。至此,新媒体广告的主导者已经由传统意义上的广告主、广告代理公司、广告媒体,转变为广告受众。所以,新媒体广告表现出鲜明的受众导向的互动性特点。

二、信息呈现的复合性

传统媒体下,广告的传播受到载体的限制,比如广播广告只能传递声音,杂志广告只能传递图像和文字。而新媒体环境下,受众的主动性被激发,基于兴趣、喜好等方面的不同,表现出一定的个体差异,再加上社会各板块之间的不断碰撞,使得大众逐步分离成分众,在消费观念、媒介接触、生活方式等方面展现出众多差异。而一个个分众就是一个个高度同质化的集合体,它们关注个性化的内容,追求个性化的体验。所以,依赖单一的大众媒介来传递单一内容的传统广告传播方式已经完全不适合新媒体时代的广告传播了。

新媒体技术是以多媒体为基础的,支持文本、图形、声音、图像等多种形态并存、可以随机组合的、多元立体的信息呈现方式。这使新媒体广告的创意不再受到载体限制,增加了新媒体广告内容表现的更多可能。信息复合呈现的方式改变了人的感官失衡状态,通过对听觉、视觉、触觉等的多种刺激,在新媒体广告信息的传播中,重新建立起感官的平衡。

新媒体在发展过程中表现出动态的特点。一方面,已有的新媒体不断地自我更新,希望改善及提升用户体验;另一方面,不时地有各种新的媒体诞生,以满足更多用户个性化的需求。这些都使得新媒体的质量不断提升、数量不断增长,广告传播渠道的选择变得更为多元和广阔,也更加方便受众接触广告信息,以及利用合适的渠道互动反馈信息。

所以,在新媒体广告的传播中,特别是大众品牌的广告传播,尤其体

---

① 刘国基.新媒体广告产业政策的应对[J].广告大观(综合版),2008(6):5.

现出多种信息形态并存、多种媒介载体并用的趋势。甚至,不局限在新媒体环境中,传统媒体与新媒体并用的方式也极为常见。为了更加体现聚拢、集合的效应,形态与形态之间、媒介与媒介之间还会有一定的延伸、互动与沟通。通过广告信息整合式、复合性的呈现,有效地促进品牌传播的广泛性与深入性。

三、信息发布与传播的实时性

受传统媒体下广告制作模式的影响,普通广告制作周期较长,再加上传统媒体广告投放平台的发布门槛较高,不利于灵活控制广告的投放和广告信息的进一步传播。基于数字化信息传播技术的新媒体,改变了传统媒体下信息发布的滞后性以及信息传播的延时性。

图 2-2 耐克的新浪官方微博账号发布的
"活出你的伟大"系列广告之刘翔篇

我们可以看到,由于信息发布上的实时性,新媒体广告更加注重借用社会的热点与动态的连带关系,通过转嫁关注,带动新媒体广告的传播。2012 年伦敦奥运会期间,耐克推出的名为"活出你的伟大"的品牌传播活动便充分说明新媒体广告在信息发布实时性上的巨大优势。奥运会期间,耐克的新浪官方微博账号每天都会发布平面广告,每一幅平面广告的画面和标题均指向当时发生的热点事件和运动员,文案不断翻新但万变不离"伟大"的主题。比如,耐克的新浪官方微博在刘翔折戟 110 米栏比赛后的几分钟内,就发布了实时平面广告(如图 2-2 所示),探讨关于伟大的最新理解。这个广告在 24 小时内被网民自发转发近 13 万次并收到 26000 多条评论,可见话题效应作用下的传播影响力。

互动性是新媒体广告最重要的特性之一。新媒体环境下,受众与信息、受众与受众的互动沟通存在于信息传播活动的任何一个环节,比如受众可以定制个性化的广告,选择具体的推送信息、推送的时间与场合;受众若对广告内容产生兴趣,可以通过电邮、即时聊天工具等向广告主咨询,也可以通过搜索引擎检索信息;受众若想得知该广告中涉及的品牌、产品、服务等的口碑,可以通过社会化媒体、电子商务网站加以验证;受众最终产生购买行为后,也可以在相关的电子商务网站、社会化媒体、网络社区等反馈使用体验或使用评价,与其他受众进行沟通。信息传播的实时性不仅能使受众与信息、受众与受众之间的互动沟通在各自的平台上顺利地展开,帮助整个广告信息的传播流畅化,而且提升了用户的体验,强化了广告的效果。

四、效果评估的可控性

传统媒体广告在效果评估方面一直缺乏有效的方式。一般而言,报纸、杂志通过发行量,电台通过收听率,电视台通过收视率来进行广告效果评估。不论发行量、收听率、收视率是否准确,报纸、杂志、电台、电视台的受众数本身无法代表真正的广告受众数。但是,新媒体环境下,受众对广告的接触行为,可以通过相对精准的方式得以展现,比如通过计算广告点击的方式,可以清晰估算对广告内容有兴趣的受众数量。而更重要的是,评估的结果可以实时监测,反馈给广告主,检验当下广告投放策略的有效性,以完成广告投放的目标。

新媒体对广告受众还可以实施追踪,有助于广告效果的深化。通过对访客流量的统计,不仅可以判断广告受众的数量,更可以了解到访客的登录时间、登录次数、地域分布等重要信息,有助于对受众群体的清晰划分。根据这些受众信息,还可以建立完整的用户数据库,让广告主对受众有更加准确的把握,而且可以了解到更多的受众行为以判断受众的偏好,从而实现信息的及时、精准推送,达到提升广告效果的最终目的。

无论是对广告效果更精准、更实时地统计,还是对受众行为更清晰地追踪,都体现了新媒体技术赋予新媒体广告在效果评估方面的可控性,这也是新媒体广告区别于传统广告非常重要的一个特点。

第三节　新媒体广告的新观念

新媒体广告的出现,不仅仅说明广告传播多了部分平台和媒介,它还颠覆了广告的生产态度、生产方式、呈现方式、传播方式等众多方面,所以,它实际上改变了一切。我们无法再用原来对待传统广告的方式来对待新媒体广告,我们得了解种种新的广告观念,才能建立新媒体广告的生态圈。

一、基于长尾理论的新媒体广告观念

"长尾理论"是网络时代兴起的一种理论,它由美国《连线》杂志主编克里斯·安德森在 2004 年提出。他认为,只要存储和流通的渠道足够大,需求不旺或销量不佳的产品(尾部)所共同占据的市场份额可以和那些少数热销产品(头部)所占据的市场份额相匹敌,甚至有过之而无不及。

简单地说,这是在数量、种类二维坐标上的一条需求曲线,由于看上去这条曲线像一条长长的尾巴,向代表"种类"的横轴尽头延伸,所以直观地称之为"长尾"(如图 2-3 所示)。长尾理论可以描述为:我们的社会义化和经济重心正在加速转移,从需求曲线头部的少数大热门(主流产品和市场)转向需求曲线尾部的大量利基产品和市场。在一个没有货架空间限制和其他供应瓶颈的时代,面向特定小群体的产品和服务可以和主流热点具有同样的经济吸引力。[1]

实际上,亚马逊、当当之类的网站繁荣,或多或少地都有对长尾理论的实践与应用。举例来说,库存只有 1 万本的书店卖书,它一定会选择最畅销的 1 万本书销售,因为畅销代表着销售额。但是亚马逊就会关注后 1 万本书,即所谓的冷门书籍的销售,从而照顾到大多数人个性化的喜好。虽然,就单个种类而言,销售数量不大,但由于整体种类的庞大,使得这部分的销售额甚至会赶超畅销书籍的销售额。这意味着消费者在面对无限的选择时,真正想要的东西和想要取得的渠道都发生了重大的变化,于是整个商业模式都随之改变。

025

---

[1]　唐海军.长尾理论经济学原理探析[J].现代管理科学,2009(1):62-64.

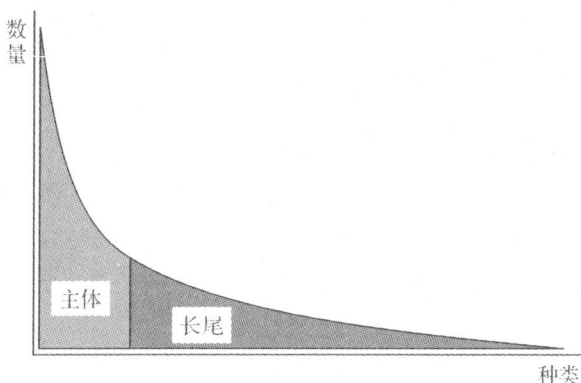

图 2-3 "长尾理论"模型

　　但另一个困难摆在眼前,分散零碎的个体需求如何与产品信息对称呢?长尾理论倡导一种新经济法则,认为可以通过"小块渠道"对"小块供应"的小额交易满足消费者的个性化需求。[①] 也就是说,我们可以把"小块渠道"理解为基于消费者不同需求与心理而搭建起来的信息传播平台。这就要求广告传播应该建立起一种新的"人际传播"结构,即由分散的意见个体发布信息,然后进行有选择的定向传播,以差异化的目标受众的主动接收和意见反馈来实现异质化的信息传播,从而实现广告受众的自主性地位。[②] 新媒体环境下,广告个性化的定向传播,恰恰能将分散零碎的个体需求与产品信息匹配起来。

　　我们来看一下,亚马逊是如何将需求和信息匹配起来的。一方面,它为小众群体提供了个性化的选择机会,对需求量小的商品进行了精细的划分,从而延展了渠道;另一方面,利用协同过滤系统(collaborative filte-ring),当顾客主动"暴露"了自己的需求后,进行关联推荐,即通过研究顾客的浏览行为和购买行为来对其他顾客进行指导(例如"购买此商品的顾客也购买过……"),从而利用推荐带动对长尾商品的需求。[③] 而这里涉及的推荐,就是新媒体广告的一种形态。当然除了被动推荐以外,还有消费者的主动检索行为,通过使用搜索引擎(不管是传统的还是社会化的),

---

① 唐海军,李非.长尾理论研究现状综述及展望[J].现代管理科学,2009(3):40-42.
② 戴海波.论"长尾理论"在构建广告传播情境中的运用[J].新闻知识,2011(4):9-60.
③ 吕本富.长尾现象的本质[J].新经济导刊,2006(17):15.

达到进一步满足需求的目的。

长尾理论揭示了小众化、个性化的产品依然有巨大的市场价值,特别是在新媒体环境下,营造的虚拟空间不再受物理空间的限制,而是提供了更广阔的渠道和平台,再通过新媒体广告的个性化定制,让更多用户的差异化需求更快地得到满足。

综上,基于长尾理论的新媒体广告体现着个性化、小众化、定制化的观念。

二、基于碎片化的新媒体广告观念

有人说,新媒体时代是个注意力缺失(或分散)的时代。据统计,网民每次上网平均要打开 8 个窗口,但每个窗口的平均浏览时间只有 25 秒。我们可以回忆一下平时我们的媒介使用习惯,是不是看电视的时候还喜欢拿着手机刷微博、聊微信? 上网的时候一边听歌一边浏览网页? 微博的流行和博客的落寞是不是宣告人们的阅读习惯发生了改变? 这些行为和习惯都说明我们已经进入了碎片化时代。

但究竟什么是碎片化,为什么会碎片化? 在碎片化传播的影响下,广告观念又会发生什么样的改变呢?

碎片化,原意为完整的东西破成零片或零块,在 20 世纪 80 年代末常见于“后现代主义”研究文献中。“后现代”是与现代的断裂和折裂,更多强调的是对现代的否定,是一种认知的扬弃,它肢解或消解了现代的一些正式无疑的特征。[①] 而社会学领域的碎片化,是阶层的社会化。我国以黄升民教授为代表的一批学者,从社会阶层的碎片化开始研究,明确了阶层碎片化的三个原因:第一,经济发展是社会阶层碎片化的物质基础;第二,不断扩大的贫富差距是社会阶层碎片化的根源;第三,人们生活方式、态度意识的多样化趋向是社会阶层碎片化的直接原因。把碎片化引入到传播学领域,可以将其概念界定为:社会阶层的多元裂化,并导致消费者细分、媒介小众化。[②]

传播学领域的碎片化实际上表现在两个方面:一个是媒介的碎片化,

027

---

① 迈克·费瑟斯通.消费文化与后现代主义[M].刘精明,译.南京:译林出版社,2000:3-4.
② 黄升民,杨雪睿.碎片化背景下消费行为的新变化与发展趋势[J].广告大观(理论版),2006(2):4-9.

另一个是受众的碎片化。

　　媒介碎片化的增长是对社会分化的直接反映。[①] 如今的媒体格局已经从传统媒体(电视)一家独大的局面慢慢转变为多种媒体并存发展的局面。如图 2-4 所示,虽然电视媒体的接触率依然占据着第一的位置,但明显互联网、广播、报纸等也是受众接触相对较多的媒体。由中国社科院主编的《中国舆情指数报告(2013)》显示,与 6 年前相比,我国公众每天上网时间已从 1 个多小时增加到了近 3 个小时,与看电视的时间基本持平;2013 年 3 月第一次舆情指数调查发现,城市居民最经常接触网络和电视,86.9%的受访者每周至少上 3 次网,而经常接触报纸的受访者约为七成。[②] 这些数据都说明,受众对以网络为代表的新媒体的接触率在不断上升,且新媒体和传统媒体处在并存发展的状况下。另一个非常重要的事实是,基于新媒体的动态发展,新媒体的种类在不断增加。我们越来越发现,生活中每一个碎片化的时空下,都有各种媒介可以填充。所以,新媒体开发的机会,根本就来源于对我们生活中的每一个时空碎片的充分利用,可以想象的是,未来我们的时间将被更多的新媒体所占据。

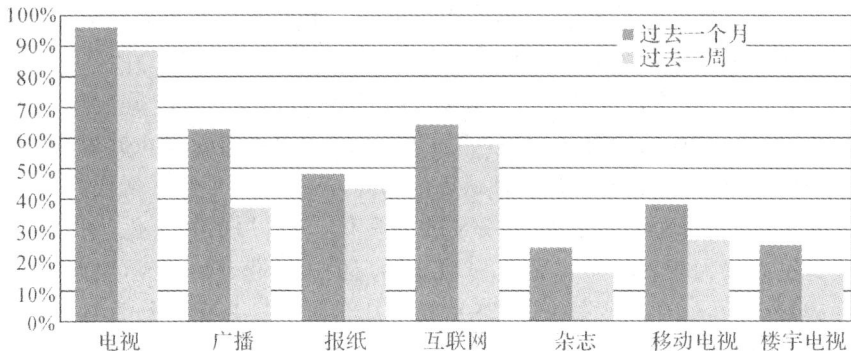

图 2-4　2013 年 15 个城市受众对各类媒体的接触率[③]

　　受众的碎片化主要指的是消费者接触的碎片化。消费者碎片化是在大众市场基础上,由不同分众市场板块不断撞击而形成的。这种碎片化

---

①　约瑟夫·塔洛.分割美国:广告与新媒介世界[M].洪兵,译.北京:华夏出版社,2003:7.

②　刘志明.中国舆情指数报告(2013)[M].北京:社会科学文献出版社,2014:133.

③　数据来源:赛立信.2013 年 15 城市媒介接触习惯与行为[EB/OL].[2014-02-07]http://www.gstad.com.cn/hlwdog/.

的影响体现在消费者的消费行为、品牌选择、媒介接触和生活方式等方面,展现出的是一个个立体、生动、高度同质化的消费者集合体。① 所以,受众碎片化实际上促使的是分众传播的展开,这些消费的集合体无法再用一个权威的声音笼络,因为他们不喜欢传统同质化的信息,自我意识的崛起使得分众与分众之间充分展示着对个性化的强烈需求。消费领域的碎片化恰恰体现着更多的个性化。

　　媒介的碎片化和受众的碎片化相互作用,加剧了目前这种传播语境下的碎片化状况。在这样的大前提下,为了满足各个不同消费群体的不同需求,广告也无法只在一个媒介平台以一种形态进行传播。这实际上是对广告投放提出了更严格的要求,广告主一方面要面对快速增长的供应,而另一方面又得苦恼消费者越来越难把握的需求,所以精准投放成为必然选择。

　　综上,碎片化传播语境下,新媒体广告势必要体现出移动化、个性化、精准化的观念。

三、基于大数据的新媒体广告观念

　　新媒体环境下,随着计算机运算速度的提高,存储空间的扩大,以及云计算技术的出现,对数据的利用能力得到了空前的发展。而"大数据"这个词也成为时下的热门词汇。

　　大数据到底有什么用? 数据背后隐藏着什么样的商业价值? 大数据思维方式下广告观念究竟又发生了什么样的变化呢?

　　维克托·迈尔-舍恩伯格在他的《大数据时代》一书中,对大数据的概括是指不用随机分析法(抽样调查)这样的捷径,而采用所有数据的方法。所以我们可以认为大数据下的研究比传统抽样数据的研究结论具有更高的准确性。而另一种主流的对于大数据的定义是,所涉及的数据量规模巨大到无法通过人工在合理时间内进行截取、管理、处理,并整理成人类所能解读的信息,强调在总数据量相同的情况下,与个别分析独立的小型数据集相比,将各个小型数据集合并后进行分析可得出许多额外的信息和数据关系性,可用来察觉商业趋势、判定研究质量、避免疾病扩散、打击

029

---

　　① 黄升民,杨雪睿.碎片化背景下消费行为的新变化与发展趋势[J].广告大观(理论版),2006(2):4-9.

犯罪或测定实时交通路况等,这样的用途正是大型数据集盛行的原因。①

　　"啤酒与尿布"的故事一直被拿来当成大数据商业运用的最佳案例。它产生于 20 世纪 90 年代的美国沃尔玛超市中。沃尔玛的超市管理人员分析海量的销售数据时发现了一个令人难以理解的现象:在某些特定的情况下,啤酒与尿布两件看上去毫无关系的商品会经常出现在同一个购物篮中。这种独特的销售现象引起了管理人员的注意,经过后续调查发现,这种现象大多发生在年轻的父亲身上。在美国有婴儿的家庭中,一般是母亲在家中照看婴儿,年轻的父亲前去超市购买尿布。父亲在购买尿布的同时,往往会顺便为自己购买啤酒,这样就会出现啤酒与尿布这两件看上去不相干的商品经常会出现在同一个购物篮的现象。如果这个年轻的父亲在卖场只能买到两件商品其中之一,则他很有可能会放弃购物而到另一家商店,直到可以一次同时买到啤酒与尿布为止。沃尔玛发现了这一独特的现象,开始在卖场尝试将啤酒与尿布摆放在同一个区域,让年轻的父亲可以同时找到这两件商品,并很快地完成购物。而沃尔玛超市也可以让这些客户一次购买两件商品,而不是一件,从而提高商品销售收入。

　　在"啤酒与尿布"案例中,利用大数据分析后,我们得到了某些年轻男性会同时购买啤酒与尿布这个事实,即得到了啤酒与尿布会产生关联这个事实,但为什么会同时购买,为什么会产生关联,这些因果关系是无法通过数据分析得到的。我们无须理会因果关系,我们只要知道啤酒与尿布的相关关系并且将这种关系加以合理利用,便可以得到意想不到的收获。正如维克托·迈尔-舍恩伯格所言,大数据的思维方式下,最重要的是人们可以在很大程度上从对因果关系的追求中解脱出来,转而将注意力放在相关关系的发现和使用上。②

　　所以,接下来广告的发展中要充分给予大数据展现价值的空间,并在大数据搜集、沉淀的基础之上提升预测能力,以此作为判断用户需要的重要手段,从而做到在消费者产生需求的当下,或者在消费者意识到自己的需求之前,第一时间推送广告信息,让广告更有的放矢,最终实现消费者

---

①　Dan Kusnetzky. *What is "big data"*? 〔EB/OL〕. 〔2010-02-16〕http://www.2dnet.com/article/what-is-big-data/.

②　维克托·迈尔-舍恩伯格,肯尼思·库克耶. 大数据时代〔M〕. 盛杨燕,周涛,译. 杭州:浙江人民出版社,2013:67.

的需求与广告信息的精准匹配。

综上,大数据时代,新媒体广告发展要具备数据化、预测性、精准化的观念。

四、基于社会化的新媒体广告观念

新媒体时代,人与人的交流和互通模式发生了极大的改变,其不再满足于现实空间的面对面交流和沟通,互动的需求还延伸到了虚拟空间。这个时候,出现了专门给予用户极大参与空间的新型媒体,即社会化的媒体。它激发感兴趣的人主动地贡献内容,或者通过评论、分享等方式反馈内容,媒体和用户之间的界限变得更加模糊。而内容可以在媒体和用户直接双向传播,形成一种即时的对话模式。用户围绕着烹饪、政治、旅游等共同感兴趣的内容,慢慢凝结成一个个社区,以帮助交流朝着稳定与深入的方向发展。Facebook 就是一个非常典型的社会化媒体。它将虚拟和现实交叉,延伸用户的现实社会生活并提供网络服务。用户通过一些个性化的设置,比如照片的发布、视频的分享来进行互动交流,从而巩固和扩大社交圈子。在这个过程中自然少不了内容的贡献以及内容的反馈。当然,这种媒体的产生,符合了用户的需求。

借助社会化媒体的特有优势,消费者的角色和地位发生了变化。从被动接收信息到主动寻找信息,甚至成为信息的发布者,与别的消费者进行互动交流。对于广告主而言,势必要更加关注消费者的想法和需求,以消费者为中心的理念占据首位。

网络时代,消费者在做消费决策之前进行各种信息搜索行为,比如通过专门的、垂直类的行业频道、网站检索信息。在社会化媒体时代,消费者更倾向通过网络上的社交空间与好友分享使用心得或体验。所以,广告主要重视社会化媒体上的口碑营销,在条件可能的情况下,建立让受众更加专注的分众领域(比如,建立一个个基于共同兴趣爱好的社区),为消费者创造一个主动搜寻信息的便利空间。

社会化媒体在给予人们互动沟通便利的同时,带给广告主更多的思考。应该运用什么样的手段和方式,鼓励消费者更多地参与到互动沟通的过程中呢?增加广告的互动性是一个不错的方法。一方面,互动可以让广告主得知用户的反馈、倾听用户的想法,从而制定更有利于用户的广告策略;另一方面,互动中产生更多与消费者接触的节点,更能刺激消费者的需求。

　　自从 2012 年星巴克顺势推出了其官方微信账号后，它便一直致力于与顾客建立更人性化的联系与互动。比如在同年 8 月，星巴克推出"情绪点歌"的互动服务。只要添加"星巴克中国"为好友，在对话框中发送表情符号表达情绪，就能立刻获得星巴克回复的专门为贴近顾客情绪而设计的歌曲，这首歌可以直接通过对话框播放而不必开启手机浏览器下载（如图 2-5 所示）。此举在短短几个月中使得星巴克积累了超过 13 万微信粉丝，销量也明显增加。

图 2-5　星巴克微信官方账号推出的"情绪点歌"互动服务

　　综上，以消费者为中心的社交化、互动性便是基于社会化的新媒体广告观念的体现。

第三章　新媒体广告的基本形态

在对超过150个广告主展开调研的《2014 TopDigital 数字创新白皮书》中,我们看到一些颇有启发性的数据。

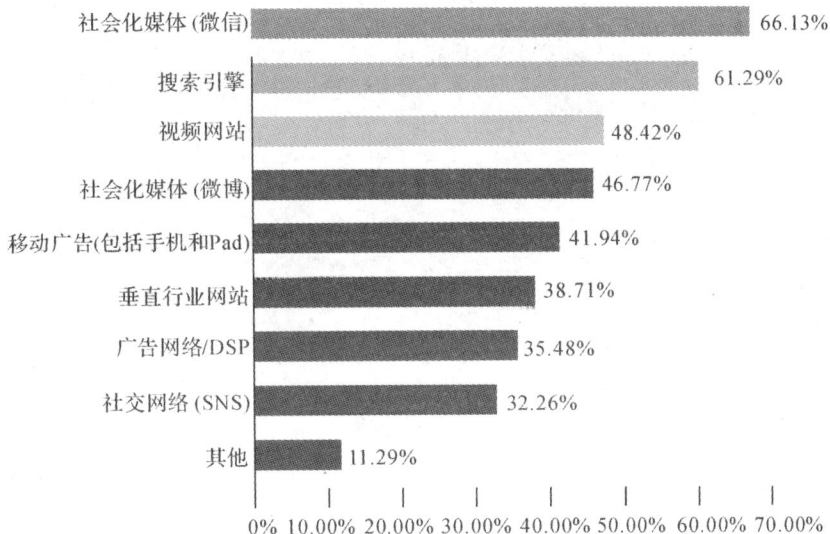

平台	百分比
社会化媒体(微信)	66.13%
搜索引擎	61.29%
视频网站	48.42%
社会化媒体(微博)	46.77%
移动广告(包括手机和IPad)	41.94%
垂直行业网站	38.71%
广告网络/DSP	35.48%
社交网络(SNS)	32.26%
其他	11.29%

0% 10.00% 20.00% 30.00% 40.00% 50.00% 60.00% 70.00%

图 3-1　2014 年广告主青睐的新媒体广告投放平台①

广告主对新媒体广告投放平台的选择是有不同侧重的,通过图 3-1 中的相关数据我们不难发现,目前微信是最受广告主欢迎的投放平台,近一年中,有 66.13％的广告主选择了在微信平台进行广告投放,从中可以看出,微信的庞大用户群对于众多广告主来说非常具有吸引力。此外,搜索引擎、视频网站、微博分列二至四位,移动广告列在第五位。

---

① 数据来源:TopDigital. 2014 TopDigital 数字创新白皮书[EB/OL]. [2014-10-10]http:// chuansong. me/n/779383.

虽然广告主比较倚重微信平台,但若从目前投放的收益价值来衡量的话(如图 3-2 所示),搜索引擎带来的价值是高于微信平台的,而垂直行业网站更是从第六的位置上升至收益榜的第三位,相反,微博的排名与预想有着较大的差距。

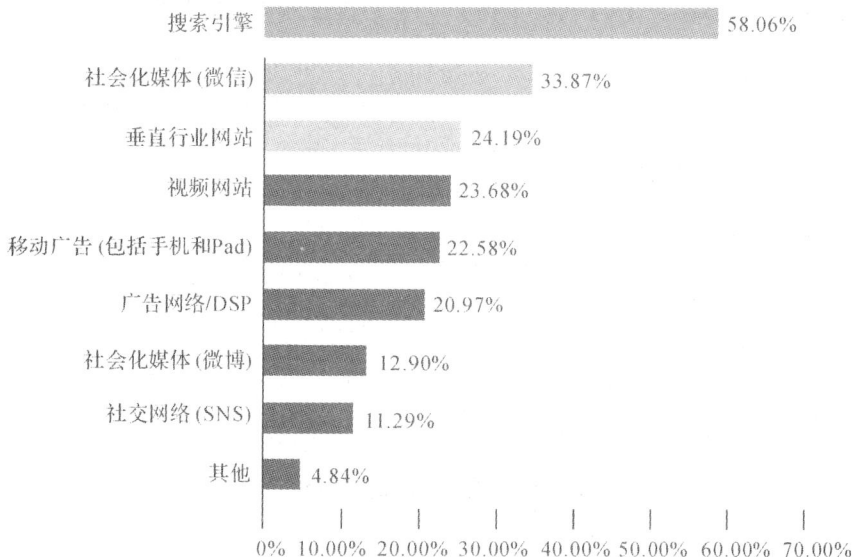

图表数据:
- 搜索引擎 58.06%
- 社会化媒体(微信) 33.87%
- 垂直行业网站 24.19%
- 视频网站 23.68%
- 移动广告(包括手机和Pad) 22.58%
- 广告网络/DSP 20.97%
- 社会化媒体(微博) 12.90%
- 社交网络(SNS) 11.29%
- 其他 4.84%

横轴:0% 10.00% 20.00% 30.00% 40.00% 50.00% 60.00% 70.00%

图 3-2　2014 年给广告主带来最大收益价值的新媒体广告投放平台①

再对以上数据进一步解读的话,我们可以得知新媒体广告的投放平台有较多选择,不同的广告投放平台体现的新媒体广告价值是有差异的。因此,对于广告主而言,在投放新媒体广告前需要对不同平台上的新媒体广告各形态进行了解,各平台上新媒体广告的收益价值必然跟新媒体广告各形态的特点有密切的关系。

接下来本书作者将着重围绕新媒体广告的形态以及形态下具体的广告形式进行系统整理和分析。

目前,对于新媒体广告形态的分类,还没有统一的标准。常见的分类是按照广告载体的不同,即按照新媒体进行分类。但这实际上是把新媒体与广告割裂开来,从而违背了新媒体广告的概念是在新媒体媒介与传

---

①　数据来源:TopDigital. 2014 TopDigital 数字创新白皮书[EB/OL].[2014-10-10]http://chuansong. me/n/779383.

播特征、广告本质属性等的共同作用下界定的事实。所以，以新媒体作为分类标准进行新媒体广告基本形态的划分缺乏说服力。

舒咏平教授在其主编的《新媒体广告》一书中对新媒体广告形态的分类非常值得借鉴。该书以广告主如何以新媒体广告信息作用于消费者，将其形态分为整合类新媒体广告、推荐类新媒体广告、发布类新媒体广告、体验类新媒体广告和暗示类新媒体广告。本书在这五种新媒体广告形态的基础上，结合当下新媒体广告的发展过程与趋势作了少许调整，具体分为如下五类：

第一节 整合类新媒体广告

整合类新媒体广告是指广告主或者品牌主通过自建网站的方式来宣传品牌自身形象及所提供的产品或服务，最主要的表现形式是企业的品牌网站。它是最常见的网络广告形式之一，大大小小的企业几乎都自建了品牌网站，这不同于第三方的形象平台（如淘宝、微博），它是独立的、权威的、代表着企业的形象和声音。作为新媒体营销的重要手段，它的方式是综合性的，既是广告媒体，也可能是销售平台。

新媒体环境下，品牌网站以其低成本、便捷的优势，如同电话、传真一样，迅速成为企业的标准配置，为企业的品牌形象、产品与服务展示等提供可供客户随时查阅和互动的窗口。所以，在如今的状况下，客户会以有无品牌网站作为判断一个企业的规模大小、信誉好坏的重要标准，足见品牌网站对企业的重要性。

一般而言，品牌网站有如下这些基本功能：优秀的品牌网站不仅是对外的，还可以与企业办公网形成无缝对接，这对于企业内部而言是企业文化建设不可或缺的工具；信息发布、产品发布和管理的功能，包括企业概况、联系方式、产品目录、企业行业动态、销售网络、人事招聘等信息内容，并能进行及时更新，对过时信息进行删除、修改等，帮助消费者快速地获得想要了解的信息；链接功能，通过"19次点击"理论我们得知从任意一个网页，平均只需经过19次点击，即可抵达互联网上其他任意一个网页，正是由于各种超链接建立了网页之间的这样一种联系，而品牌网站的外部链接更加整合了品牌官网的凝聚能力；客户管理和互动功能，通过会员注册和管理系统，可以方便地了解客户及潜在客户的不同需求，并通过互动功能,开展在线交流和意见反馈,从而实现对用户的全面管理;销售功能,实现了产品的网络销售,既有效地控制了成本,又给予用户更多便利及轻松、自主购物的可能。当然,不是所有的品牌网站都必须具备这些功能,应该根据品牌形象、产品特点以及自身的发展进行合理的搭配和选择。比如,肯德基中国官网(如图3-3所示)整合了信息发布、产品发布、外部链接、线上销售等一些功能,满足了访问者的不同需求。

图 3-3　肯德基中国官网首页

　　虽然品牌网站功能丰富,对企业来说不可或缺,但处在一种较为尴尬的地位。首先,消费者往往不知道品牌网站的具体网址,自然谈不上去主动访问网站。一般来说,消费者往往是通过搜索引擎、网页上的各种广告,以链接的方式访问网站,所以品牌网站在整个营销或者广告活动环节中处在较后的位置,如果推广的前阶段没有效果,品牌网站就很难有可观的客户流量,这是大部分品牌网站默默无闻的主要原因。其次,品牌网站相比其他的新媒体广告形式来说,显得更加自主,但也造成了它良莠不齐。比如,目前有关品牌网站最主要的争论在于形式和内容的偏向。有人说,优秀的品牌网站,基本都是通过优秀的内容来吸引消费者,从而体现其品牌价值;也有人说品牌网站应该更偏向于设计,要以独特、创意的视觉效果强调品牌的特色,才能提升品牌的影响力。本书作者认为,单一偏向形式或内容都有可能导致极端,从而影响用户体验。比如,重形式的品牌网站为了更好地展现品牌特色和形象,往往大量运用多媒体交互技术,使得登录网站的加载速度较为缓慢。如图 3-4 所示,在无网络因素的影响下,用户第一次登录喜之郎品牌网站需要等候页面的加载时间超过 50 秒,这显然会影响用户的正常使用。而有的品牌网站没有使用太多的交互技术,在页面的视觉效果上显得刻板,且一旦内容更新不及时就会造成流量的流失。如图 3-5 所示,乐百氏官网的行业动态新闻还停留在 2011 年 4 月 8 日。

图 3-4　喜之郎品牌官网加载速度缓慢

037

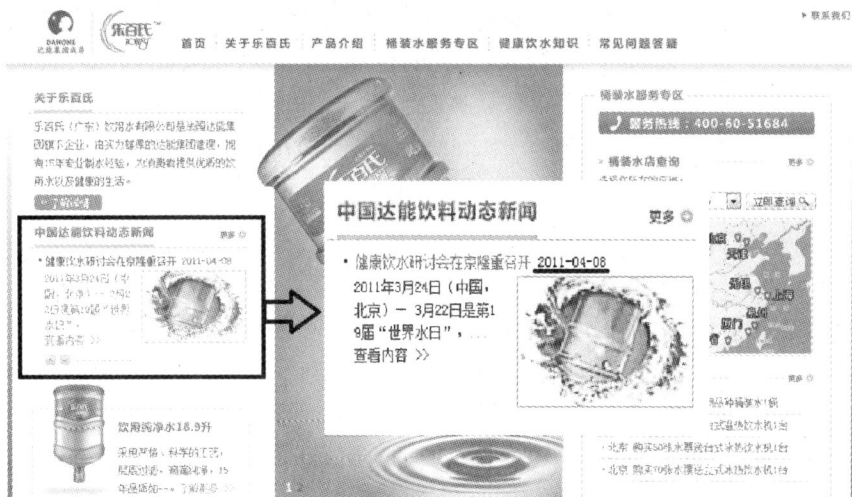

图 3-5　乐百氏品牌官网的行业动态新闻更新滞后

因此,本书作者认为,为了避免品牌网站发展的两极化,应该以品牌形象的传播为主要目的,力求在保证用户良好体验的基础上做到形式与内容的统一,才是品牌网站发展的方向。

第二节　发布类新媒体广告

在新媒体广告中,只有发布类新媒体广告最具有传统广告的特点,即在受众所关注的特定空间与时间进行产品或品牌信息的发布,以引起注意、记忆及好感;但是它们得以呈现的技术是数字化的,因此需归属于新媒体广告。[1] 也就是说,发布类新媒体广告由于互动性弱等方面的原因,所以不算是典型的新媒体广告形态。它们的作用在于吸引受众的注意,通过广告上的内容提示,使受众产生进一步浏览或者参与的意愿,从而点击广告,最终导向的很可能是品牌网站。发布类新媒体最主要的呈现方式是网络广告中的品牌图形广告和文本链接广告。

一、品牌图形广告

所谓的品牌图形广告,指的是通过图片形式出现在互联网网页以及应用程序页面上的广告形态。这一类广告往往特别看中它呈现的位置,有着"得位置者得天下"的一贯想法,试图通过对主要视觉位置的占领以突显自身,因此具有干扰性和强制性的特点。我们可以看到,类似新浪、搜狐等门户网站上充满了各种品牌图形广告。由于尺寸大小与呈现效果上的差别,常见的品牌图形广告大体上有以下几种:

1. 网幅广告

网幅广告(Banner)是目前网络中使用最广泛的广告形态(如图 3-6 所示)。它又称旗帜广告或横幅式广告,早期以 JPG、GIF 等格式为主,后来以 SWF 等格式为主,是建立图像文件后,定位在网页中,用来表现广告内容的一种网络广告形式。它还可使用 Java、Javascript 等语言使其产生交互,以及用 Shockwave 等插件工具增强其表现力。一般以提示性的作用居多,点击后导向品牌网站。

---

① 舒咏平.新媒体广告[M].北京:高等教育出版社,2010:14.

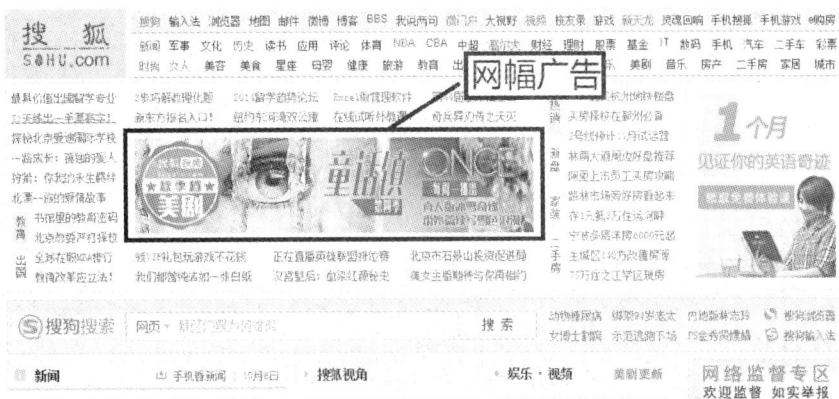

图 3-6　网幅广告

　　网幅广告是最早被用户接受的网络广告形式。1994 年 4 月 15 日，Hotwierd 公司与 AT&T 公司签订了第一笔网络广告合同，Hotwierd 修改了广告尺寸，改成了如同现在网幅广告一样的大小。该网络广告在 1994 年 10 月 27 日正式发布。自此创造了一种全新的广告商业模式，并走上了快速发展的轨道。以国内来说，1997 年 Intel（英特尔）在 Chinabyte. com 上发布了第一个动态网幅广告，也是国内最早的商业性网络广告。

　　网幅广告出现后，由于尺寸多种多样，亟须统一的标准，后由 IAB（Internet Advertising Bureau，互联网广告署）的"标准和管理委员会"与 CASIE（Coalition for Advertising Supported Information and Entertainment，广告支持信息和娱乐联合会）联合推出了网络品牌图形广告的国际通用标准，作为建议提供给广告主和网站。前后一共推出了两套标准，第一套是在 1997 年推出的（如表 3-1 所示），另一套是在 2001 年推出的（如表 3-2 所示）。目前而言，最常见的网幅广告的尺寸依然是 468×60 像素，即全尺寸 Banner，一般出现在网页的醒目位置，有较好的受众吸引能力。

039

表 3-1　1997 年推出的第一套 IAB/CASIE 标准

编号	尺寸（pix）	名称
1	468×60	全尺寸 Banner
2	392×72	全尺寸带导航条 Banner

续表

编号	尺寸（pix）	名称
3	234×60	半尺寸 Banner
4	125×125	方形按钮
5	120×90	按钮♯1 或小图标
6	120×60	按钮♯2 或小图标
7	88×31	小按钮或 Banner
8	120×240	垂直 Banner

表 3-2　2001 年推出的第二套 IAB/CASIE 标准

编号	尺寸（pix）	名称
1	120×600	"摩天大楼"形
2	160×600	宽"摩天大楼"形
3	180×150	长方形
4	300×250	中级长方形
5	336×280	大长方形
6	240×400	竖长方形
7	250×250	"正方形弹出式"广告

按照网幅广告呈现方式的不同，可以把它分为三类：静态、动态和交互式。静态的网幅广告表现形式非常单一，仅仅在网页上显示一幅固定的图片，它是网络广告中最早也是最常用的方式。它的优势在于技术含量不高，制作较为简单，几乎所有的网站都允许以这种方式呈现广告。但它的劣势也非常明显，与众多采用交互技术的网幅广告相比，它展现出一副刻板枯燥的模样，吸引力就显得不够。而很多实证数据也表明，静态网幅广告效果比动态的和交互式的网幅广告弱。毫无疑问，相比静态而言，动态网幅广告是一种更活跃的存在，它或移动或闪烁，通常采用 GIF89 的格式，就如同电影一样把一系列图像串联起来产生运动感。大多数动态网幅广告由 2 到 20 帧画面组成，通过画面的变化，一方面可以展示更多的信息，另一方面对受众的吸引力也更佳，所以它的广告效果比静态的

网幅广告好。正因为动态网幅广告具备的这些优势，使它成为目前最主要的网幅广告形式。在技术水平不断发展的条件下，一种更能吸引浏览者的交互式广告产生了，满足了更多用户的需求。它的形式也多种多样，比如游戏、插播式、答题、下拉菜单、填写表格等，这类广告需要用户更多的参与，也能得到更多的反馈。

2. 按钮广告

按钮广告也称图标广告，从网幅广告演变而来，故与网幅广告的本质属性、制作方式等方面都相类似，只是尺寸较小，普通为 120×90 像素或 120×60 像素，如图 3-7 所示，外形上酷似按钮，因此得名。

图 3-7　按钮广告

由于尺寸小，展示的位置就相对灵活，理论上，按钮广告可以出现在网页上的任何一个位置，而且价格也相对便宜，但是展示空间极其有限，使之无法一次性呈现太多信息。所以，相对网幅广告而言，对用户的吸引力也更弱。按钮广告多数起到的是提示性的作用，一般比较适合成熟品牌的 LOGO 或者简单文案的呈现。而为了让尽可能多的用户点击，势必要在制作、创意等方面有一番作为，才有可能获得较好的广告效果。

3. 通栏广告

通栏广告一般是以横贯整个页面的方式出现，即宽度与整个页面相同，但面积远远小于页面的广告形式（如图 3-8 所示）。本质上，依然与网幅广告类似,也是使用 JPG、GIF、SWF 等静态或动态的图像文件。目前的通栏广告,以 Flash 动态方式呈现的较为普遍。

图 3-8　通栏广告

　　由于通栏广告的面积大,有利于展现丰富的广告信息。通栏广告一般采用图文结合的方式呈现,视觉冲击较为强烈,且创意也不易受到空间的局限。受众在浏览页面时,视觉的流畅感会被打断,极易被这种横跨整版的广告捕获注意力,对广告产生印象或者诱发点击行为以进一步了解感兴趣的信息,从而使得广告效果得以提升。

4. 摩天楼广告

　　摩天楼广告,又被称为擎天柱广告,与上文提到的旗帜广告、通栏广告在本质属性和制作方面都相类似,也是使用 JPG、GIF、SWF 等静态或动态的图像文件,但在尺寸上呈现出与按钮广告相区别的一面,它的覆盖面积相对较大,可达 120×600 像素,甚至 160×600 像素。

　　摩天楼广告的出现改变了传统的横式的广告形式,以竖形的姿态展现(如图 3-9 所示)。虽然宽度有限,但在长度上体现出巨大的优势。一方面能在视觉上带来新意,自然会吸引更多的目光;而另一方面,在面积上的优势也能获得更大的发挥空间,帮助信息的完整展现。摩天楼广告一般出现在页面的右侧,常在受众点击滚屏的过程中显现。

图 3-9 摩天楼广告

5. 对联广告

对联广告是一种比较新颖的网络广告形式,出现在网页左右两侧,以竖形的方式呈现(如图 3-10 所示),同样是使用 JPG、GIF、SWF 等静态或动态的图像文件,所以在效果展现上与其他类广告相似。但是,它有一个非常显著的特点,它不出现在浏览页面内,它使页面得以延伸,且会随着页面的浏览而滚动,所以能够最大限度地集中焦点。对联广告还可以提供关闭按钮,以获得较好的用户体验。

043

图 3-10 对联广告

对联广告的左右成对出现有两种方式。一种是左右互补型,即对联广告的左右信息不同,但往往是遥相呼应的,保证在广告主旨统一的基础上曝光更多的信息。另一种是左右重复型,即对联广告的左右两侧完全相同,这种形式更强调的是一种对称的视觉感受。

6. 弹出窗口广告

弹出窗口广告是目前网络广告中被诟病最多的广告形式之一。常常在打开网页后自动弹出,如图 3-11 所示,多数在右下角生成一个新的广告页面,覆盖原先页面上可供浏览的内容,妨碍连贯的浏览行为。弹出的窗口广告虽然都会自带关闭的按钮,但是由于按钮过小,甚至还有虚假关闭按钮的存在,受众的使用感受不佳。从根本上来说,它就是强制性地曝光广告信息。但由于它有足够的空间展现广告创意,因此这种形式虽然无法让受众喜爱,却受到广告主的热烈追捧。

图 3-11　弹出窗口广告

由于弹出式广告的过分泛滥,很多浏览器或者浏览器组件设置了拦截弹出式窗口的功能,以屏蔽这样的广告。另外,国家从调控与监督角度出发,也在对弹出窗口广告进行整治。如 2014 年 9 月 24 日国家互联网信息办公室、工业和信息化部、国家工商总局召开"整治网络弹窗"专题座谈会,专项研究治理网络弹窗乱象,决定短期内启动"整治网络弹窗"专项行动,进一步加大对网络弹出窗口的整治力度,严肃查处传播淫秽色情信息、木马病毒、诈骗信息等非法弹窗广告。

总之,弹出窗口广告优劣势都极其明显,而目前看来其未来不甚明朗。

7. 移动图标广告

移动图标广告是指能够依照设定的轨迹,在页面上下左右进行自由移动的广告形式(如图 3-12 所示)。正是因为这种广告处在不断的运动中,与静止不动的页面形成了强烈对比,所以吸引受众的效果颇佳。它也会提供广告的关闭按钮,但与弹出窗口广告一样,受众的使用体验并不好。

图 3-12 移动图标广告

8. 插播广告

旧式插播广告是指在电视、广播、电影等的播放过程中,中断节目播放转而进行广告内容播放的广告形式。新媒体环境下的插播广告指的是,在用户打开当前网页时强制插入一个广告页面或弹出广告窗口,以半屏或者全屏大图方式短暂出现数秒,后自动关闭的网络广告形式(如图 3-13 所示)。

不同于网幅广告对页面长时间的占有,它出现的时间短,所以对页面的占据感不强,保证受众的正常浏览,而由于它占据的范围大,广告呈现上会更加精美。因为它具有较强的可控性(例如控制时间长短、控制信息多少等)和曝光的强制性,这种广告形式也常被应用到移动互联网的应用程序中。

图 3-13　插播广告

二、文本链接广告

　　文本链接广告是以文字为链接的广告,吸引受众点击后,能够进入相关的广告页面(如图 3-14 所示)。普通文本链接广告字数不多,一般都在 10 字以内,覆盖面积也不大,所以设置相当灵活,可以安排在页面中的任何一个位置,价格也相对便宜。

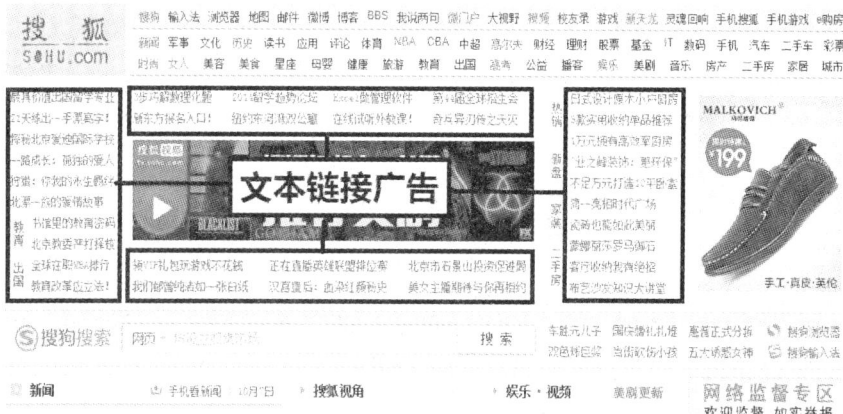

图 3-14　文本链接广告

　　与以图像表现为主的品牌图形广告相比，文本链接广告的表现力弱，所以吸引受众的效果一般，但由于它对受众的干扰少，所以更能迎合受众的心理。早期的文本链接广告一度成为广告效果最好的网络广告形式之一。另外，文本链接广告的信息量少，信息展开能力不足，对广告创意人员提出了更大的挑战，需要他们用言简意赅的方式吸引受众产生点击行为。慢慢地，由于对文本链接广告效果的一味追求，"标题党"们大量充斥，文本链接广告的吸引力已经大不如前。

第三节　推荐类新媒体广告

　　所谓推荐类新媒体广告，指的是通过新媒体具有进行相互链接性的特点，新媒体广告开展有目的、有重点、有目标的品牌信息推荐服务，从而将相关信息送达有需求的消费者或受众。[①] 目前来看，推荐类新媒体广告的主要实现形式是搜索引擎广告。

　　搜索引擎指的是为用户提供信息检索服务，并把从互联网上搜集到的信息进行组织和加工，最终把结果呈现给用户的系统，谷歌和百度便是最典型的搜索引擎网站。搜索引擎广告指的是利用搜索引擎平台投放的广告，其中，关键字广告、竞价广告是目前运用较为广泛的两种形式。

一、关键字广告

　　关键字广告是指广告主围绕自己的产品、服务等，确定相关的关键字，自行确定广告信息，并自主定价投放的广告。当用户在搜索引擎上搜索到广告主投放的关键字时（如图 3-15 所示），相应的广告就会以推荐的方式进行展示，并在用户点击后按照广告主对该关键字的出价收费，无点击不收费。[②]

　　关键字广告的形式非常简单，通常是以文字的方式呈现，当然不仅仅是单个字的出现，还可以是词或句子。关键字广告是由广告标题、简介和网址三部分组成的，所以制作门槛不高，中小型企业、个人都适用。展现的位置一般是搜索栏下方，或者页面右边，与网页自然搜索结果分开，便

①　舒咏平.新媒体广告[M].北京:高等教育出版社,2010:12.
②　李莎.搜索引擎及搜索引擎广告现状研究[J].广告大观(理论版),2006(3):43-49.

于用户清晰地了解什么是广告内容，什么是搜索内容。

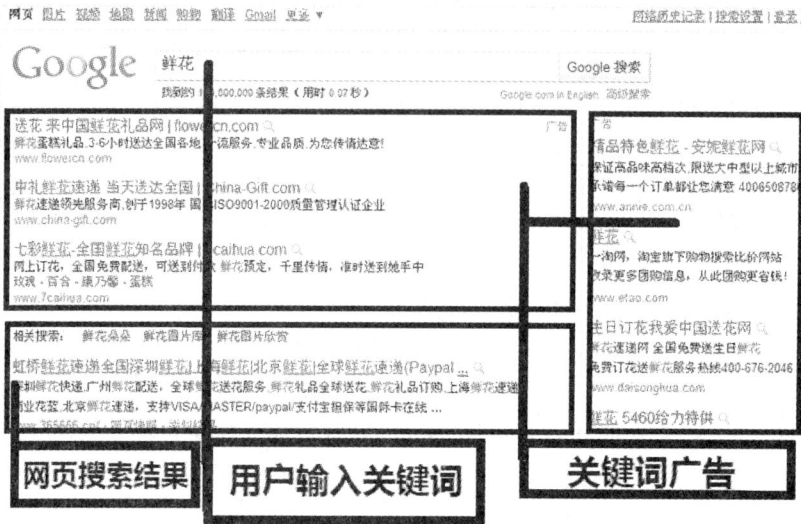

图 3-15　搜索引擎关键字广告

　　当然值得一提的是，使用搜索引擎的用户往往只会留意搜索结果最前面的几个条目，所以不少网站都希望通过各种形式来影响搜索点击的排序。搜索结果排序主要有两种方式：第一种是根据是否收费以及费用的高低来决定搜索结果的顺序，付费网站显示在前，而免费网站出现在后，这样会有一个弊端，会使一些匹配度不高或者质量不高的网站因为付费而排名靠前，因此会给用户正常浏览检索结果造成干扰。第二种是自然排名，即按照搜索引擎的标准，对各个搜索结果进行排序，无须付费。网站为了提高关键字检索后自身的自然排名，于是就延伸出搜索引擎优化方式。这是一种利用搜索引擎搜索规则来进行排序的方式。每一个搜索引擎都有自己的排名算法，但这套算法并不固定不变，随时都有可能改变。搜索引擎排名算法是搜索引擎用来决定网页排名的方式，该算法在计算的时候会综合考虑多种因素，包括关键字频率、页面标题、外部链接、网站内部链接，文章内容等，甚至包括网站域名的年龄。有些因素的权重相对较大，这意味着在决定排名的时候它们是重要的因素，而有些因素权重较小。所以，搜索引擎优化者的任务就是围绕着关键词，通过对网站的各种优化措施，使之更容易被搜索引擎接受。

关键字广告一般采用按点击付费的计价模式,只有当用户点击广告才开始计费,所以只有显示没有点击的状况是不用计费的,这种方式有效地展现了关键字广告的实际效果。另外,广告费用是由广告主控制的,而广告主投放关键字广告一般离不开服务平台的支持。通过服务平台可以实时查看广告的点击次数和广告费用等信息,有助于广告效果的快速统计,以及根据实际情况灵活控制广告的投放。

二、竞价排名广告

竞价排名广告的基础是关键字广告,表面上原理相同,都需要广告主首先购买关键字,然后在用户搜索时,广告就会出现在相应页面上。但实际上,竞价排名广告解决了关键字广告无法解决的一个难题,即由于页面广告呈现的范围有限,在多个潜在广告主都在购买同个关键字时,便会采用竞价的方式,价高者得到广告展示的机会,或者价高者得到优先选择广告呈现位置的机会。

目前搜索引擎服务商主要通过拍卖的形式出售结果页上的广告位,普遍采用广义第一价格机制及广义第二价格机制。由于广义第一价格机制指的是利用品牌主出价的高低进行广告排序的方式,实际操作中会给搜索引擎带来较多的盲目竞争,造成不必要的损失。因此,广义第二价格机制成为主流搜索引擎服务商广告位拍卖的主要机制。广义第二价格机制指的是广告主先设定每个关键字的标价,当搜索引擎用户的搜索词匹配品牌主的关键字时,搜索引擎按竞价递减的顺序把广告排列在搜索引擎结果页的广告位上,竞价最高的广告得到最好的广告位。品牌主的每次点击费用为排名紧随其后的品牌主的竞价加上一个小的增量。这种方式有效地解决了广义第一价格机制下的众多弊端。

综上,搜索引擎广告特点主要有:针对性强,使用关键词进行检索的用户往往就是对这些信息感兴趣的人,针对这些人感兴趣的内容提供相应的广告信息,体现出强烈的目的性;广告效果明显,广告付费的方式是按点击计费,因此,广告主不需要为那些看到广告但没有产生进一步了解欲望的用户付费,最终广告费用的支出与广告效果的获取能够形成一定的正向联系;成本易控制,由于关键词广告的服务平台普遍都有实时监控的功能,通过对广告点击次数的把握,有助于灵活地把控广告投放,有效地控制成本。

第四节　许可类新媒体广告

许可类新媒体广告是利用许可营销而展开的广告活动。许可营销最早是由雅虎的营销专家赛斯·高汀（Seth Godin）在《许可营销》一书中提出，并做了系统的研究和论述。许可营销指的是企业在推广其产品或服务的时候，事先征得顾客的"许可"，在得到顾客许可之后，向顾客发送产品及服务信息的营销方式。许可营销的主要方法是通过邮件列表、新闻邮件、电子刊物等形式，在向用户提供有价值信息的同时附带一定数量的商业广告。[①] 所以实际上，许可类新媒体广告的主要实现方式是电子邮件广告（如图 3-16 所示）。

图 3-16　电子邮件广告

电子邮件广告推送前，用户的许可是如何获得的呢？广告主要求受众注册为会员或者填写在线表单时，会询问"是否希望收到不定期发送的最新产品信息"，或者给出一个列表让受众选择自己希望收到的信息，通过这种方式，许可了广告主今后可以通过电子邮箱向用户推送广告。[②] 正是由于新媒体的交互性，才充分保障了许可的实现。

电子邮件广告一般采用文本格式或 HTML 格式。通常采用的是文本格式，就是把一段广告性的文字放置在新闻邮件或经许可的邮件中，也

---

① 黎文康.刍议许可营销[J].中国电子商务,2001(22):28-29.
② 黎文康.刍议许可营销[J].中国电子商务,2001(22):28-29.

可以设置一个 URL,链接到广告主公司主页或到提供产品或服务的特定页面[①]。HTML 格式的电子邮件广告可以插入图片,和网页上的网幅广告没有什么区别,创意限制少,施展空间大。若对广告内容有进一步了解的需求时只要点击图片便可以进入活动页面或者品牌网站。

选择推送电子邮件广告是要具备一定基础条件的,至少要解决三个基本问题:向哪些用户发送电子邮件广告,发送什么内容的电子邮件广告,以及如何发送电子邮件广告。具体来说,首先,要具备邮件列表的技术基础,即从技术的角度保证用户加入、退出邮件列表,并实现对用户资料的管理,以及邮件发送和效果跟踪的功能;其次,用户邮箱地址资源的获取,必须在用户加入邮件列表的基础上,获得足够多的用户邮箱地址资源;最后,邮件列表的内容必须是对用户有价值的、必须是用户真正需求的,才能引起用户的关注。所以,电子邮件广告的首要优势就是受众把握清晰、针对性强,再加上它价格低廉(理论上几乎可以实现零成本)、信息量大、制作简单等优点,使得电子邮件广告大受广告主的欢迎。目前,电子邮件广告依然是新媒体广告中最普遍的存在形式。

虽然电子邮件广告原本是基于用户许可投放的广告形式,本不应该是垃圾邮件,但在发展过程中,由于电子邮件广告的众多优势吸引着投机取巧者通过购买所谓的电子邮件营销光盘和群发软件,不经许可便发送电子邮件广告,造成了目前垃圾邮件的泛滥,使受众对电子邮件广告的态度产生了负面的变化。中国互联网协会发布的《中国网民权益保护调查报告(2014)》显示,仅 2014 年上半年,网民人均每周收到垃圾邮件 17.5 封。另外,在对 2014 年第二季度的分析中,垃圾邮件占所有邮件流量的 68.6%。[②] 通过这些数据,足可判断垃圾邮件会对电子邮件广告的发展产生不良影响。

第五节　暗示类新媒体广告

暗示类新媒体广告指的是,在当下受众对新媒体流量的关注与聚焦

051

[①] 高丽华,赵妍妍,王国胜.新媒体广告[M].北京:清华大学出版社,北京交通大学出版社,2011:48.

[②] 中国互联网协会 12321 举报中心.中国网民权益保护调查报告(2014)[R].2014.

的基础上,把品牌信息、产品或服务信息巧妙地融入新媒体内容中,使受众在潜移默化中接受了广告信息的广告形态。暗示类新媒体广告的最大优势在于,广告的曝光不会影响到受众对新媒体的正常使用,所以它避开了受众对广告产生抵触心理的可能,广告效果得以提升。目前,暗示类新媒体广告主要的呈现方式有以下几种:

一、微电影广告

微电影即微型电影,是有故事情节,且能够在多种新媒体终端上播放的电影形式。微电影的"微",首先体现在时长的"微"上,微电影远远短于传统电影的时长,一般从几分钟到几十分钟不等,契合了碎片化时代受众的需求;其次体现在制作的"微"上,微电影早期是由于 DV、相机等技术设备的出现,在草根阶层中开始流行起来的视频式的表现手法,所以在制作上不如传统电影那般精雕细琢;最后,也是由于微电影本身的时长短、制作简单,所以微电影在投入上远比传统电影动辄上亿的重金投入要少得多。这些特点造就了这样一种短小、精炼、灵活的形式在新媒体环境中的风靡。

微电影广告指的是以塑造品牌形象、宣传产品信息等为目的,采用电影式的拍摄手法和技巧,在故事性的情节中,悄无声息地植入特定品牌、产品或服务信息,适合在多种新媒体平台上播放的广告形式。与电视广告、视频广告相比,微电影广告的故事性消减了传统广告的直接性给受众造成的抵触情绪,而微电影广告的电影式拍摄理念和技巧又提升了广告的欣赏性,所以微电影广告是一种艺术和商业的巧妙融合,用一种感官享受的方式让受众无意识、无抵触地主动接受广告信息,这是广告从受众心理出发的一次重要革新。

越来越多企业、广告主开始重视微电影广告,微电影广告的效果也在不断提升,除了上述提到的因素以外,还有一个重要的因素便是渠道。在新媒体技术和新媒体平台的帮助下,微电影广告的投放、传播等得以顺利实现。除了利用个人电脑以外,如今更多的人会在移动终端上观看微电影广告,比如手机、平板电脑等,大部分的微电影广告主也会与视频网站合作,以保证播出渠道的畅通,联合多种推广方式,将微电影广告推向受众。

但是,如何在电影中暗示品牌、产品、服务信息,且既不让受众感受到

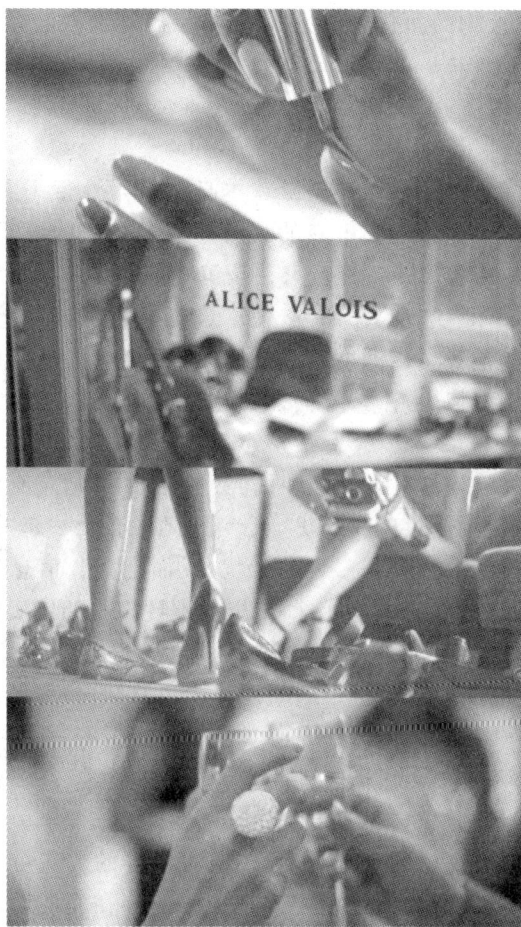

图 3-17　LongChamp 推出的
微电影广告 *Heels*（足舞心声）

传统广告的压迫感，又可以完成广告主的广告目的？普通微电影广告的
处理方式是，将品牌、产品信息当成微电影故事的主角或线索，以促成电
影叙事的发展。如图 3-17 所示，LongChamp（珑骧）推出的微电影广告
Heels（足舞心声）在中和商业性和艺术性方面做得尤其出色。这部微电
影广告以如同电视剧一样的连载形式，共分 7 集，描述了在时尚杂志
Shine 工作的阿莉丝与她的宿敌特里莎争夺主编之位的故事，悬念环环
相扣，引人入胜。为了不让故事喧宾夺主，LongChamp 用了一种新颖的

方式,将故事中人物的面孔全部隐去,完全突出这部微电影广告中主要角色身上的各种 LongChamp 配饰产品。

二、游戏植入广告

游戏植入广告指的是依托于游戏本身的娱乐性带来黏性和互动性,结合游戏产品的文化背景和内容的独特性以及相应的游戏道具、场景或者任务而制定的广告形式。让玩家在玩游戏的状态下切身体验产品的特性,把广告变成游戏环节的一部分,使广告变成游戏,游戏变成广告。把企业品牌传播和游戏文化深度结合,利用网络游戏把虚拟文化传播转化为真实的企业品牌传播,让游戏玩家成为忠诚的企业品牌消费者、追随者和传播者。[①]

游戏类植入广告具有以下这些优势:融合性,即通过有效的创意与策划,把广告信息与游戏角色或游戏场景有机地融合在一起,让用户在享受游戏乐趣的时候不会感觉到广告的干扰,反而把广告信息当成是游戏的一部分加以关注;持续的注意性,即传统的硬性广告如果反复曝光极易引起受众的反感,而在游戏中,由于互动性和趣味性的存在,用户往往长时间沉浸,植入的广告信息也会不间断地让用户感知,极易形成持续的广告刺激,以提升广告效果;感官性强,游戏虽然是虚拟的,但往往建立在对现实的模仿和再现上,集合了图、文、声、像等多种形式,是多感官信息的传递,所以常常能让用户身临其境地感受产品或服务。

一直有人存有这样的疑问,游戏中植入广告的方式应该如何去平衡广告与游戏体验,或者如何不让受众把广告的存在当成游戏的妨碍?实际上,很多成熟的游戏植入广告,如同 3D 技术的使用目的一样,强调的是真实感与存在感。如图 3-18 所示,FIFA 足球游戏在场景中植入的 Adidas 广告牌也是在遵循着真实感。试问,现实的足球比赛中场地四周难道没有广告牌吗?若足球游戏中没有植入广告牌,真实感大打折扣,才会影响用户的游戏体验。

---

① 龙再华.植入式广告,网络游戏的下 个金矿[J] 广告人,2007(6):141-142.

图 3-18　FIFA 足球游戏中的植入广告

三、微博、微信植入广告

微博、微信是当下最炙手可热的新媒体,借助微博、微信平台进行广告传播也是目前广受欢迎的方式。区别于微博、微信平台的旗帜广告、插播广告等硬广告形式,植入广告以一种策略性的方式将品牌、产品或服务的信息与微博、微信平台的内容相结合,对受众进行一种"润物细无声"式的暗示。

目前的微博植入广告大致有以下几种植入方式:第一,结合热门话题进行宣传。在广告主开通官方账号的基础上,结合热点事件与受众进行话题讨论,在这个互动过程中体现品牌形象和文化。第二,名人的软文广告宣传。有人说,微博实际上运营的是粉丝经济,利用明星、大 V 等的名人效应聚集起来的关注度和信赖度,进行某些产品的宣传。宣传的方式是通过名人的使用体验、测评心得等形式表现,往往很难区分是企业投放的软文,还是名人的真实感受。第三,以抽奖等为噱头进行宣传。广告主为了提高自己的知名度,往往以抽奖为噱头,吸引众多的粉丝转发。由此可见,微博的植入广告呈现出广告特征不明显,识别度低,即时互动性强,发布限制少等优势。

由于微信在功能上与微博的差异,造成了广告植入方式的侧重上略有不同。微信植入广告更多的是通过公众平台展开的,现阶段的公众号分为服务号和订阅号两种。服务号主要是为客户提供服务的,一个月只能推送四条信息,更多的是允许客户首先发起互动沟通,所以服务号一般是由银行等用来作为客户维系的工具和平台。订阅号主要是提供信息和资讯的,这点和微博的主要功能类似,不同点在于,微博是个更开放更自由的平台,而微信则相对封闭,且每天只可以推送一条信息,有效地控制了对用户的干扰。目前的植入广告更多地存在于订阅号,将品牌、产品、服务等广告性的信息融入订阅号提供的消息与资讯中,如同软文的形式,是目前微信植入广告比较典型的做法。除此以外,商家也会利用抽奖、打折、优惠券等噱头要求用户把植入的广告信息转发至自己的朋友圈,以获得更多的关注和参与。

综上,微博、微信等平台上的植入广告正是利用庞大的用户基础、稳定的流量、便捷的二次传播方式、相对低廉的价格、自主的发布、对用户的低干扰等优势,成为最受广告主青睐的植入广告方式。当然,微博、微信平台在发展过程中呈现的负面问题,势必也会给植入广告的效果带来一定影响。

第四章　新媒体广告的受众

　　韩国人一向以努力工作著称,要在忙碌的工作中,抽出时间去拥挤的超市购物成了一个噩梦。有量贩店从业者便想出在地铁里开设网络虚拟商店的方法,让消费者只要扫描二维条形码就能购买商品,并由商店直接配送到消费者家中,让购物成为省时省力又令人愉悦的事情。

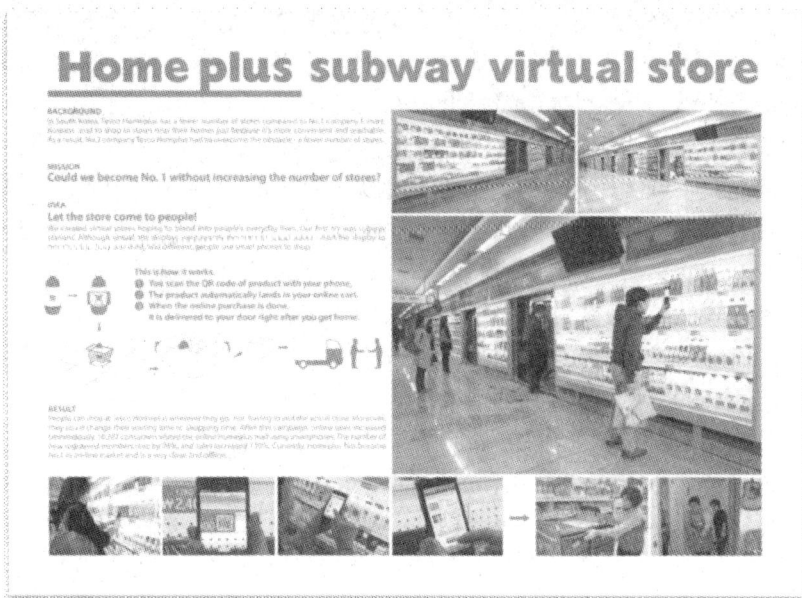

图 4-1　韩国超市 Homeplus 的地铁虚拟商店

　　韩国是个特殊市场,外国企业很难进入这个市场,进入了也总是经营惨淡。乐购为了进入韩国市场,改名为 Homeplus,成为韩国第二大连锁超市。由于 Homeplus 实体店数量不能与韩国本土连锁超市 Emart 相比,因此它将目标设定为在现有实体店的基础上,取得更好的业绩。2010

年 10 月开始,Homeplus 在人流量巨大的地铁站摆设虚拟的货架,用户只需使用智能型手机,扫描物品的条形码加入自己的购物车,并进行购买,超市便会将所购买的产品在约定时间送到用户家中(如图 4-1 所示)。

地铁虚拟商店带来的轻松方便的购物方式,一经推出就获得了巨大成功。Homeplus 虚拟商店推出一个月,月销售额增加 42%,手机应用程序被下载超过 10 万次,以不到竞争者一半的商店数,创下与对手相同甚至超前的业绩。在 2010 年 11 月到 2011 年 1 月期间,有超过 1 万名用户通过手机造访了 Homeplus 超市,注册会员数量激增了 76%,网上销售的营业额更是暴增 130%。Homeplus 一跃成为韩国最大的在线超市,同时实体店的销售额也紧追排名第一的超市。

上述案例[①]中,Homeplus 获得成功的一个关键因素在于,对消费者的需求和需求实现的渠道有着深刻的洞察。针对忙碌的上班族没有时间去实体超市购物的现状,Homeplus 的地铁虚拟商店拉近了超市与消费者的距离,成功地把消费者在等候地铁时无奈的"垃圾"时间转化为购物的时间。当然,我们不能仅仅只把这看成是购买方式的增加,更重要的是顺应消费者的需求,改变固有消费习惯的重要性。比如,消费需求的产生更碎片化,包括时空的碎片化和具体内容的差异化,所以有更多偶然和随机的成分;消费者更希望消费行为能在移动中完成,所以销售渠道应该更加广泛和完善。以上这些,都是在新媒体环境下发生的改变,或者说,正是因为新媒体,消费者的这些需求才能得到满足。

那么,接下来,我们要好好了解新媒体环境下的广告受众到底是什么样的,他们的心理和行为有哪些特征。

广告受众分析最基本的入口是从人口统计学特征开始把握,本书也不例外。但是由于新媒体广告的形态多样,对新媒体广告受众很难一概而论地进行总括性研究,也因为网络广告是新媒体广告最重要的组成部分,故本书作者选择网络广告受众(包括传统互联网以及移动互联网的广告受众),作为研究新媒体广告受众的一个切入点,以期以点带面,窥探新媒体广告受众的群体特征。

---

① 案例整理自徐莉婷. Homeplus[EB/OL]. [2011-07-04] http://www.bpaper.org.tw/bpaper-archive/22/blog_01.html.

第一节　网络广告受众人口统计学特征

要了解网络广告受众的基础信息,首先必须了解网民的基本概况。接下来,本书依据中国互联网信息中心 2014 年 7 月发布的《第 34 次中国互联网络发展状况统计报告》中搜集到的数据进行分析和研究。

"截至 2014 年 6 月,我国网民规模达 6.32 亿,较 2013 年底增加 1442 万人。互联网普及率为 46.9%,较 2013 年底提升了 1.1 个百分点。"[①]这说明我国网民规模在持续扩大,互联网普及率也在稳步提升,但由于人口基数大,普及率依旧不高,这使得大众品牌的广告受众在互联网上显得不够充足,也使得实施精准广告投放成为必要的解决方式。而投放精准广告的首要维度便是来源于人口统计学特征,诸如性别、年龄、学历、职业、收入结构等。

从性别结构上看(如图 4-2 所示),"截至 2014 年 6 月,中国网民男女比例为 55.6∶44.4,与 2013 年底基本一致。在庞大的网民基数影响下,中国网民性别比例基本保持稳定"。[②]

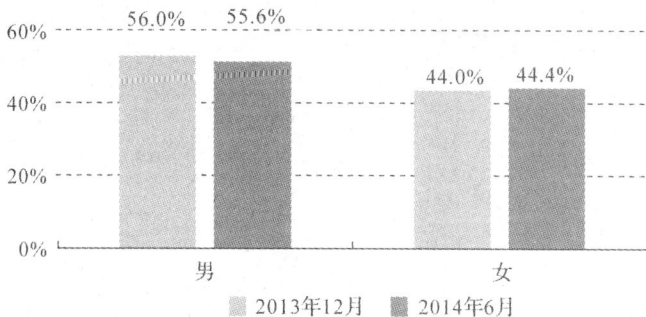

图 4-2　网民的性别结构[③]

从年龄结构上看(如图 4-3 所示),"截至 2014 年 6 月,20～29 岁年龄段网民的比例为 30.7%,在整体网民中占比最大。相比 2013 年底,20 岁以下网民规模占比增长 0.6 个百分点,50 岁以上网民规模占比增加 0.3

---

① 中国互联网信息中心.第 34 次中国互联网络发展状况统计报告[R].2014-07-21.
② 中国互联网信息中心.第 34 次中国互联网络发展状况统计报告[R].2014-07-21.
③ 中国互联网信息中心.第 34 次中国互联网络发展状况统计报告[R].2014-07-21.

个百分点"。[①] 这说明,网民中高龄和低龄群体比例不断上升,表现出年龄结构不断优化的特点。

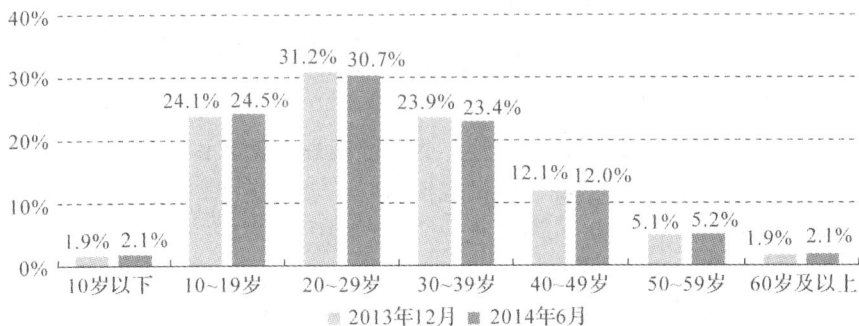

图 4-3 网民的年龄结构[②]

从学历结构看(如图 4-4 所示),"截至 2014 年 6 月,整体网民中小学及以下文化程度的占比为 12.1%,较 2013 年底上升 0.2 个百分点。与此同时,大专及以上人群占比下降 0.3 个百分点,中国网民继续向低学历(文化程度)人群扩散"。[③] 这也说明目前的网民学历结构中,中低学历(文化程度)占绝对多数。

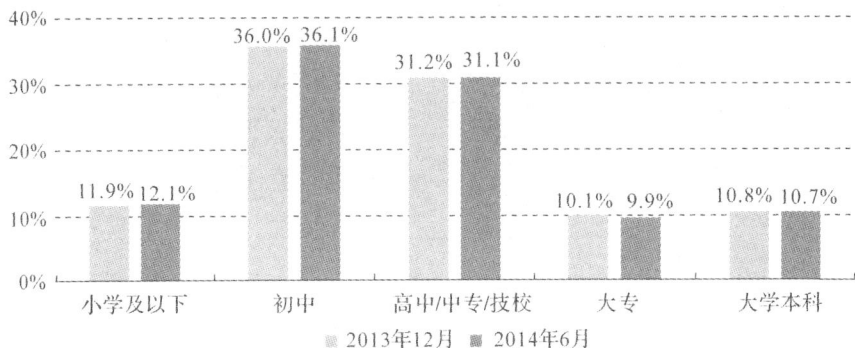

图 4-4 网民的学历(文化程度)结构[④]

从职业结构看(如图 4-5 所示),"截至 2014 年 6 月,学生依然是中国

---

① 中国互联网信息中心.第 34 次中国互联网络发展状况统计报告[R].2014-07-21.
② 中国互联网信息中心.第 34 次中国互联网络发展状况统计报告[R].2014-07-21.
③ 中国互联网信息中心.第 34 次中国互联网络发展状况统计报告[R].2014-07-21.
④ 中国互联网信息中心.第 31 次中国互联网络发展状况统计报告[R].2014-07-21.

网民中最大的群体,占比为 25.1%,互联网普及率在该群体中处于高位。个体户/自由职业者构成网民第二大群体,占比为 21.4%。企业/公司中高层管理人员占比为 2.9%,一般职员占比为 12.2%"。[1]

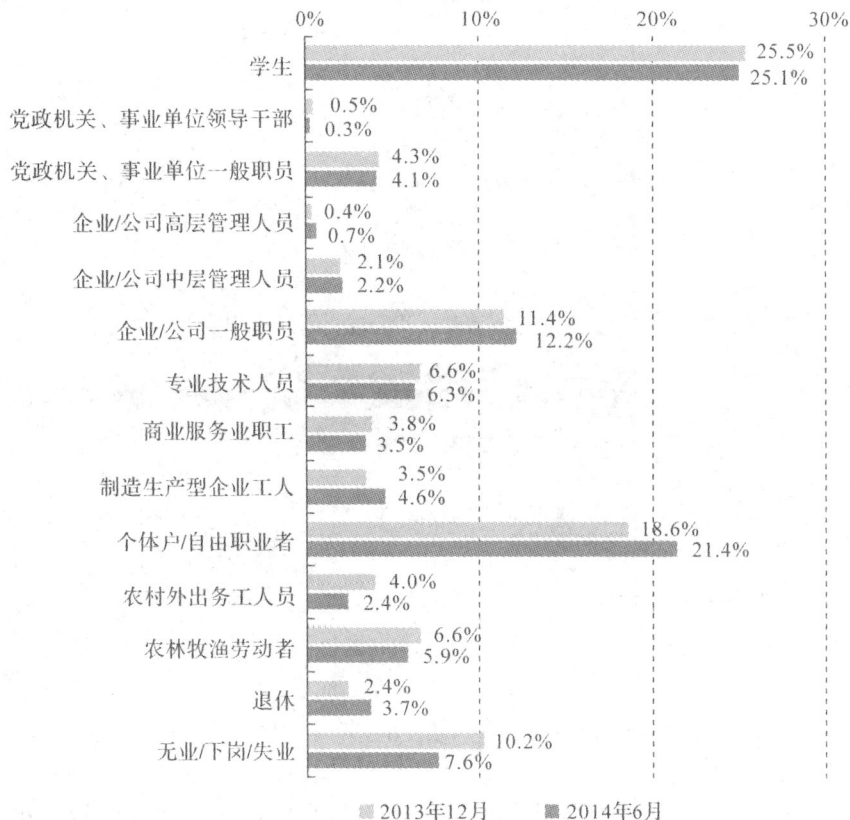

职业	2013年12月	2014年6月
学生	25.5%	25.1%
党政机关、事业单位领导干部	0.5%	0.3%
党政机关、事业单位一般职员	4.3%	4.1%
企业/公司高层管理人员	0.4%	0.7%
企业/公司中层管理人员	2.1%	2.2%
企业/公司一般职员	11.4%	12.2%
专业技术人员	6.6%	6.3%
商业服务业职工	3.8%	3.5%
制造生产型企业工人	3.5%	4.6%
个体户/自由职业者	18.6%	21.4%
农村外出务工人员	4.0%	2.4%
农林牧渔劳动者	6.6%	5.9%
退休	2.4%	3.7%
无业/下岗/失业	10.2%	7.6%

图 4-5　网民的职业结构[2]

从收入结构看(如图 4-6 所示),"整体网民中月收入在 3000 元以上的人群占比明显提升,达 32.3%,相比 2013 年底增长 3.7 个百分点,这与我国居民收入的增长趋势相符"。[3]

① 中国互联网信息中心.第 34 次中国互联网络发展状况统计报告[R].2014-07-21.
② 中国互联网信息中心.第 34 次中国互联网络发展状况统计报告[R].2014-07-21.
③ 中国互联网信息中心.第 34 次中国互联网络发展状况统计报告[R].2014-07-21.

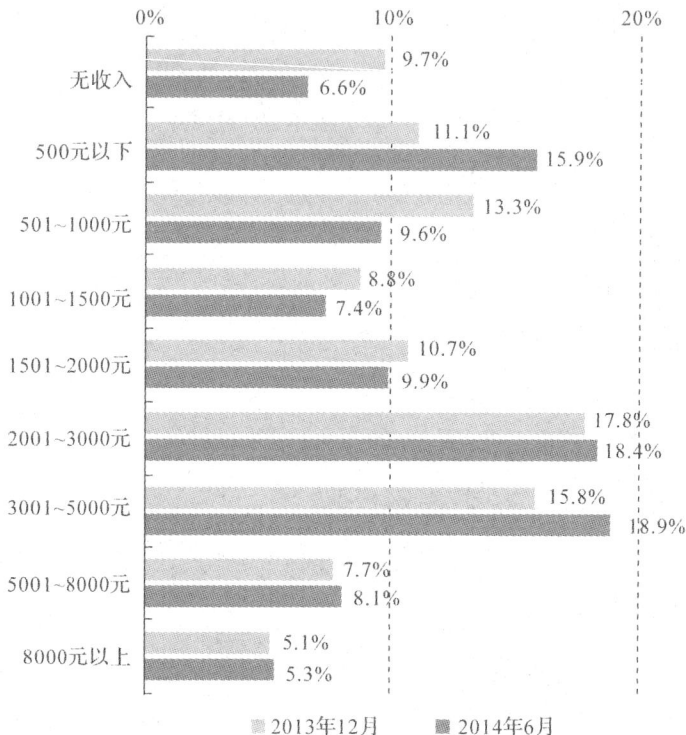

图 4-6　网民的收入结构①

第二节　新媒体广告受众的群体特征

新媒体环境下的广告受众群体特征与传统广告受众的群体特征相比,既有重合的部分,又有新的延伸。本书作者在了解网民信息的基础上,总结出以下三方面新媒体广告受众的群体特征:

一、受众价值提升

我们已经了解到,新媒体广告的一大特点是受众导向的互动性。换言之,新媒体环境下的广告受众不再局限于被动的信息接收者这样的一个固定角色,在实际的操作中,他们不只是简单地与广告主进行互动,而

---

① 中国互联网信息中心,第34次中国互联网络发展状况统计报告[R].2014-07-21.

是更加喜欢参与内容的生产,甚至担负起品牌价值、媒体价值创造的重任。UGC(User Generated Content,即用户生产内容)和 UGM(User Generated Media,即用户创造媒体)概念便在这样的环境中应运而生。

　　UGC 最早起源于互联网的视频领域,指的是用户将自己原创的视频内容上传到互联网的视频分享平台进行分享,改变了过去内容必须由专业生成的状况。后来不再局限于视频领域,延伸到照片分享、知识分享等领域,到现在它已经成为一个描述用户使用互联网方式的概念。这本身也意味着,新媒体降低了创造门槛,新的生产理念、新的传播方式等都为用户更深更广地参与到内容的生产中提供了便利的条件。甚至,很多互联网的网站、应用或服务完全是由用户去贡献内容的。比如,维基百科便是一个依靠用户共同协作的超文本系统,它最大可能地降低了准入门槛,把内容制作和编辑的权利让位于用户,最大化地集合了用户的力量来收集并分享某一领域的相关知识。所以每个用户在维基百科的网页上,不仅可以浏览,更有创建、编辑、更改等权利。

图 4-7　2010 年王珞丹代言的凡客诚品广告

　　UGC 的概念在广告活动中屡见不鲜。比如本书第二章开篇提到的健怡可乐和曼妥思,又比如国内最早开始实践的案例——凡客诚品的"凡客体",都是典型代表。2010 年 7 月,韩寒和王珞丹代言的凡客诚品广告一曝光便吸引了大众的目光(如图 4-7 所示)。该广告在戏谑主流文化的同时,彰显了品牌倡导的个性文化和自我路线。借用这种另类的表现方式,网络上出现了大批由用户模仿"凡客体"(即"爱××,爱××,⋯⋯我是××"这样的表达句式)而生成的内容。在网友的促成下,葛优、郭德纲、黄晓明等知名人士纷纷成为"代言人",甚至还有唐僧、孙悟空等虚拟人物（如图4-8所示），通过这种模仿创造的方式，鲜明地表达了凡客的个性。而凡客诚品在原有广告的基础上，也借由用户生产的内容所产生的传播效果顺利地扩大了影响。

图 4-8　网友模仿"凡客体"

UGM 是指用户能够创造媒体的价值，也可以理解为用户创造媒体的影响力。因为用户在不断地创造内容的同时，也在为媒体不断地提供可传播的内容。创造的内容越有感染力，传播力也会更强，会有更多的人被卷入到内容的创造中。更多的人依靠传播平台实现内容的传播，媒体的影响力也就在这个过程中得以提升。所以，UGM 的概念更加强调受众对于媒介的价值与作用。

无论是 UGC 还是 UGM，无论是创造内容还是创造媒体价值，实现这一切的基础是新媒体环境下的用户。对于新媒体广告来说亦是如此，广告受众的价值已经不容我们忽视。

二、兴趣、需求多元化

由于碎片化引起分众化，使得人与人、分众与分众之间的差异越来越大。当然这种差异不仅仅是基于传统的人口统计学特征，更是在兴趣爱好、生活观念等维度的考量。过去，受众只要一份报纸、一个电视台，看一方评论，听一种声音便能满足自身对信息的全部需求。而如今的受众需求是需要通过看多方评论、听多种声音才能得以满足。新媒体恰巧能满足受众的这种多样化需求，它不仅种类多、形式全，更重要的是开放、自由，允许差异和不同。

表 4-1　中国网民各类网络应用的使用率

应 用	2014年6月		2013年12月		
	用户规模（万）	网民使用率	用户规模（万）	网民使用率	半年增长率
即时通讯	56423	89.3%	53215	86.2%	6.0%
搜索引擎	50749	80.3%	48966	79.3%	3.6%
网络新闻	50316	79.6%	49132	79.6%	2.4%
网络音乐	48761	77.2%	45312	73.4%	7.6%
博客/个人空间	44430	70.3%	43658	70.7%	1.8%
网络视频	43877	69.4%	42820	69.3%	2.5%
网络游戏	36811	58.2%	33803	54.7%	8.9%
网络购物	33151	52.5%	30189	48.9%	9.8%
网上支付	29227	46.2%	26020	42.1%	12.3%
网络文学	28939	45.8%	27441	44.4%	5.5%
微博	27535	43.6%	28078	45.5%	-1.9%
网上银行	27188	43.0%	25006	40.5%	8.7%
电子邮件	26867	42.5%	25921	42.0%	3.6%
社交网站	25722	40.7%	27769	45.0%	-7.4%
旅行预订	18960	30.0%	18007	29.3%	4.9%
团购	14827	23.5%	14067	22.8%	5.4%
论坛/bbs	12407	19.6%	12046	19.5%	3.0%
互联网理财	6383	10.1%	-		

　　我们从表 4-1 中的数据中可得知,目前,网民对互联网应用的使用相当广泛,既可以通过搜索引擎获取信息,通过网络购物、团购、网上支付、互联网理财、旅行预订等应用进行商务贸易,通过即时通信、博客/个人空间、微博、社交网站等应用进行交流沟通,也可以通过网络游戏、网络文

学、网络视频、网络音乐等应用进行娱乐。每个网民在互联网应用的使用上选择空间非常大,都会从自身的需求出发,选择合适的应用。从另一个角度看,网民也不再仅仅只是关注一两个互联网应用,各种垂直类网站及更多互联网服务应用的诞生,使得单个网民面对的互联网服务数量增多,注意力也在逐步分流。

正是由于广告受众在兴趣上的多元化和差异化,促使新媒体广告正视受众个性化的需求并追求对受众个性化需求的满足。

三、认知鸿沟化

美国国家远程通信和信息管理局(NTIA)于 1999 年在名为《在网络中落伍:定义数字鸿沟》的报告中定义:数字鸿沟(Digital Divide)指的是一个在那些拥有信息时代的工具的人以及那些未曾拥有者之间存在的鸿沟。数字鸿沟体现了当代信息技术领域中存在的差距现象。这种差距,既存在于信息技术的开发领域,也存在于信息技术的应用领域,特别是由网络技术产生的差距。数字鸿沟现象存在于国与国、地区与地区、产业与产业、社会阶层与社会阶层之间,已经渗透到人们的经济、政治和社会生活当中,成为在信息时代凸显出来的社会问题。①

其实鸿沟并不只是存在于信息工具的拥有者和非拥有者之间,确切地说应该是存在于信息富有者与信息贫困者之间。换言之,虽然互联网的普及率逐年提升,互联网的门槛逐年下降,但信息富有者和信息贫困者的两极分化依然严重。除了互联网的使用者和非使用者在信息获取能力上的差别外,在互联网使用者中也衍生出两极,究其原因,根本上是由对互联网的认知和使用差异引起的。用户的文化水平、技术水平、使用方法、使用理念、使用状态、使用态度等都会引起信息识别、信息处理等方面的差别,从而影响信息的获取。

新媒体广告是以数字技术、网络技术为基础的,对于受众而言,理解新媒体广告信息除了具备必要的广告解读能力以外,还需要数字技术、网络技术等相关知识的储备。特别是一些互动性强的新媒体广告,并不是受众愿意参与、愿意反馈就可以简单实现的,技术认知能力上的差别会影响互动沟通的效果。因此,在进行新媒体广告受众的把握时,一定要充分

---

① 石磊.新媒体概论[M].北京.中国传媒大学出版社,2009:137.

考虑用户认知鸿沟的存在。

第三节　新媒体广告受众的心理

一、主体意识

主体意识,即自我意识,它是人对自身的主体地位、主体能力和主体价值的一种自觉意识,是人之所以具有主观能动性的重要依据。自主意识和自由意识是主体意识的重要内容。在开放互动的新媒体环境下,自主意识表现为对权威的不盲从、参与意识的提升、传播活动主体与客体的模糊,而自由意识更多地表现为人在表达自我意志的时候,信息的呈现内容和方式、渠道的设置、倾听和互动的受众确定等方面有了更多的选择机会。上文说到的 UGC 和 UGM 概念,都提升了用户的价值,这也和新媒体环境下用户主体意识的觉醒和提升有着密不可分的关系。

新媒体广告中,已经有了很多最先由用户驱动的品牌传播案例,这些案例无一例外都指向受众主体意识在品牌传播、广告传播中的重要作用。而且新媒体广告越来越呈现出互动的特性,要求受众积极地与信息、与其他受众进行沟通,让广告主更清晰地了解受众的喜好和需求。

所以,对于新媒体的广告主而言,要既充分又合理地运用受众的主体意识,以帮助广告传播的顺利展开。

二、娱乐性

传统媒介平台上的广告因为服务于大众,很少有个性化的成分,呆板、枯燥的模式下,受众的广告态度一降再降。而新媒体广告擅长与受众互动,从这个互动过程中我们可以看到,用户对信息的价值取向呈现明显的发散性,更偏好于轻松愉快的信息,有过度娱乐化的倾向。这说明,受众在有更多挑选机会与挑选空间的条件下,已经明确了喜好和需求,也提醒着新媒体广告主娱乐化信息和娱乐式互动沟通的存在与否左右着受众对广告的接受,以及广告信息的二次传播。

当然,一味追求娱乐性可能导致受众价值观的扭曲、"恶搞"文化的盛行。比如,2010 年的"凡客体"发展到后期已经变成对明星、名人的恶搞,甚至是人身攻击,反而不利于品牌的传播。所以,必须要充分考虑受众娱乐化的两面性,使广告信息呈现适度的娱乐性,这样才会既满足于受众的需求,又保证新媒体广告的健康发展。

三、猎奇心理

新媒体环境下的信息以海量的方式存在着,而受众的注意力又相对缺失,这着重表现在对媒介的忠诚度不高以及对信息的捕获上。有数据表明,当下的网民上网平均每次要打开 8 个窗口,而每个窗口的平均浏览时间只有 25 秒。再加上信息的同质化问题越来越严重,想要在海量的信息中吸引碎片化受众的关注,就一定要把握受众的猎奇心理。

图 4-10 雀巢 Facebook 官网主页截图

受众的猎奇心理主要表现在对新鲜事物或信息的需求以及对传播方式个性化的关注上。雀巢为一款新咖啡上市做推广,设计了一款能实时反映咖啡豆消耗情况的雀巢 Facebook 官网主页(如图 4-10 所示)。主页上一瓶新款咖啡被藏在咖啡豆里,规则为越多粉丝"点赞",咖啡豆减少得越快,最终达到一定的程度,新款咖啡的神秘面纱就此揭开。这个案例很好地抓住了用户的猎奇心理。到底是怎样一种咖啡呢?为了满足自己的好奇心,受众不但会自己点击,可能还会邀请好友来点击,这就形成了一种病毒性传播。这个过程本身就是一次很好的营销,让消费者免费为自己做广告。

第四节　新媒体广告受众的行为

一、受众的媒介接触行为

若想通过新媒体广告说服、影响、改变受众,必须先要使受众与新媒体广告产生联系,也就是先得使受众接触媒介,我们称之为受众的媒介接触行为。这也是新媒体广告受众行为被引发的首要环节。

我们通常会用媒介接触率来考查受众的媒介接触程度,而所谓的媒介接触率指的是每天花一定时间接触某一类媒体的人数占总体样本之比。赛立信在《2013 年 15 城市媒介接触习惯与行为研究》中表明(如图 4-11 所示),虽然以互联网为代表的新媒体发展势头强劲,但目前电视的接触率还是以绝对优势稳居第一,与城市受众多年形成的媒介使用习惯密不可分,互联网和广播分别排在二、三位,移动电视、楼宇电视等新媒体已经超过杂志等传统媒体。通过数据,我们看到传统媒体依然有着很强的影响力,而在新媒体的冲击下,我国新媒体受众则表现出多屏接触的习惯。例如视频的收看上,央视市场研究股份有限公司建立的在线调研社区(iCTR)在 2014 年 10 月公布的在线调研结果显示,新旧媒体继续保持其各有的优势,多屏收看成为趋势。这就意味着,受众只对一种媒介钟情,只依赖一种媒介的状况变少,依赖不同的媒介接触信息成为大部分人的选择。

069

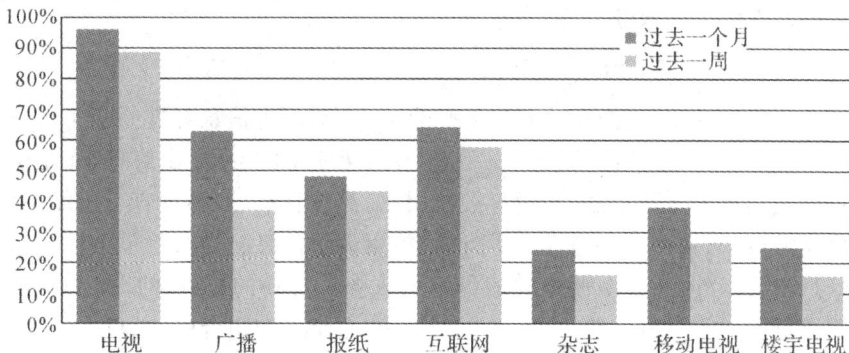

图 4-11　15 城市受众对各类媒体的接触率①

---

① 数据来源:赛立信.2013 年 15 城市媒介接触习惯与行为研究[EB/OL].[2014-02-07]
http://www.gotad.com.cn/hlwdsg/.

　　除了媒介接触率,我们还可以通过考察受众的媒体接触时间以把握用户的媒介使用黏性。这个数据比媒介接触率更为有效地反映受众的媒介依赖程度。虽然在媒介接触率方面电视高于互联网,但是通过图 4-12,我们便能清晰地了解到受众对于互联网等新媒体的依赖程度已经超过了电视。这说明,新媒体慢慢改变了用户的习惯。

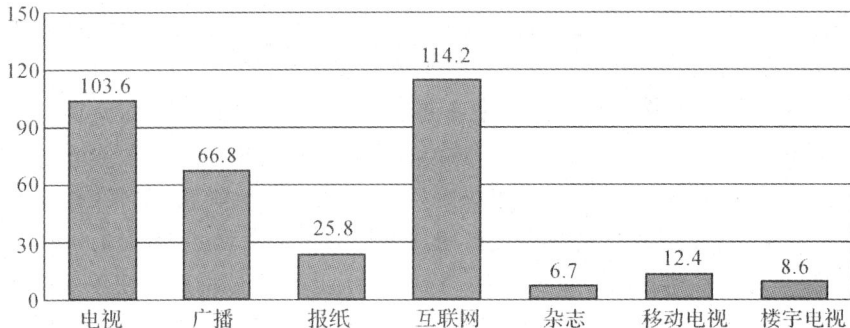

图 4-12　15 城市受众平均每天接触各类媒体的时间(单位:分钟)①

二、受众的广告接受行为

　　受众在接触媒介后,就有可能接触到曝光的广告信息,一旦对接触的广告信息产生兴趣,我们可以认为接下来的一系列行为,如搜索行为、对广告信息的二次传播行为、消费行为等都属于受众对广告接受的表现,即属于受众的广告接受行为。

1. 受众搜索行为

　　新媒体环境下,受众接触广告信息后,如对广告信息有进一步了解的意愿,在受众的主体意识的激发下,受众不再被动等着接收信息,而是会积极主动地去寻找信息,即通过搜索引擎、品牌官网、各种垂直类网站、社会化网站、购物网站站内搜索等方式,搜索诉求信息。受众除了关注诉求信息本身以外,还看中搜索到的信息的来源。现在的新媒体广告受众的搜索行为并不是一个单一的、结果式行为,它是一个闭合的、过程式行为。具体如图 4-13 所示。

---

　　① 数据来源:赛立信. 2013 年 15 城市媒介接触习惯与行为研究[EB/OL]. [2014-02-07] http://www.gotad.com.cn/hlwdsg/.

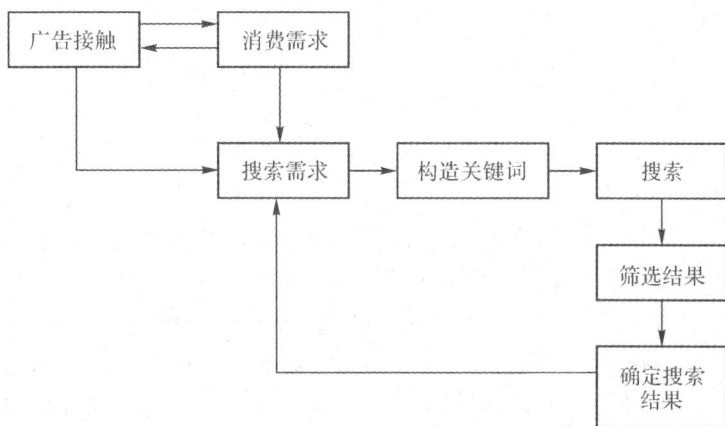

图 4-13 新媒体广告受众的搜索过程

新媒体环境下,广告受众搜索需求的产生,既可能因为受众存在于消费世界中,本身便存在消费需求,也有可能通过接触广告直接刺激产生,这两种情况都产生了最原始的对诉求信息的搜索动力。接下来,受众要围绕诉求信息的不同构造合适的搜索关键词,键入搜索框后进行搜索,然后要对搜索结果页面中成列的众多信息进行筛选,从中确定最后的搜索结果。当然这个过程不一定非常顺利,一次搜索就找到满意的信息,当对最后呈现的结果不满意时,受众就会重新产生搜索需求,重新构造搜索关键词,再进行新一轮搜索行为,直到获得满意的信息为止。

实际中的搜索行为可能更为复杂,一个是因为搜索平台越来越趋向多样化,另一个是单个需求中会产生不同阶段不同目的的可能,搜索过程变得更加反复或者循环。受众在搜索平台的选择上并不是唯一的,常常出于比较的搜索目的或者出于验证的搜索目的,而采取多种平台并用的搜索方式。若是把上图中的搜索环节具体展开来说的话,是品牌搜索——产品搜索——比较搜索——验证搜索这样一个不断缩小范围的过程。其中品牌搜索和产品搜索普遍是基于搜索引擎或者品牌网站来实现的,而比较搜索和验证搜索更多地则是通过社会化媒体、购物网站站内搜索得以实现。搜索经验越是丰富的受众,越会搜集不同平台上得来的信息并加以综合考量和分析,以确定最后搜索结果的有用性。

由于新媒体技术的不断发展,新媒体使用不断深化,也深刻地影响了用户的搜索行为,接下来我们了解一下目前的新媒体广告受众搜索行为的新趋势。

第一，搜索的移动化。中国互联网网络信息中心（CNNIC）发布的《2014年中国网民搜索行为研究报告》中提到，截至2014年6月，我国搜索引擎用户规模达50749万人，其中手机搜索引擎用户规模达40583万人，手机网民使用率达到77.0%。① 通过数据，我们得知目前手机移动端的搜索行为已经普及，搜索行为的移动化与受众的媒介使用以及移动广告的发展有着密不可分的关系。

第二，搜索方式上以文本搜索为主，语音搜索为辅。除了普通的文本搜索方式以外，语音搜索也慢慢开始被受众接收。虽然由于技术不够成熟，一度被人认为是鸡肋，但从目前的多种应用程序特别是移动终端应用程序大范围支持语音搜索的情况看，它作为辅助文本搜索的搜索方式一定有着存在的必要。正如谷歌在2014年10月公布的美国用户语音搜索使用习惯报告中显示，约有55%的青少年每天都会使用语音搜索服务，13至18岁的用户群占比高达75%。我们相信，未来语音搜索的发展空间一定不小。

2. 受众的二次传播行为

广告受众的二次传播行为指的是在广告信息的传播过程中，广告客体或者其中一部分广告客体，在接受广告信息后，会再次向目标受众传播广告信息的行为。所以，广告客体和主体的界限不再那么分明，一个广告可能会经历广告主体传播以及广告客体的二次传播，获得的广告效果也会是两次传播效果的总和。这是任何一个广告主都希望能引发的受众行为。

广告受众的二次传播行为在新媒体及时性、互动性、分享便捷性等多种优势的支持下，变得更加容易产生。新媒体环境下，广告受众的二次传播行为具有以下几个特点：

第一，无强制性的受众自主行为。新媒体广告受众接受广告后，会有一部分的受众愿意将广告信息分享、转发给别的受众，这就实现了广告信息的二次传播。这个过程中，新媒体广告主无法干预受众的行为，受众是自主自发免费地参与信息的传播。

---

① 中国互联网网络信息中心.2014年中国网民搜索行为研究报告[R].2014.

第二，新媒体广告信息能够引发受众进行二次传播的关键在于广告信息对受众的感染力。伴随着一次传播，广告信息的感染力就已经展现出来，感染力强的信息会立马抓住受众，引发二次传播。那么什么样的广告信息具有感染力呢？有价值的、有意思的、让受众产生兴趣的，甚至能够引发广告受众进行互动参与的信息，而这里的互动参与表现在对广告信息本源进行的再创作上。新媒体环境下参与的便利性与低门槛，使得广告受众有了更多二次传播的热情。

第三，二次传播一定是在一次传播的内部产生的。进行二次传播的新媒体广告受众一定来源于一次传播中的广告受众，且一定不会是全部的受众，而是部分的受众，因为二次传播行为代表着受众对广告的接受，接受程度越高，可形成的二次传播效果越好。

第四，二次传播引发的效果很有可能呈几何级增长。虽然只有新媒体广告中的一部分会引发二次传播，但是每个新媒体广告都有一部分目标受众，特别是在微博、微信、博客等自媒体平台的盛行下，广告信息借由新媒体广告受众的二次传播后能较为容易地被目标受众捕获。这种多对多的传播方式，使传播面被瞬间打开，呈现出几何级的庞大增长空间。

3. 受众的消费行为

广告受众的消费行为并不只是购买这一简单的行动，完整意义上的消费行为是包括购买前、购买中、购买后各个阶段的过程性行为。而且广告受众的消费行为并不是一成不变的，在不同的媒介环境中，广告受众的消费行为经历了不同的变化，大致可以分为三个阶段。

第一阶段：传统媒介下的消费行为模式是由美国广告学家 E. S. 刘易斯早在 1898 年提出的 AIDMA（Attention－Interest－Desire－Memory－Action）模式，即由传统广告、活动、促销等营销手段驱动消费者注意商品，产生兴趣，产生购买愿望，留下记忆，做出购买行动。

第二阶段：在 AIDMA 消费行为模式的基础上，电通公司提出了 AISAS（Attention＋Interest－Search－Action－Share）模式，消费者从被动接受广告信息，开始逐步转变为主动获取、认知，AISAS 模式强调消费者在注意商品并产生兴趣之后的信息搜集（Search），以及产生购买行动之后的信息分享（Share）。由于信息搜集和信息分享两个环节的实现需要互联网的支持，所以 AISAS 模式被认为是网络时代消费行为模式。但根本上,AISAS模式还是由广告驱动的、线性的、单向的消费行为过程。

第三阶段:现阶段很多消费需求的产生是由用户体验驱动的,随着互联网的普及和渗透,网民与非网民形成一个个集合,互联网的影响力逐渐变大。在这样的环境下,传统的推送广告转变为交互的方式影响着消费者,而且这种交互是基于实时感知、多点双向、对话连接的,于是,DCCI(互联网数据中心)顺势提出了SICAS模式。概括来说,SICAS模式是一个全景模型,用户行为、消费轨迹在这样一个生态里是多维互动的过程,而非单向递进过程。如图4-14所示,SICAS模式描述的是品牌—用户互相感知(Sense),产生兴趣—形成互动(Interest & Interactive),用户与品牌—商家建立连接—交互沟通(Connect & Communication),行动—产生购买(Action),体验—分享(Share)的过程。这是基于用户关系网络,基于位置服务,用户与好友、用户与企业相互连接的实时对话——用户不仅可以通过社会化关系网络、通过分布在全网的触点主动获取信息,还可以作为消费源、发布信息的主体,与更多的好友共同体验、分享。企业也可以通过技术手段在全网范围内感知用户、响应需求。消费信息的获得甚至不再是一个主动搜索的过程,而是关系匹配—兴趣耦合—应需而来的过程。①

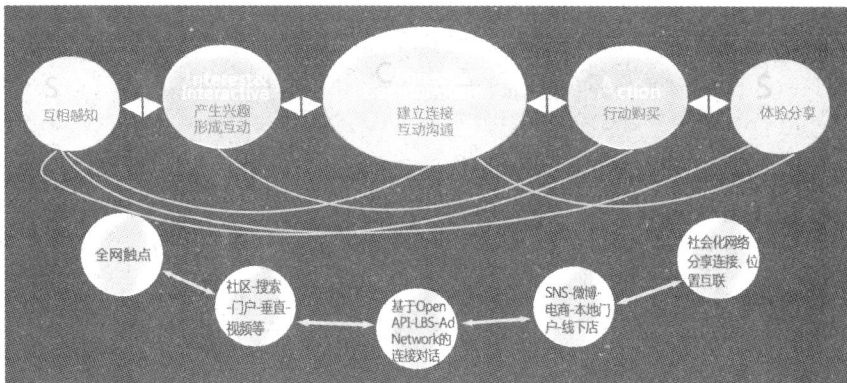

图4-14 新媒体时代的SICAS消费行为模式②

① DCCI互联网数据中心.SICAS:数字时代的用户行为消费模式[EB/OL].[2011-09-02] http://www.dcci.com.cn/dynamic/view/cid/2/id/511.html.

② 图片来源:DCCI互联网数据中心.SICAS:数字时代的用户行为消费模式[EB/OL]. [2011-09-02]http://www.dcci.com.cn/dynamic/view/cid/2/id/511.html.

在新媒体时代,广告生态环境在变革,广告观念在变革,当然用户的消费行为也在变革,虽然 SICAS 模式不一定能够描述所有的新媒体广告受众的消费行为,但它确实最能反映以数字和网络技术为基础、体现即时交互特点的新媒体时代广告受众的典型消费行为。

三、受众的广告回避行为[①]

随着信息杂乱性和媒介碎片化的日益加剧,特别是在新媒体环境下,消费者每天都会接触到成千上万的广告。因此,消费者慢慢开始过滤信息,通过多种方式来回避自己不感兴趣的内容和广告信息。一旦发生受众回避广告的行为,就没有办法通过提供信息来完成广告主所追求的广告目的。

事实上,国外对媒介用户广告回避的研究早在 20 世纪 60 年代就已经开始,但始终围绕着传统媒体展开,且多数主题基本集中于对电视观看行为的研究。直到 90 年代,广告回避概念作为独立的研究体系开始受到关注。1997 年,Speck 等人借鉴了前人的研究成果,在针对报纸、杂志、广播、电视四大传统媒体的研究中,概括了广告回避行为是包括媒体用户不同程度地减少广告内容接触的所有行为,同时还确定了广告回避的三种形式,即身体回避、认知回避、机械回避。[②] 身体回避是指广告出现时,媒体用户不接触广告代之以别的行动,这就从源头上剥夺了广告曝光的机会。比如电视播放广告时,观众起身离开,或者与他人聊天、看杂志等。认知回避是指广告出现时,媒体用户无视广告,不把注意力放在广告上的行为。比如在场但是对广告视而不见,或者边看边做杂事的行为都属于认知回避行为。机械回避是指通过技术手段,例如运用遥控器等进行换台,或者是数字电视点播状况下的快进行为。

近年来,随着新媒体广告的发展,广告回避也开始不再局限于传统的四大媒体,新媒体广告回避的相关研究也慢慢成为其中一个重要分支。Cho 和 Cheon(2004)开启了新媒体广告回避研究,他们在研究中验证了新媒体广告回避行为的存在,将新媒体广告回避分为认知、情感和行为上

075

---

① 孙黎.网络视频广告回避的影响因素研究[J].企业导报,2013(12):163-165.

② Speck,Paul Surgi,Michael T. Elliott. Predictors of Advertising Avoidance in Print and Broadcast Media[J]. *Journal of Advertising*,1997,3(26):61-76.

的三种回避反应类型。① 与此同时,Cho 和 Cheon(2004)还在研究中验证了"感知目标妨碍""感知广告混乱""过去的负面经验"会导致广告回避行为的出现。"感知目标妨碍"这一影响因素对于新媒体广告回避来说较为重要,当新媒体广告的出现妨碍了正常使用新媒体,用户就会立即删除广告信息以彻底地回避广告。"感知广告混乱"指的是用户感知到新媒体广告过多或者否认广告媒介特性时,会区分不同的新媒体广告并回避那些与他们无关或者不感兴趣的广告。"过去的负面经验"指的是过往接触新媒体广告过程中遇到的一些例如虚假、诱导、过分夸张、错误指向等负面的经验,表现为不满的情绪和缺乏激励及效用。②

　　一旦把握了这些影响新媒体广告受众回避行为的因素,我们可以有效地减少受众对新媒体广告回避行为的产生,以保证新媒体广告的效果。

---

　　① Chang-Hoan Cho, Hongsik John Cheon. Why Do People Avoid Advertising on the Internet[J]. *Journal of Advertising*. 2004,4(53):89-97.

　　② Chang-Hoan Cho, Hongsik John Cheon. Why Do People Avoid Advertising on the Internet[J]. *Journal of Advertising*. 2004,4(53):89-97.

第五章　新媒体广告活动

　　2013 年圣诞节,周生生特别呈现圣诞幻境《天赐奇缘(*Jewels in Wonderland*)》动画影片,同时推出周生生 Diamond in Motion 系列珠宝。在新媒体推广上,周生生携手互动通富媒体数字广告平台,采用超规格、定制化的创意形式,生动还原了其电视广告的梦幻与浪漫,为受众开启了一个天马行空的童话世界。整个广告具体的实现过程如下:

　　通过新媒体广告调查确定广告目标。结合《天赐奇缘(*Jewels in Wonderland*)》动画影片,推广周生生 Diamond in Motion 系列珠宝。通过动画的浪漫演绎,凸显周生生精致时尚、唯美梦幻的品牌调性,让更多受众感受到周生生别样的圣诞祝福。

　　通过新媒体广告调查确定目标受众。受众年龄主要集中在 20～35 岁之间,她们追求美丽与时尚,注重个人细节的精致展示,有一定的经济基础和自身独特的生活品味。

　　通过新媒体广告策划确定媒介策略。根据目标消费者的心理特性与行为习惯,选择 *Vogue* 作为此次广告投放的主要媒体平台,其时尚性与潮流性吸引了众多社会高层女性的目光。广告通过超规格的富媒体形式投放在 *Vogue* 首页,大屏展现,将广告有效推送至目标受众,借此提升品牌曝光,扩大周生生对受众的影响力。

　　新媒体广告创意。此次广告以"周生生:梦幻圣诞"为主题,延续 TVC 的调性与风格,通过带有浓郁圣诞童话色彩的动画影片《天赐奇缘(*Jewels in Wonderland*)》,给受众展示了一段甜蜜浪漫、天马行空的梦幻之旅。视觉上,广告通过超规格的富媒体创意展示,结合画中画、通栏、全屏下推、自定义视窗等多重广告形式,配以超网站规范的视觉体验,震撼受众的视觉感受。

　　新媒体广告制作。广告伊始,梦境中的她透过草木葱茏、繁花盛开的森林看到了他的身影,森林中绽放了一朵唯美闪亮的蕾丝花朵,借着蕾丝的牵引,她来到他的身边,从他的眼神中读到爱情来临时的甜蜜。12 点梦醒之时,她仍沉浸在这场奇妙爱情带来的甜蜜之中,伴随着圣诞节的来临,梦境中的画面竟出现在现实生活中,与白马王子的相遇,成为她最难忘的惊喜。

新媒体广告投放。此次富媒体传播活动结合《天赐奇缘(Jewels in Wonderland)》动画影片,以推广周生生 Diamond in Motion 系列珠宝为主要诉求,通过超规格、特殊定制化的多重表现形式,最大程度还原了影片的主题与风格。唯美的动画演绎传递了周生生精致时尚、清新梦幻的品牌风格,同时也唤醒了受众对品质生活的崇尚与追求。

新媒体广告效果评估。从 2013 年 12 月 6 日至 12 月 25 日,投放 20 天,曝光量高达 4677989,受众参与度较高,投放效果较好。充分展现了周生生的品质与魅力,给目标受众留下了深刻的浪漫记忆。

传统意义上,一个完整的广告活动应该从广告调查开始,包括对接下来整个广告活动的策划、广告创意的诞生、广告的制作、广告投放到广告效果的评估为止,环环相扣,缺一不可。那么新媒体环境中,广告是不是依然是由一系列有组织的活动构成? 我们通过上述实际案例来了解新媒体广告活动的大致流程。

周生生的案例[①]为我们展现了新媒体广告活动的完整过程,它是复杂的。所以我们说,单凭一个广告作品是无法构成广告活动的。在新媒体环境中,广告依然是由一系列有组织的活动构成的,在技术与战略的共同保障下,确保了优秀的、有效的新媒体广告诞生。

第一节　新媒体广告调查

一、新媒体广告调查的含义与特点

1. 新媒体广告调查的含义

新媒体广告调查指的是新媒体广告主、广告代理公司、新媒体的媒介经营者在进行新媒体广告活动中,运用网络和数字技术,系统地收集、整

---

① 案例整理自梅花网:佚名. 周生生:梦幻圣诞[EB/OL]. [2014-04-01] http://www.meihua.info/a/62172.

理、分析和解释有关市场、产品、消费者、竞争对手等方面的情报资料,从而为新媒体广告策划、创意、投放等决策提供可靠依据,以保证广告活动的科学性。新媒体广告调查是新媒体广告活动开展的基础,包括伴随着整个活动展开的所有调查活动。

2. 新媒体广告调查的特点

因为置身于新媒体的环境中,附着更多的新媒体特点,使得新媒体广告调查展现出与传统广告调查不一样的特点。

跨时空。通过网络技术可以使资料及信息的获取突破时间与空间的束缚,围绕着调查目的,实现全天候 24 小时对世界各地的目标群体的广告调查。

开放性。因为一部分新媒体广告调查依赖网络这个开放的平台展开,不仅目标受众会接收相关的调查信息,普通网民也可以参与到广告调查中,这在一定程度上拓宽了调查受众的范围。

高效性。调查问卷的发放、访问的进行、调查数据的回收等诸多调查环节均可以在新媒体网络技术和数字技术的支持下,同一时间大范围地展开,使得调查的进度得以加快,效率得以提升。

可控性。传统调查很难实现对调查对象的跟踪,而新媒体环境下,数据库的存在方便了对调查对象的随时抽调和随时再访,充分实现了对新媒体广告调查的把控。

精准性。传统广告调查更多地依赖调查从业人员,准确性上难免会有问题,而新媒体广告调查在众多先进手段的帮助下,可以有效地避免因为操作规范问题而影响精准性。除此以外更重要的是,新媒体广告调查可以实现全样本的调查,相比取样的传统调查来说,可以获得更加精准的数据与信息。

二、新媒体广告调查的目的

新媒体广告调查是一项目的指向型的工作,围绕着具体的目的,广告活动才能得以完成。

1. 为新媒体广告策划和创意提供决策依据

新媒体广告策划是建立在市场、产品、消费者等基础上的综合考量与科学安排,也就是说,新媒体广告调查获得的信息越是详细和准确,新媒体广告策划的决策依据越是科学。

新媒体广告创意虽然需要充分调动创意人员的想象能力，但根本上建立在对受众洞察的基础之上，也就需要通过新媒体广告调查帮助了解目标受众的心理与行为。

2. 为新媒体广告效果评估提供有效数据

新媒体广告效果在评估上不是只以销售量这么一种单一的方式进行衡量，还会从受众的心理，诸如新媒体广告态度、品牌产品的记忆度、品牌产品的好感度等，以及受众行动，诸如购买次数、购买频率、体验分享等方面进行衡量。利用新媒体广告调查中回收的各种信息和数据，可以对广告效果进行评估，所以我们认为新媒体广告调查为新媒体广告效果评估提供了数据基础。

三、新媒体广告调查的内容

根据调查的目的，新媒体广告调查的内容可以分为环境信息调查、品牌与产品信息调查、消费者信息调查、竞争者信息调查和媒体信息调查。

1. 环境信息调查

环境信息调查是围绕企业营销战略对宏观环境变量的调查，包括社会文化环境、政治法律环境、经济环境、技术环境、自然环境等。

2. 品牌与产品信息调查

新媒体广告的目的是塑造品牌形象或推广产品，所以对品牌信息、产品信息的调查也是新媒体广告调查中不可或缺的重要组成部分。品牌信息调查可以包括品牌形象、技术形象、企业识别系统等，以及在这些基础上转化的知名度、美誉度等内容。产品信息调查是对产品结构、功能、类别、价格、生命周期等方面的调查，以了解其是否符合市场的要求和消费者的习惯。从产品本身出发的了解将为广告诉求点和广告创意打下重要的基础。

3. 消费者信息调查

新媒体广告是以消费者为中心的广告，所以消费者信息调查也是新媒体广告中的重要环节。消费者信息包括消费者的需要、偏好、意见、趋势、态度、信仰、兴趣、文化和行为等。菲利普·科特勒提出的消费者调查有 7 个关键的要点,称为"7Os",即市场构成者(Occupants)、购买目标(Objects)、购买目的(Objectives)、购买活动的参与者(Organizations)、购买过程(Operations)、购买时机(Occasions)、购买途径(Outlets)7 要素。

4. 竞争者信息调查

通过对竞争者信息的调查,可以了解到市场竞争结构和市场的发展趋势,以确定自身在整个市场竞争中所处的地位。对竞争者信息的调查了解,包括对竞争者新媒体营销策略和广告策略、竞争者的媒体选择、竞争者的新媒体广告投放力度、竞争者的新媒体广告形式、竞争者的新媒体广告效果等信息的调查,有助于差别化战略的制定。

5. 媒体信息调查

媒体信息调查包括媒体的受众覆盖、曝光次数、到达能力、媒体接触状况、媒体价格、媒体排期标准等方面的信息调查。针对媒体信息的调查可以更好地、更科学地实施新媒体广告的投放,保证新媒体广告的效果,合理化新媒体广告的投资。

四、新媒体广告调查的方法

新媒体广告调查按照获取信息的途径和来源可分为一手资料调查和二手资料调查。一手资料调查指的是直接从市场上搜集目标信息的方法,这种方法针对性强、解决问题效果好,但过程复杂、时间成本耗费较多。二手资料调查指的是使用为其他目的而已搜集或已公布的信息的方法,这种方法方便快捷,但目的指向上未必合适,可能造成代表性不够、信息之间缺乏联系等问题的出现。

一手资料调查的方式方法多样,但大致可以分为定性调查和定量调查。

定性调查指的是运用非量化的方式来看待与分析问题的调查方式,以揭示因果关系为主要目的,对样本数量的要求不高,通常采用小组访谈、深度访谈的方式。而定量调查指的是用量化的、数字化的方式来解决和说明问题的调查方式,通过抽样调查和结构化的数据收集,以提供对关键问题的最初理解。在实际的新媒体广告活动中,定性与定量调查都会使用,且在一定状况下,两种方式并用,使其各自发挥优势,获得更为精准的调查结论。

1. 定性调查方法

新媒体广告的定性调查虽然使用并不广泛,但是往往也能取得较高质量的数据和信息。具体来说,利用新媒体的网络与数字技术进行的定性调查的主要方法有:

一对一的深层访谈。与传统一对一的深层访谈相类似,不采用问卷的形式,而是采用非结构式或者半结构式的方式,事先准备好"访谈提要",根据实际情况选择提问的顺序和方式,不需要面面俱到,与受访者进行深入的探讨。与传统一对一深层访谈的差别在于,实现方式从面对面转到了借由电子邮件、即时聊天工具进行的网络访谈上,可以不受空间与时间的局限。且由于不必与调查者面对面,甚至可以采取匿名的方式,使得一些私密性、敏感性话题的访谈实现起来更加便利,也会更加深入。

焦点小组访谈。由 6~8 位被调查者组成小组,在主持人的引导下,围绕中心问题,通过聊天室、即时聊天工具等搭建的交流平台进行自由访谈。新媒体环境下的焦点小组访谈可以分为实时和非实时两种方式。实时的焦点小组访谈因为是同步进行的,被访者同时进入参加讨论,互相之间的交流都是即时公开的,所以具有互动性强、速度快等特点。而其中的核心要点就是互动性,包括访问者与被访者之间的互动及被访者们之间的互动,这是一个不断揭露内心及不断深入的过程。

2. 定量调查方法

利用新媒体的网络与数字技术进行的定量调查研究主要有以下几种收集数据的方法:

网站问卷法。将问卷直接放在网站上,等待访问者访问时主动填写问卷。一般的操作方式是,通过各种沟通工具,如电子邮件、即时聊天工具等,将问卷所在的网页链接发给目标受访者,但访问者可以根据自己的实际情况,决定是否参与调查,所以这是一种充分运用目标受众主动性的调查方法。当然网络的开放性可能使得一部分受访者随机浏览到问卷所在的页面,而由于他们不是之前设定的目标受众,不是通过邀请的方式接触到调查,所以样本的代表性很可能不够,这就需要后期进行样本的检验。

电邮问卷法。以较为完整的 E-mail 地址清单作为样本框,使用一定的抽样方法发送问卷,吸引受众注意和兴趣后,受众主动填写问卷并发回问卷。这种方式比较类似于传统的邮寄问卷调查法，到达面大，控制方便，但由于是用电子邮件的形式来做问卷，问卷设计不太灵活，比如比较难实现跳转、图片插入等，再加上新媒体用户的注意力的碎片化，不适合设置过多的调查内容。

弹出式问卷法。在访问网站、使用各种新媒体的服务和应用的时候，常常会有弹出窗口、弹出页面，邀请使用者参与调查，使用者可以根据实际情况，选择是否参与。这种方式无法在前期对样本进行较为严格的筛选，所以比较适合对某网站用户、某服务应用的使用情况和使用体验进行调查，调查的内容和范围比较小，调查的适用性不广泛。

数据库法。新媒体环境下，数据的存储和运算能力大大提升，数据利用价值凸显。数据库法很大程度上可以实现全样本（或者海量样本）的调查，是目前大数据下广告调查的重要发展趋势。数据库法的实现方式是要有包含海量样本的数据库，这些样本可以被跟踪、可以被随机提取，在对数据进行调查分析的基础上，实现调查的目的。例如，本书第二章提到的"尿布与啤酒"案例中，尿布与啤酒同时出现在同一个购物篮的事实，便是由沃尔玛提取消费者购物篮中的购物数据建立数据库，再对数据进行考察，利用数据的挖掘技术发现的。

083

第二节　新媒体广告策划

一、新媒体广告策划的含义

新媒体广告策划指的是利用新媒体的特征和新媒体广告受众的特征，从全局角度出发，对整个广告活动加以安排和把控，体现新媒体广告整体战略的运筹和规划。新媒体广告策划是一项复杂的系统工程，要在新媒体广告调查获得的数据和资料基础上，运用多种理论工具的组合和分析。因为新媒体和受众的特性，使得新媒体广告环境、新媒体广告的实现形式和实现过程变得更加复杂多样，所以与传统广告策划相比，新媒体广告策划不仅仅涉及投放平台的选择，更是关乎整个新媒体广告战略的规划，包含广告目标制定、广告表现策略制定、媒介选择等方面的内容。在进行新媒体广告策划的过程中，要以广告受众、消费者为中心，站在对他们充分了解的基础上。如果仅仅关注技术层面，往往会导致与目标背离的结果。

所以,新媒体广告策划被认为是广告活动中的核心环节,对整个广告活动起着引领方向的作用。

二、新媒体广告策划的原则

1. 整体性与指导性的原则

新媒体广告策划是从广告角度对企业的营销进行系统的规划,所以必须要符合及配合企业的营销战略。新媒体广告策划着眼于对未来广告活动的全面规划和安排,具有方向引导的作用,所以必须瞻前顾后,体现全局性、预见性,既要指导做什么,也要指导怎么做。

2. 阶段目的性与灵活性的原则

新媒体广告策划过程中,要体现针对性,围绕不同阶段的不同目的进行相关内容的策划,使得新媒体广告策划更加有的放矢。新媒体广告策划要适应未来变化多端的环境与条件,策划中一定要增加动态、弹性的成分,考虑到诸多风险和可能。比如消费者的需求、竞争对手的情况随时可变,就要做到根据变化及时做出调整,而这就体现了新媒体广告策划的灵活性。

3. 创新性与可行性的原则

新媒体广告的策划是在广告调研基础上,为了能够在市场竞争中最大限度地吸引受众的注意,因而必须充分调动创意思维能力的策划,这说明新媒体广告策划要遵循创新性的原则。当然这里的创新不是天马行空、脱离实际的创新,它是建立在对品牌、产品、消费者深入洞察的基础上的,注重新媒体广告策划的可行性。只有创新性和可行性兼备的策划案才是有可能导向成功的策划案。

三、新媒体广告策划涉及的内容

一个完整的新媒体广告策划涉及的内容主要有以下几个方面:

1. 广告目标策划

任何一个广告活动都需要广告目标来统领方向,确定广告的传播受众、策略表现、媒介选择等一系列后续环节,以及为检验广告的效果提供指标依据。所以新媒体广告策划第一个涉及的内容便是要确定广告目标。新媒体广告活动的目标要根据实际的营销目的而确定,既可能是为了配合新产品的上市,扩大产品的知名度,也可能是为了扩大市场份额,提高产品销量。在通常情况下,目标确立并不是单一的,在不同的阶段或者不同的范畴会有不同的目标,从而形成一个广告目标系统。比如2013年圣诞之际,雅诗兰黛启动的关于水凝润颜粉底液的移动互联网广告策划中确定了四个目标:目标一,增强移动广告独有的互动性;目标二,提升品牌知名度,传播品牌理念;目标三,及时拉近与消费者的距离;目标四,提升广告转化率和精准度,对2500个真正有效用户进行信息采集。通过这四个目标的确立,保证了移动互联网广告活动有的放矢地展开。

2. 广告对象策划

新媒体广告对象策划,实际上是对广告受众的确定与选择,即明确新媒体广告曝光给哪些人。这些人既是广告信息传播的接收者,也是产品的潜在消费者,所以对目标受众的分析越是清晰、对目标受众的选择越是精准,就越能引发广告受众的兴趣。当然,要找准广告对象并不是一件简单的事,普通广告对象的策划需要综合考虑其性别、年龄、职业、收入、学历、兴趣等因素,描绘出有真正需求的消费者应该具备的群体特征,并以此作为突破点,抓准目标受众。比如雅诗兰黛为水凝润颜粉底液做的新媒体广告策划中,根据品牌特性和产品特性,确定了以高收入的白领女性和追求时尚的新女性作为新媒体广告的对象,因为该人群对自身外表的关注度高,自我意识和自尊心强,对化妆品的购买欲望强,并且具备一定的消费能力。

3. 广告定位与广告主题策划

在广告对象明确的基础上,为商品在广告对象的心目中树立形象与确定位置的任务依然是新媒体广告策划中的重要环节。比如雅诗兰黛水凝润颜粉底液的新媒体广告策划中,由于已经确定以高收入的白领女性和追求时尚的新女性为广告对象,于是在这部分对象的认知观念中确立起雅诗兰黛这个品牌及水凝润颜粉底液这个产品的"华丽、高贵、典雅"定位。

新媒体广告的主题是广告所要表现的中心思想,是广告所要阐释的主张,是通过媒介传递给受众的核心讯息。广告主题统领着广告设计、广告创意、广告文案等要素,并使各要素结合为一个有机的整体。而新媒体广告的主题确立,是要通盘考虑广告目的、受众的心理和行为等相关因素的。比如雅诗兰黛为水凝润颜粉底液做的新媒体广告策划中,基于新产品推广的目的,以及受众接纳新产品的心理,确定了"吸引用户注册领取试用小样"的广告主题。

4. 媒介策略策划

新媒体广告策划中的媒介策略指的是与媒介计划相关的一系列具体问题,比如选择哪个或哪几个新媒介进行广告投放,以及投放时间、投放区域、投放预算等,媒介策略的制定根本上由媒介目标控制。所以,媒介策略的确定必须站在具体的广告目标、广告定位、广告主题、广告对象心理和行为的基础上。比如雅诗兰黛水凝润颜粉底液的新媒体广告策划中,由于目标人群在睡前浏览手机的频率较高,所以初步确定在晚饭后及睡前进行重点投放,且移动设备方便携带,可随时随地即时互动,再加上晚饭后及夜间游戏用户占比大,所以最终确定了利用 HTML5[①] 技术优化素材在游戏 APP 上进行旗帜广告的投放。

5. 广告反馈系统策划[②]

完整的新媒体广告活动势必包括广告效果的评估,所以在新媒体广告策划中,就要为效果评估的实现做好准备,预先策划好相关的反馈系统,方便新媒体广告主和新媒体广告代理商及时、准确地进行效果评估,以修正新媒体广告活动中的各种问题,指导下一阶段或下一次的新媒体广告活动。新媒体广告效果的评估指标众多,有从传播效果出发的指标,如新媒体覆盖率、受众的到达率等;有从销售效果出发的指标,如销售额、市场占有率等;有从心理效果出发的指标,如受众记忆度、信任度等。这些指标在选取和获得上依赖于新媒体广告反馈系统的建立。

---

① HTML5 指的是万维网的核心语言、标准通用标记语言下的一个应用超文本标记语言的第五次重大修改。
② 高丽华,赵妍妍,王国胜.新媒体广告[M].北京:清华大学出版社,北京交通大学出版社,2011:74-75.

第三节　新媒体广告创意

一、新媒体广告创意的本质和含义

创意是广告的灵魂,创意对广告的重要性不言而喻,"无创意,不广告"的说法丝毫都不为过。广告大师们一直致力于对广告创意本质的解释和把握,他们从不同角度表达了自己的见解。

美国广告大师大卫·奥格威指出,"要吸引消费者的注意,同时让他们来买你的产品,非要有很好的特点不可,除非你的广告有很好的点子,不然它就像很快被黑夜吞噬的船只"。大卫·奥格威所说的"点子",就是创意的意思,是吸引消费者的关键。

威廉·伯恩巴克认为广告创意是广告活动中的核心环节,是赋予广告精神和生命的环节。

美国广告创意指导戈登·E.怀特将创意比喻成广告策划中的 X 因子。他强调正是因为创意的不确定性,而这种不确定来源于人的创造力,使得创意本身缺乏可比性。

用"旧元素新组合"概括广告创意本质,也是无人不知无人不晓,它是广告大师詹姆斯·韦伯·扬多年的总结。"旧元素"是指各类知识(认识、经验及技巧)——主要包括有关产品和目标消费者的特殊知识,以及人们日常生活中的一般知识。"新组合"是指利用这些知识,找出一个适合与消费者沟通的点子。

另一著名的广告大师李奥·贝纳认为,"所谓创意的真正关键是如何运用有关的、可信的、品调高的方式,与以前无关的事物之间建立一种新的有意义的关系的艺术,而这种新的关系可以把商品的某种新鲜的见解表现出来"。李奥·贝纳的看法强调了创意是与以前无关的事物建立起一种有新意义的关系。

到目前为止,我们对广告创意本质的理解可以总结为创造性、不确定性、关系性等,这都从静态角度描述了广告创意的特点。

又有人说,广告创意是介于广告策划与广告表现之间的艺术构思活动。即根据广告主题,经过精心思考和策划,运用艺术手段,把所掌握的材料进行创造性的组合,以塑造一个意象的过程。这里把广告创意描述成一种艺术构思活动,是一种意象的过程,无论是"活动"还是"过程"都在强调广告创意的动态性。

结合静态和动态角度,我们对广告创意的本质把握是创造性的思维过程。因此可以说,广告创意是在广告调查和广告策划的基础上,围绕一定的广告目标,运用各种艺术手法,创造新联系、新组合,赋予新精神、新生命的创造性思维过程。

新媒体环境下,在海量的信息以及碎片式注意力的共同作用下,焦点越来越难被凸显,受众也越来越对接触广告信息产生反感的情绪,哪怕接触到广告后也很难进一步产生兴趣,或者很难产生互动,这便从根本上影响到新媒体广告的效果。如果新媒体广告缺乏独特的创意,如果仅仅照搬传统媒体上的广告创意,新媒体广告对于受众而言就是没有用的垃圾信息。所以,新媒体的环境实际上对广告创意提出了更高的要求,而新媒体的发展也促使着广告创意理念的升级。

另一方面,新媒体促使了广告新创意的产生。新媒体本身具备多媒体和互动性的特点,给传播业带来了很多活力和吸引力,而它又为新媒体广告提供了全新的视角。所以,在利用网络与数字技术实现的精准、定向、移动的广告传播中,实际上蕴藏着广告创意更多的施展空间与可能。

新媒体环境不仅仅要求新的广告创意理念升级与其匹配,在新媒体的促进下广告创意还在不断推陈出新。所以新媒体广告创意处在这样一个理念与实务共同发展,互相促进的过程中。

二、新媒体广告创意的原则

虽然新媒体广告创意的本质是创造性的思维过程,而且是依赖于想象、联想、幻想的一个思维过程,但是,它并不意味着广告创意人员在进行新媒体广告创意活动时可以天马行空、随意发挥。新媒体广告创意不仅是一个艺术性的过程,而且是建立在广告调查和广告策划的基础之上,有着具体广告目的的指引过程,所以,广告创意依然需要科学性渗透。广告创意的原则为新媒体广告创意活动提供了兼具科学性与艺术性的行动准则。新媒体环境下,广告创意理念不断升级,对新媒体创意活动的行为准则来说,自然也应该在传统广告创意原则的基础上结合具体的新媒体广告特点提出具有普遍适用性的原则。具体来说,新媒体广告的原则有如下五个方面:

1. 创新性原则

创新性原则指的是在新媒体广告创意中,呈现出新鲜独特的特点,拒绝平庸,拒绝因循守旧,给人以标新立异、出人意料的感觉。

杨效宏的《现代广告文案》中曾提到,"广告是一种说服的艺术,广告传播的心理学表明,广告能否引起受众的注意并为受众所接受,主要取决于两个方面——信息的有用性和新异性"。[①] 这里所谓的新异性指的是信息的独一无二和与众不同,也即本书所指的创新性。此外,倪宁在《广告学教程》中更是直接提到了创新性,他认为"创新是广告创意中最显而易见,也是最难达到的原则。如果想在纷繁复杂、眼花缭乱的各式广告中取得一席之地,则必须要有创新点,给受众耳目一新,眼前一亮的感觉。广告创意要新颖独特,就要利用人们普遍的逆反心理、好奇心理,不照搬照抄,不可以模仿,创造出与众不同,不落俗套的广告"。[②] 总之,独创性是极其重要的广告创意原则,是需要广告创意人员加倍予以重视的。

广告信息若要在信源多、信息杂,媒介多样的新媒体广告传播环境中凸显本来就不是一件容易的事,再加上干扰信息传播的噪音多,若是广告信息缺乏创新,受众对广告的回避行为自然是顺理成章的。所以在新媒体环境下,创新性是首要的新媒体广告创意原则。

当然,在追求创新的同时也要遵循可理解性的原则,要易为广大受众所接受,如果是受众无法理解的创新,就无法产生正面的广告效果。所以,在进行广告创意时,要具有适度的、可理解的新颖性和独创性,这其中的关键在于在"新颖"与"可理解性"之间寻找到最佳平衡点。

实现创新性的方式方法多种多样,但最有效的方式是通过关联性策划,创建一种受众意想不到的联系。比如,迪奥品牌为其彩妆类产品发布的一则视频广告,就运用关联性的方式遵循了新媒体广告创意的创新性原则。如图 5-1 所示,迪奥品牌利用旗下多种彩妆类产品搭建了一个游戏场景,涉及俄罗斯方块、吃豆人、打砖块、超级玛丽四个经典的游戏。它首次在彩妆产品与游戏之间建立了联系,对于广告受众而言,是一种新鲜的体验,充满玩乐精神。当然这种联系的建立并不是随心所欲的,上述案例中正是由于彩妆产品与游戏之间存在着时尚、动感、活泼等共同的特

---

① 杨效宏.现代广告文案[M].成都:四川大学出版社,2003:174.
② 倪宁.广告学教程[M].北京:中国人民大学出版社,2001:141.

性,才让联系的实现有了可能。

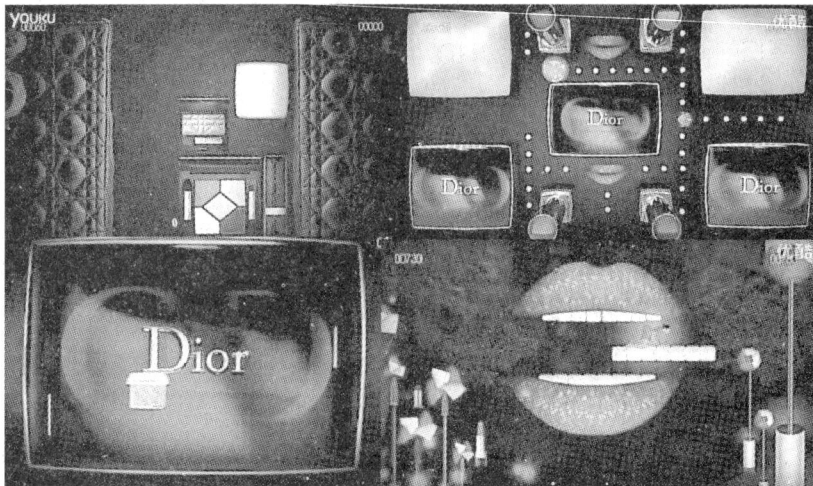

图 5-1　迪奥彩妆视频广告

2. 故事性原则

故事性原则指的是,在新媒体广告创意中,为了更持久地维持受众的注意力,激发受众的兴趣,以故事化的角度切入,或者在故事中植入广告的方式,以有效地减少受众对广告的回避行为。

故事性原则在新媒体广告创意中可行的依据主要有三点:

第一,我们认为,广告创意的创新性原则可以吸引受众的注意,故事性则能延续这种来之不易的注意力。媒介以及受众的碎片化趋势使得大部分受众的注意力也呈现出碎片化的特征,因此,对受众的注意力掠夺一定是在碎片化时空中实现的。但受众实际上不习惯也忍受不了间断性给予相同的刺激,他们最习惯一次性的刺激,所以一旦吸引了受众的注意,就要争取一次性讲述一个完整的故事。

第二,因为故事大多来源于生活,最容易让受众产生共鸣的情绪,以此拉近广告与受众之间的距离,从而能有效控制受众对广告的抵触心理。

第三,新媒体广告相对自由的时空适合展示一个完整的故事。传统媒介广告利用故事切入的案例不多,主要是因为传统媒介资费昂贵、广告展示时空受限,所以广告创意上很难展开一个完整的故事。而基于开放、廉价等新媒体的特点,广告创意的故事性原则有了发展的空间,甚至专门出现了一种新媒体广告的形式——微电影广告,一种在故事情节中植入广告的新媒体广告形式。

那么如何让故事持久地吸引受众的注意呢?设置悬念是一种很好的方式。故事化情节意味着要打破常规的叙事逻辑,不能平铺直叙,要避免平淡无奇。可以把故事的结局所要展现的内容在开头先理下伏笔,可做适当的提醒或暗示,营造紧张的节奏和氛围,在受众心里激发起好奇心和求知欲,从而增加广告的吸引力,以保证受众对广告的持续关注,甚至形成期待心理。

3. 及时性原则

传统广告从广告调查到广告投放的过程,由于受诸多因素的影响,往往时间跨度长,进程缓慢,所以广告很难产生时效性,传播过程中甚至还会有延时性。而在新媒体多种平台上(如微博、微信),信息发布相对自由,且网络和数字技术实现了信息的即时传递,而移动媒体的出现又恰恰满足了受众各种碎片化的需求(指的是需求产生于碎片化的时间与碎片化的空间)。这些优势给予新媒体广告创意较多可发挥的空间,也要求新媒体广告开始重视及时性的广告创意原则。

新媒体广告创意中的及时性指的是,广告创意可以与社会上最新的信息、动态结合起来。这些最新信息、动态往往已经积累起一定的注意力和关注度,或者已经形成话题效应,受众的参与热情极高。当广告创意围绕这些热点展开,受众对热点关注的参与热情自然会延续到新媒体广告上,使得受众对广告的注意力和关注度也维持在一个相对较高的程度,顺理成章会获得较好的广告效果。

本书第二章中涉及的 2012 年伦敦奥运会期间耐克推出的名为"活出你的伟大"的品牌传播活动案例,就是运用了新媒体广告创意的及时性原则。它的实现平台是相对开放、受众众多的新浪微博,广告主在这个平台上有着充分的发布自由。耐克结合奥运当下发生的热点事件和运动员进行微博广告创意,坚持在热点发生后的第一时间发布,以达到充分利用热点效应的目的。结果上,不仅有较高的互动率,而且由这些微博广告聚集起来的效应会反过来继续炒热话题,对维持热点起到推波助澜的作用。

4. 简洁性原则

虽然注意的概念在心理学界有着不同的定义,但注意特征的三个基本维度,即注意的广度、注意的稳定性和注意的分配都得到了普遍的认同。注意的广度指的是在同一时间内人能清楚地把握对象的数量,研究表明信息量越大,注意广度越小,而信息量越小,注意广度越大。注意的稳定性是指注意保持在感受某种事物或活动上的时间。人在感受某种事物或活动时,很难保持注意的长时间持续。注意的分配即人在同一时间内能把注意指向不同的对象,而分配取决于同时进行的对象的性质、复杂程度、人对其的熟悉程度等。与此同时,信息的复杂不仅影响人对信息的注意,在一定程度上还会影响人对信息的理解、记忆,进而影响广告的效果。

与传统媒体的信息数量相比,新媒体环境下,人的周遭被海量的信息所占据,这使人的注意广度变得愈加小,同时,人们可能需要把注意力分配到不同的信息上,因而使得对单个信息的注意时间很难保证。所以新媒体广告面临的问题是消费者能给予的信息注意极其有限,这便对新媒体广告策划提出了简洁性的要求。

新媒体广告的简洁性原则,实际上要求尽可能简化主题,提炼核心,表达关键思想。只有将需要传递的信息尽可能地简单化,才能更加容易被广告受众注意。当然注意不是真正的目的,广告创意的目标是让广告受众能在接收到广告信息后较为容易地对其进行解析,进而理解信息,产生记忆。

5. 互动性原则

由于网络技术提供了双向交流的便利性,使得互动性成为新媒体广告区别于传统广告的最大特征。受众不再只是广告信息的浏览者,他们可以即时参与其中,当然参与的方式多种多样,不仅仅只是点击行为。广告的互动性大大提高了受众对广告的好感度,也有利于反馈广告效果。

对于广告创意而言,互动性的实现基础有两个重要方面。第一是提供有趣的信息,新媒体广告中信息与受众的互动需要受众的主动参与,若是广告信息不能引起受众的兴趣,或者对受众缺乏吸引力,就没法引发受众的主动参与。所以,必须在对受众充分了解的基础上,用创意将广告信息包装起来,着重展现其趣味和娱乐的一面,让受众的好奇心、期待感在参与互动后得到充分的释放,从而使受众在被吸引和主动参与后,对广告信息产生深刻的印象。第二是即时性。互动性指的是受众的双向交流,包括信息的发布、接收和反馈,所以这是一个闭环,是一个信息流动的过程,甚至还有可能是一个不断循环的过程。这就要求无论是信息的发布、接收,还是信息的反馈一定要体现即时性,一旦一个环节滞后,就会影响整个信息流动的过程,影响受众再次参与互动的意愿。所以,在对互动性原则的遵循下,新媒体广告创意要注意选择准确的渠道,提供即时的、富有乐趣的双向交流机会,并给予反馈的可能。

图 5-3　碧浪"体感游戏"互动广告

例如碧浪曾在其互动广告中,创造出了一个"体感游戏",充满趣味地利用 Wii 游戏技术来展示碧浪是如何轻松去渍的(如图5-3所示)。具体的实施过程是,首先在公共场所悬挂起 5 层楼高的巨大 T 恤,让途经的路人参与互动游戏,使用不同污渍瓶型的 Wii 手柄向 T 恤泼洒污渍,然后再享受用碧浪洗衣液瓶型的 Wii 手柄清除污渍。在这个过程中,提供给受众一个充满趣味性的游戏,让受众即时地参与互动,并在互动中加强对碧浪的品牌认知,深化对碧浪品牌的认同感。

三、新媒体广告创意的评价标准

传统广告创意的评价标准一直沿用广告大师威廉·伯恩巴克提出的 ROI 理论,即相关性(Relevance)、原创性(Origin)、冲击力(Impact)。用威廉·伯恩巴克的原话来说,相关性并非是随意产生联系,是"你一定要把了解关联到消费者的需要上面,并不是说有想象力的作品就是聪明的作品了";关注原创性是因为"在传播中,太类似的讯息是无法引人注意的";冲击力主要是借由执行展现,"执行得好的创意能有效地创造更多的销售"。

新媒体出现后,整个媒体格局发生了革命性的变化,彻底改变了消费者对信息的接触和使用行为,甚至整个消费行动模式也有了相应的改变——从 AIDMA 到 AISAS 的转变。消费者在广告信息传播中的主观能动性被扩大化,从被动接收信息到主动接收信息,甚至主动发布信息。在这种局面下,广告活动的运作机制发生了变化,作为其中一个环节的广告创意,其评价标准自然也随之发生改变。

由于媒体功能和格局的革命性变化,在品牌传播、广告创意的过程中,消费者接受信息的方式、广告创意的主体与客体、创意的评价标准均有了颠覆性的变化。评价新媒体时代创意的优劣应该基于对广告主可控的平台、信息互动过程中的流程、互动平台运行机制的评价,所以评价的标准也应该从对信息表现的伯恩巴克式的标准(ROI),转变为 SPT,即可搜索性(Searchable)、可参与性(Participative)、可标签化(Tagable)。①

1. 可搜索性

新媒体赋予的搜索功能实现了从受众被动接收信息到受众主动搜寻信息的转变,这也就意味着,受众的需求产生后,会主动通过信息搜索的方式来满足。新媒体广告创意的可搜索性指的是,除了要吸引受众的注意外,还需要在注意后激发受众进一步搜索信息的欲望以及提供良好的搜索体验,这包括:

延展广告信息,刺激搜索欲望。新媒体广告的大部分形式虽然有着丰富的展现时空,但基于广告创意简洁性原则的指导,广告主题表现相对精炼,广告信息呈现相对有限,所以新媒体广告的某些创意会给受众一种意犹未尽的感觉。比如通过系列变化的方式,在一个广告呈现完后,打出"更多精彩尽在'××'"的字幕;又比如通过设置悬念,在广告结尾处打上"欲知结局请在百度搜索'××'"字样的方式,有效地将受众导向品牌、产品信息的主动搜索。

丰富搜索品牌、产品的信息。要保证受众在搜索后,顺利寻找到想要的信息,这就要求相应的广告主充分考虑用户的需求,尽可能地让品牌、

---

① 金鑫.从 ROI 到 SPT——数字化时代"更消费者中心"的创意评价标准[J].广告大观(理论版),2007(5):12-16.

产品信息全面、丰富,以保证更新的及时。

优化搜索体验。对受众而言越是快速、顺利地搜索到自己需要的信息,就越容易对品牌、产品产生好感。所以,围绕搜索关键词和搜索场景的优化显得尤为重要。在搜索关键词的设置上要平衡个性与共性,方便信息被搜索到,而搜索场景的优化上要尽可能根据受众分析实现精准化。

2. 可参与性

新媒体广告最大的特色是互动性,新媒体广告创意的其中一个原则是互动性原则,可见媒体格局转变下的受众主体意识膨胀。所以我们衡量新媒体广告创意的时候,需要考虑可参与性的有无、强弱等。具体展开来说,这涉及可参与性的三个方面:

参与的便利性。受众注意到新媒体广告后,产生了参与的欲望,这就需要参与平台、参与渠道的即时展开,使受众便利地参与到互动中。若是参与互动的方式复杂、环节烦琐、过程冗长,就会大大降低受众的参与热情。

参与的有效性。受众都希望通过参与互动获得需求的满足,当然满足的实现是多方面的,可能是对广告内容的进一步了解,也可能是获得了某些奖励。所以,受众参与过程中接触到的信息一定要与互动建立起一种有效的关系,从而保证广告受众的需求满足。

参与的趣味性。互动的趣味性是支持受众主动、长时间参与的主要原因,所以在互动的呈现上一定不能呆板、普通,这就要充分了解用户的兴趣所在,营造轻松、愉悦的氛围,使得互动参与充满吸引力。

3. 可标签化

与传统媒介中信息散乱存在不同的是,新媒体有了网络标签这种内容的组织形式(形同关键字的存在),实现了用户对新媒体信息内容的描述和分类,便于信息更方便地被检索和分享,也有助于交流的展开。

新媒体环境下,消费者在购买行为后并没有终结消费过程,而是通过各种媒介渠道分享对品牌、产品的看法,这依然属于消费过程中的一个环节。信息的标签化便是用户在为自己分享的内容进行合理分类,为广告信息的二次传播进行铺垫。虽然标签有助于信息被检索,但这与搜索机制有很大的差别,标签是用户主动行为的产物,出于使交流和传播更便利的目的。

因此,衡量一个好的创意的时候,就需要考虑消费者是不是能够很容易归纳总结并贴上适当的标签? 消费者可能会贴在这个创意作品(或创意平台)上的标签,是不是符合品牌内涵或者产品属性的内容? 消费者会不会乐意贴上标签? 这样的标签有没有交流性?[①]

四、新媒体广告创意的产生方法

虽然新媒体广告创意原则在传统媒体广告创意原则的基础上,由于新媒体自身特点的影响,进行了一定的升级,但在广告创意产生方法上,两者其实并无太大的差别。对于新媒体广告创意人员而言,新媒体广告创意产生的方法依然是垂直思维法与水平思维法、发散思维法与集中思维法、头脑风暴法等已被广泛使用的几种方法。

1. 垂直思维法与水平思维法

广告的创意思维方式是具有方向性的思维方式,一般按照方向的不同分为垂直思维与水平思维,与具体的广告创意方法结合,形成了英国心理学家爱德华·戴勃诺博士所倡导的垂直思维法与水平思维法。

垂直思维法是按照一定的思考路线,在一个固定的范围内,自上而下进行垂直思考。该方法偏重于通过重新组合已有的知识和旧的经验来产生创意。在这种方法下产生的创意是建立在受众既定的心理预期基础之上的,往往在广告创意的呈现上趋向雷同性。

水平思维法指在思考问题时摆脱已有知识和旧的经验约束,摆脱某种事物的固有模式,冲破常规,从多角度多侧面去观察和思考同一件事,从而提出富有创造性的见解、观点和方案。水平思维法下产生的广告创意比较具有独创性,能在众多的新媒体广告信息中凸显出来。

爱德华·戴勃诺博士曾对这两种方法进行了细致的比较,指出了两者的十点差异[②]:

第一,垂直思维是选择性的,而水平思维是生生不息的。

第二,垂直思维只在有了一个方向时才移动;而水平思维的移动则是为了产生一个新的方向。

---

① 金鑫. 从 ROI 到 SPT——数字化时代"更消费者中心"的创意评价标准[J]. 广告大观(理论版),2007(5):12-16.

② 蒋旭峰. 广告创意思维与技法[J]. 南京大学学报,1998(2):179-188.

第三,垂直思维是逻辑性的,而水平思维是激发性的。

第四,垂直思维必须步步正确,才能形成正确结论;而水平思维则不必如此。

第五,垂直思维必须按部就班,而水平思维则可以不断跳跃。

第六,垂直思维要用否定,以封闭或减少思维途径;而水平思维则无否定可言。

第七,垂直思维要集中并排除不相关者,而水平思维则欢迎更多的新东西介入。

第八,垂直思维中,类别、分类和名称都是固定的;而水平思维则不必。

第九,垂直思维因循最可能的途径,而水平思维则力求最不可能的途径。

第十,垂直思维是无限的过程,而水平思维则是或然性的过程。

虽然水平思维法有益于新的创意产生,成为广告创意人员进行创意的主要方法,但这并不意味着垂直思维法对广告创意来说毫无用武之地。水平思维法并不完全排斥垂直思维法,一旦通过水平思维法获得了某种满意的新构思,要使其深入、具体,还是要运用垂直思维法,以求对问题作更加深入的剖析与表达,所以两者经常被结合使用。[①]

2. 发散思维法与集中思维法

广告创意思维方式的另一种方向是发散思维和集中思维,与具体的广告创意方法结合,形成了发散思维法和集中思维法。

发散思维法是通过已知的限定因素出发,进行各个方向的思考,发挥想象,寻求尽可能多的方案。这种思维法要求不把思维局限在一个方向,可以通过类比、置换、脑力激励等方式,寻求更多的组合与变化。所谓的类比法,指的是在一定标准的基础上,把几个相关事物加以对比分析,从而发现他们内在联系的思维方法。置换法指的是在现有对象的基础上进行分解,通过组合的方式将其改变,找出组合前后新旧事物的共同点,从而创造新意向的思维方式。脑力激励法又被称为头脑风暴法,类似于我们平时所说的集思广益,由美国著名DDBO广告公司创办人亚历山

097

---

① 蒋旭峰.广告创意思维与技法[J].南京大学学报,1998(2):179-188.

大·奥斯本提出,该方法通过会议的组织形式,利用集体的智慧进行创造性的思考,使其产生大量的观念,以求解决某一问题。会议的具体组织方式是:每次与会人数不超过 10 人,时间在 20 分钟到 60 分钟之间,事先要使每个参加者明确议题,然后围绕议题自由发表各自的想法和意见。为使与会者都能充分表达和发挥自己的设想,还做出如下几项规定:第一,禁止批评,反驳留待会后。第二,提倡自由思考,想法越新奇越好。第三,会上不作判断性结论,会后再行评价、整理。第四,会上提出的构思量越多越好。第五,可以改进他人的构思,通过启发、联想、补充以产生新的构思。[①] 所以,脑力激荡法是在人人参与的热情氛围中,充分运用思维易被激发的特质,互相启发、互相激励,通过一连串联想、想象,积累创意,再从中选优的一个过程。

集中思维法是在掌握众多材料和信息的基础上,从一个方向深入研究,以达到获得正确构思的目的。这种思维法一般用于广告创意的中、后期,是创意构思深化、充实与完善的过程。

研究表明,大部分创意的形成需要集中和发散两种思维。也就是说,一个创意问题的解决,一方面可能是保证思维沿着一些不同的通路发散,另一方面又同时运用知识和逻辑保证思维集中到最有可能的解决方案上。运用集中性思考,综合发散的结果,敏锐地抓住其中的最佳线索,使发散的结果升华发展,最后导向最佳创新方案。[②]

第四节　新媒体广告发布

新媒体广告的发布也是广告活动中一个必不可少的环节,是将调查、策划、创意后制作的广告投放到媒介进行曝光的过程。在确定新媒体广告具体形式后,需要进一步选择适合发布的媒介,比如同是文本链接广告,就要选择发布在 PC 端(电脑)上还是移动端(手机)上,以及确定发布时间、计费方式等。

新媒体广告的媒介复杂多样,广义上既包括终端、设备,又包括应用、服务,比如户外的电子触摸屏这种终端设备,以及微博、微信这类具体的

---

①　蒋旭峰.广告创意思维与技法[J].南京大学学报,1998(2):179-188.
②　蒋旭峰.广告创意思维与技法[J].南京大学学报,1998(2):179-188.

应用程序都属于新媒体广告媒介的范畴。为了更方便地介绍新媒体广告发布中的媒介选择,本书特缩小范围,选择从应用和服务媒介入手,并从新媒体发布渠道加以概括。

一、新媒体广告的发布渠道

从新媒体广告应用、服务的媒介角度看,新媒体广告常见的发布渠道有以下五种:

1. 主页

当今,企业在互联网上都拥有自己的主页,即本书第三章介绍过的品牌网站。通过主页,企业不仅能展现品牌、产品等相关的信息,还能展现企业的文化与理念,起到树立企业形象的目的。企业的主页往往以聚合的方式呈现多种不同的广告形式,以满足用户各种不同的喜好与需求。

但是,新媒体广告受众登录企业主页最主要的方式是通过点击别的网络广告形式(比如旗帜广告、Flash广告)后链接到企业主页上,企业主页自身吸引受众的能力不足。若新媒体广告只发布在企业主页则会造成曝光不足,若主页发布的新媒体广告与其他渠道的广告相同则会使受众的进一步需求欲望减弱。所以,只有配合其他广告信息的深度,或是延伸其他广告的信息,广告信息发布在企业主页上才可能达到预设的目的。

2. 门户网站

门户网站指的是提供某类综合性互联网信息资源并提供有关信息服务的应用系统。[①] 目前的门户网站提供包括新闻资讯、搜索引擎、免费邮箱、电子商务、网络游戏、免费网页空间等多种内容。门户网站的流量相比企业主页来说大得多,流量的来源也更为复杂,用户的群体性显得不那么鲜明、突出。

广告一旦投放在门户网站上,就会获得较多次数的广告曝光,意味着网站访问者都有可能注意到广告,受众规模相较企业主页来说有了根本的扩大,这也是众多广告主选择在门户网站投放广告的主要原因。但由于访问者登录门户网站的目的是为了满足自身对新闻、搜索、邮箱、购物、游戏等的不同需求,所以他们未必会是某一广告的目标受众,特别是某一

099

---

① 黄慧,董梁.我国三大门户网站的价值比较研究[J].金融经济(理论版),2008(20):89-90.

些小众品牌、小众产品的广告目标受众面更窄,这也就意味着发布在门户网站的广告注定会有一部分被浪费的可能。而且,门户网站的主页和内页在流量的大小、目标受众的集中程度、广告定价上有诸多差异。所以,对于广告主而言,必须衡量大流量与目标受众占有比率小之间的矛盾,衡量门户网站主页与内页的优劣势,综合自身品牌、产品的特性,自身的综合实力,以及广告受众的需求做出发布决策。

3. 垂直网站

垂直网站是相对于门户网站这类综合性网站而言的,它的注意力集中在某些特定的领域或某种特定的需求,提供有关这个领域或需求的全部深度信息和相关服务。[①] 简言之,垂直网站指的是垂直于某一项服务或者某一项领域的网站。垂直于某一项服务的,比如育儿网站,是为特定的人群提供相应的服务;垂直于某一领域的,比如影视资源网站,为相关人群提供这个领域的资讯。

垂直网站的用户特征相对突出,因为垂直网站用户的使用目的性更加明确,使用需求更加集中。相比门户网站,垂直媒体的单位成本相对较低,所以垂直网站的广告价值更大。

4. 社交网站

基于社会网络关系系统思想的网站就是社会性网络网站,即社交网站。这里所指的社会网络就是个人之间的关系网络。用户通过社交网站,可以联系现实中的好友,扩大交际圈子,也可以分享感受、生活经验、文字图片等,通过这些共同的兴趣爱好结成虚拟环境中的好友,甚至根据这些兴趣爱好建立群组,共同探讨与分享。

通过对社交网站用户行为的分析可以为用户画像,精准分析用户特征,这将为广告投放中目标受众的寻找提供更有价值的资料。另外,社交网站有着丰富的互动功能与手段,能够促使广告信息的二次传播,扩大广告的影响力,再加上媒介费用灵活,甚至能够实现免费投放,因此受到了广告主的热烈追捧。

5. 应用程序

网络中满足各类需求的应用程序也越来越成为广告主进行新媒体广

---

① 丁凡.浅谈垂直网站冲击下综合性门户网站的运营之道[J].新闻世界,2013(8):213-214.

告投放的重要渠道。这里的应用程序指的是一种运行的模式,它可以和用户进行交互,一般具有独立的可视界面,移动终端上使用居多。

在应用程序上投放新媒体广告,可实现信息的实时推送,实现对用户的精准分析,实现对广告的效果跟踪,新媒体广告以用户为中心的思维方式得到了充分的体现。所以应用程序也成为新媒体广告发布渠道中最有发展潜力的一种。

二、新媒体广告的计费方式

1. CPM

CPM(Cost Per Mille),即千人印象成本,也就是新媒体广告平均每产生 1000 次印象所需要的费用。这里的印象会由广告所在页面呈现的广告次数来计算,而不是人次。

这是目前新媒体广告中最普遍的计费方式之一,因为它将广告与广告对象联系起来,与买断式、包月制之类的方式相比,保证了广告主的利益。以访问次数为单位来计算,可以更加有效地划分主页广告和内页广告,因为如果以页面来计算的话,显然更多的广告主会争夺主页的广告权。通过 CPM 这种计费模式,可以鼓励网站运用各种措施提升自己的流量。

CPM 的计费方式是基于流量的计算,而流量是按照页面被显示的次数进行统计的。由于作弊十分方便,广告主的既得利益得不到保证,很多广告主开始对这种收费方式提出质疑。

2. CPC

CPC(Cost Per Click),即点击成本,也就是新媒体广告每次点击所需要的费用,也是目前新媒体广告使用最广泛的计费方式之一。

一般而言,CPC 费用比 CPM 费用高得多,但即便如此,广告主依然更喜欢以 CPC 方式对新媒体广告计费,因为这种计费方式更加科学和细致。以点击次数而不是页面的呈现次数或者页面被浏览的次数为标准,可以有效地排除那些网民只浏览页面,根本不看广告的统计量。从技术上看,互联网点击行为和点击量也有精确的统计方法,通过及时和准确的统计机制,广告主能够对新媒体广告的发布进行控制,比如通过浏览量、点击率等指标,可以统计多少人看了广告,点击了广告,从而更好地跟踪和衡量广告的效果以及受众的反应,可以比较客观而准确地观察广告效果,以决定接下来是否依然沿用同样的方式进行新媒体广告投放。这符合广告主节约化经营的目标,只需对点击付费,避免了包时的浪费,提高了投入产出比。

虽然 CPC 计费方式对于广告主相对有利,但对新媒体广告商而言未必有利。比如,有的浏览者虽然没有点击广告,但很有可能已经看到广告,并产生了广告效果。所以,CPC 计费方式下,也可能会导致片面追求点击,促使恶意点击行为的发生,广告主的利益很难保证。

3. CPA

CPA(Cost Per Action),即每行动成本,也就是说根据每个访问者对新媒体广告采取的行动所付出的成本。行动,可以是达成一次交易,获得一个注册的用户,获取一个用户的留言等。

在 CPA 计费方式下,广告主只需要为广告的实际投放效果付费,也就是说只需要为真正的客户或者潜在客户支付广告费用,这避免了为无效的浏览和恶意的点击付费。虽然价格远高于 CPM 和 CPC,但 CPA 的计费方式是广告主最愿意使用的广告计费方式。而对于新媒体广告商来说,这未必是最合理、最可控的计费方式,因为他们认为影响用户行动的因素过多,未必全部与渠道和广告本身有直接的关联。

4. CPT

CPT(Cost Per Time),即时间成本,也就是说按照包时的方式进行收费。很多经营广告的新媒体早期大范围使用这种广告计费模式,一旦固定下来,新媒体广告商便不用操心,因为这会为他们带来稳定的收入,而且不需要花力气去吸引更多的流量。但对于广告主来说非常不公平,广告的效果无法检验,也就无法保障自身的利益。

5. 其他计费方式

除去上面提到的新媒体广告的计费方式 CPM、CPC、CPA、CPT 以外,还有几种由 CPA 计费方式衍生出来的计费方式:CPL、CPS、CPC、CPR。每一种计费方式,其实都代表着一种具体行动的展开。CPL(Cost Per Lead),即每引导注册成本,换言之,当受众点击新媒体广告后,链接到广告主设定的网址,完成一个会员的注册过程,这时广告主就要为此支付费用给新媒体广告商。CPS(Cost Per Sale),即每销售成本,也就是说按照实际的销售数量来确定广告主的支付成本。CPC（Coat Per Call），即每呼叫成本，当受众在新媒体广告商平台上完成与广告主的一次通话，则广告主需要向广告商支付相应的费用。CPR（Cost Per Respond），即每回应成本，当受众围绕广告信息每发出一个回应，广告主就需要支付的一定的成本。

第五节　新媒体广告效果评估

一、新媒体广告效果的含义

传统认为的广告效果，简单地说，就是指广告刊播以后所收到的效果，即在社会消费者中产生的反响。[①] 这种在社会消费者中产生的反响是综合的，并不是说只有广告最后促进了销售我们才认为广告产生了效果，实际上，广告效果是由多个方面组成的，是广告的传播过程中引起的直接变化及间接变化的总和。

章志光的《社会心理学》把广告效果分为社会、经济、销售、宣传、即时五个方面。其中社会效果指的是广告对社会文化道德和人们的思想意识形态所产生的影响，包括人们的消费观念、文化观念、道德风尚及生活方式等。经济效果指的是广告对社会整体的经济结构及消费者个体的经济生活所产生的影响，包括对整个经济的发展进程，对消费者乃至整个社会的消费观念、消费结构和消费层次的影响。广告的销售效果是指通过广告宣传而呈现出来的产品的销售状况。广告的宣传效果是指广告接收者对广告本身的认知、理解和记忆。广告的即时效果是指广告在发布后立即产生的社会反响，反响强烈，则说明即时效果好；反响平淡，则说明即时效果不好。[②]

本书作者认为这种对于效果的解析清晰、多维地展现了广告对消费者乃至整个社会的影响，但这五个角度并非处在同一个层面上。社会效果、经济效果是从广告效果涵盖的范围或者影响范围层面出发的，销售、宣传效果是从广告对消费者影响程度的层面认识广告效果的，即时效果

103

---

① 章志光.社会心理学[M].北京：人民教育出版社，2001：540.
② 章志光.社会心理学[M].北京：人民教育出版社，2001：540-542.

则是从效果产生的时间层面解析广告效果的。此外,由于新媒体广告的特点和观念上的变化,对于新媒体广告效果需要重新认识。

新媒体广告效果,是指新媒体广告活动目的的实现程度,是新媒体广告信息在传播过程中所引起的直接或间接变化的总和。它包括宏观层面的社会效果、经济效果、传播效果和微观层面的心理与行为效果。宏观层面的社会效果、经济效果与章志光《社会心理学》中的含义相同,传播效果指的是受众对新媒体广告的接触程度,是社会效果与经济效果等产生的前提,它包括媒体覆盖程度、受众的广告接触程度、广告的到达程度等方面。微观层面的心理与行为效果则是从消费者个人角度出发,指新媒体广告传播给消费者后,会对其产生各种心理影响和行为反应。心理效果可以分为认知、记忆、情感等方面,而行为效果的认定上与传统媒体广告有较大的差别。新媒体环境下的广告行为效果除了关注购买行为以外,还需要关注广告之后的点击行为、页面阅读行为、注册行为等,这些行为都能够体现新媒体广告对受众的影响。

二、新媒体广告效果评估的含义与作用

新媒体广告效果评估,是指新媒体广告策划活动实施、新媒体广告信息发布以后,通过对整个新媒体广告活动过程的分析、评价及效果反馈,通过对新媒体广告效果宏观层面的社会、经济、传播效果或微观层面的心理与行为效果评估,以检验新媒体广告活动是否取得了预期效果的行为。在新媒体广告活动中,广告效果评估环节不可或缺。

具体来说,新媒体广告效果评估可以起到以下作用:

第一,可以检验决策,实现投资的合理化。通过新媒体广告效果评估,可以检验新媒体广告的方向是否准确,新媒体广告制作是否吸引新媒体用户的目光,广告发布的时间、频率、区域、渠道是否合理。经过评估,可以对新媒体广告进行合理的调整,以便在下一轮的新媒体广告活动中获得更大的效益。另外,由于新媒体广告形式多样,每一种广告形式在不同的渠道上定价不同、受众不同,所以新媒体广告的各种形式与渠道缺乏一个比较的标准,而通过广告效果评估,便能将广告价格和广告效果进行对比衡量,尽可能合理化投资。

第二,可以改进作品,调控管理。通过新媒体广告效果的评估,可以对新媒体广告设计制作有更加准确的把握,比如可以鉴定新媒体广告主

题是否突出、诉求是否准确,新媒体广告的创意和画面设计是否能引起新媒体使用者的点击、阅读等行为。与传统广告相比,新媒体广告评估更为便捷和及时,这有利于广告主及时主动地找出新媒体广告发布过程中的问题和不足之处,并随时对其做出调整,从而保证最佳的新媒体广告投放效果。

三、新媒体广告效果评估的指标

传统广告效果模型,即广告效果评估指标,一般划分成四个部分:广告的媒体接触,情报接受,态度改变和行为改变。媒体接触也叫作媒体到达程度评估,主要考量广告在大众媒体上的覆盖程度和频次;情报接受也叫作广告到达程度,主要判断广告信息对目标受众的到达率和频次;态度改变又叫作心理变化程度,是评估广告对目标受众对待品牌或产品的态度转化的影响;行为改变又叫行动程度,是评估广告对目标受众的购买决策和行为的影响程度。最后,销售额和市场份额的变化是对整个市场营销活动结果的直接反应。[①]

新旧媒体广告效果评估在广告的媒体接触、情报接受、态度改变三部分的指标基本相同,但因为新媒体广告的互动性增加,给予受众更多自主的权利,目标受众的购买决策和行为发生了一定的变化,新媒体广告效果行为指标的组成也随之发生了相应的变化。

所以接下来,本书作者着重围绕新媒体使用者对广告的基本行为确定如下几种新媒体广告效果评估的指标:

1. 点击率

新媒体广告受众在注意到广告后,往往通过点击行为表示对广告信息的兴趣,从技术角度来说,一次点击意味着信息被要求从服务器中获得一次,而点击率表示的是页面上某一内容被点击的次数与被显示次数之比。如果该页面被打开了 1000 次,而该页面上某一新媒体广告被点击了10 次,那么该新媒体广告的点击率为 1%。如果点击说明新媒体广告吸引了受众的注意,受众对新媒体广告产生了兴趣,那么点击率则反映了一个新媒体广告对新媒体使用者的吸引程度,它是最直接最具有说服力的

---

① 冯智敏,李丽娜.受众对网络精准广告之态度研究[J].河北师范大学学报,2010,1(33):147-150.

广告效果评估指标,大部分新媒体广告评估都会使用到这个指标。

但是点击率这个指标也不是一个精准反映广告效果的指标。第一,单纯的点击率可以反映新媒体广告的受欢迎程度,但无法切实反映广告的到达效果。点击率的高低不是只由点击控制,它与页面显示次数有着密切的关系。如果甲页面的日浏览量为 10000 次,在它上面发布一则广告的点击率为 1%,则其点击次数为 100 次,乙页面的日浏览量为 1000 次,在它上面发布一则广告的点击率为 5%,则其点击次数为 50 次。单从点击次数来看,甲页面广告的效果好于乙页面广告的效果,但实际到达效果乙页面广告要大于甲页面广告。[①] 第二,点击行为不一定能够客观反映新媒体广告的真实效果。实际上新媒体广告的点击率非常低,据 Newsworks 2014 年发布的一份调研报告显示,平板终端上新媒体广告的平均点击率为 0.79%,已经是 PC 端的 40 倍,但这并不意味着新媒体广告的实际效果也是如此之低。受众对新媒体广告产生印象并不是只依赖于点击行为,浏览本身便可以产生心理等相关效果,且新媒体广告的受众在注意到广告后的一种新的行为趋势是,通过搜索引擎(包括社会化搜索)实现对广告信息的进一步验证与关注。

2. 页面阅读次数

新媒体广告受众点击新媒体广告后被链接到介绍活动、产品、品牌信息的页面,新媒体广告受众对该页面的一次浏览阅读,称为一次页面阅读。全部的新媒体广告受众对页面的总的阅读次数便是页面阅读次数。

页面阅读次数在一定程度上能够反映新媒体广告受众的兴趣与欲望被激发的程度,能够反映一定的新媒体广告效果。因为页面阅读的产生根本上来源于点击行为的导入,所以有人认为用点击数足以衡量页面阅读数。但实际上,这两者之间有一定的差异,有一部分人因为误点了广告,或者在等候链接打开过程中的体验不佳,使得页面没有完全展开就已经被关闭,造成实际的点击次数与新媒体广告阅读次数之间存在着差异。但是,从另一个角度看,页面的阅读次数也很难反映出准确的新媒体广告效果。因为页面的阅读次数很难有效地被统计,目前都用页面被打开的次数来替代,但是页面打开了也并不意味着新媒体广告就会被浏览。所

① 陈刚.网络广告[M].北京:高等教育出版社,2010.143.

以,有些评估还会结合受众的停留时间,来判断受众是否浏览了页面。

3. 转化率

新媒体广告的主要特点是互动性,而点击和页面浏览行为无法完全反映受众与新媒体广告的互动,再加上点击率、页面阅读次数这些指标在新媒体广告对销售的影响能力上缺乏说服力,于是转化率这一指标被引入。"转化"被定义为受新媒体广告影响而形成的购买、注册或者信息需求。受新媒体广告影响所产生的购买、注册或者信息需求行为的次数就是转化次数,转化次数与页面显示量(即流量)的比值就是转化率。这意味着在页面显示量既定的情况下,影响转化率的因素最终制约着转化实现的程度。影响新媒体广告实现最终转化这个目标主要有两个方面的因素,一方面是要带来真正对投放在平台上的内容感兴趣的人;另一方面是当这些人真的来到新媒体广告投放平台后,需要有正面的体验以促使他们走向转化。二者缺一不可,对于转化的优化归根结底是对这二者的不断优化。

由于转化行为不是必然需要由点击行为作为先导的,也就是说转化次数可能由两部分组成,一部分是通过浏览和点击新媒体广告后发生转化行为的次数,另一部分是仅仅浏览却没有点击新媒体广告后发生的转化行为的次数,这就使得转化率与点击率之间没有必然的线性关系。

虽然转化次数在测定上比较不便,也没有形成统一的标准,但是因为它确实能够在一定程度上兼顾新媒体广告的互动性特点,所以它必定会成为广告主越来越关注的新媒体广告效果评估指标。

107

第六章　新媒体广告监管

5月31日,世界无烟日。今年世界无烟日的主题是:禁止烟草广告、促销和赞助。5月21日,新探健康发展研究中心在京召开交流会称,烟草业通过新媒体营销卷烟诱导青少年吸烟,而新媒体营销烟草是法律监管"盲区"。

新媒体营销成监管"盲区",青少年是主流受众

"老板,来包1906"是广东双喜集团拍摄的创意视频。烟民在买烟过程中瞬间回到1906年,带来神奇的体验。短短几分钟的视频中,双喜产品反复出现,并在视频最后出现其微信联系方式。

如果将微博看作品牌的广播台,微信则为品牌开通了"电话式"服务。当品牌成功得到关注后,便可以进行到达率几乎为100%的对话,它的维系能力远远超过了微博。烟草论坛开设手机客户端、手机微博上的烟草企业微博账号、微信上的烟草企业微信账号等,烟草业的新媒体营销攻势已经逐渐从互联网渗透至手机。

新媒体凭借其传播速度快、受众范围广、宣传费用低、可复制性强等特点,已成为烟草业营销的重要手段。各种烟草企业的微信账户以及手机应用软件会定期向消费者手机发送烟草广告,使得消费者的生活无时无刻不"充满烟味"。

《广告法》第十八条规定:"禁止利用广播、电影、电视、报纸、期刊发布烟草广告。禁止在各类等候室、影剧院、会议厅堂、体育比赛场馆等公共场所设置烟草广告。"新媒体不在《广告法》禁止之列,成为烟草营销的法律"盲区"。再加上青少年是互联网尤其是社交媒体的使用主体。烟草业通过新媒体营销卷烟,其目的是吸引新的吸烟者,诱导青少年吸烟。

修订广告法,遏制烟草业用新形式营销

"一支烟的穿越"是福建龙岩卷烟厂赞助拍摄的一部有关七匹狼烟的

微电影,在长达 23 分钟的电影中,七匹狼烟的镜头多次出现。微电影借由其成本低、传播快、娱乐性强等特点成了时下火热的影视形式,常被烟草企业利用,进行品牌宣传。

烟草业通过新媒体赋予烟草"深厚"的"文化内涵",让群众产生错误的价值认同。面对新媒体铺天盖地的烟草广告、促销和赞助,《广告法》规定的禁止范围还够吗?

我国现行《广告法》颁布于 1994 年,至今已有近 20 年。其烟草广告相关条款已不能适应形势的需要,与中国政府签署并承诺的《烟草控制框架公约》要求有很大差距。根据《公约》第十三条,各缔约方应"广泛禁止所有的烟草广告、促销和赞助"。

面对烟草业的无孔不入,针对烟草业的新媒体营销,应当尽快修改《广告法》第十八条,严格禁止在所有媒体,尤其是包括移动终端在内的各种新媒体上发布烟草广告、进行烟草营销。

上述报道[①]中,我们可以得知在传统媒体广告的监管中对烟草行业的广告监管向来非常严格。而由于"新媒体不在《广告法》禁止之列",烟草业趁着这股新媒体广告发展的风潮,开始进入新媒体营销领域,并且肆无忌惮,对社会产生了不良的影响。这充分说明,目前的新媒体广告监管与广告媒介环境不相适应,广告监管必须要考虑到广告媒介环境的变化,从新媒体以及新媒体广告本身的问题点出发,进行针对性的监管,而如果广告监管继续停留在过去的模式,比如沿用过去的监管法律,广告监管必然会漏洞百出,无法起到该有的作用,转而变成一种无用的摆设。相比新媒体以及新媒体广告的快速发展,新媒体广告的监管发展显得较为滞后。所以,本书作者立足新媒体广告发展以及新媒体广告监管的问题,结合国外先进的监管经验,提出新媒体环境下适合我国实际状况的广告监管措施。

第一节　新媒体广告的问题

目前,新媒体广告的问题主要体现在以下两个方面:

---

① 案例整理自王君平.烟草营销"傍上"新媒体[N].人民日报,2013-05-22(9).

109

一、新媒体广告内容及形式上的问题

1. 虚假性

我国《广告法》第一章第四条规定,广告不得含有虚假的内容,不得欺骗和误导消费者。这说明,虚假广告是通过欺骗和误导两种方式,让受众信以为真的。对于消费者而言,新媒体环境中虚假广告的危害更大。广告的互动性增强,一方面受众会通过点击等方式进一步接触信息,一部分新媒体广告商以利益为导向,使受众极易接触到各种欺骗浏览、点击等行为的陷阱;另一方面因为受众及时给予广告反馈,违法广告主能随时掌握受众的状况并可能量身定制虚假广告信息。此外,由于网络购买和预订的便利性,使得新媒体广告与购买之间的过程被大幅度地缩短和简化。虚假广告中涉及的产品或服务能够被网络购买或网络预订,这就大大增加了受众遭受经济损失的风险。

新媒体广告内容上的虚假主要涉及商品的质量、制作成分、性能、用途、生产者、有效期限、产地等。这些内容上的虚假主要通过夸大其词、移花接木、无中生有、片面强调等方式以欺骗或诱导受众。比如,某一些药品类的广告宣称其产品具有"根除"顽疾的神奇功能,而事实上只能起到"缓解"病症的作用,通过这种夸大其词的方式传递了药品的虚假功效。又比如,网购平台上经常使用图片 PS 的技术进行移花接木,即图片中明星身着的衣服被推广的产品所替代,从而打上了"某明星同款"的字眼。再比如,某新媒体广告中强调某商品是某某协会认证及推荐的优良产品,获得众多大奖,远销欧亚,而实际上是无中生有,违背事实,毫无根据和由来的。再比如某些文本链接广告经常使用一些夺人眼球的字眼,如"免费""1 折"等,当受众点击广告后,链接到的内容常常是有条件限制的"免费"、极少产品的限量"1 折"等,通过这种片面强调的方式仅将受众感兴趣的利益点进行宣传,回避了广告信息的完整性。

新媒体广告形式上的虚假主要体现在,通过模仿某些用户基数比较大、知名度比较高、使用习惯相对稳定的新媒体广告载体或广告发布渠道——网站、应用程序及应用软件的某些页面或界面,并在这些载体上刊登虚假广告信息以达到欺骗消费者的目的。具体来说,某些网站或者某些应用程序及应用软件的登录窗口、信息的弹出窗口等都可能被模仿或者窜改,这对于新媒体使用经验不是特别丰富的用户来说,单就形式上足以以假乱真。如图 6-1,展示的就是一则利用虚假的 QQ 弹出窗口页面传递虚假中奖信息的新媒体广告,与 QQ 自身的弹出窗口相似度极高,这也是利用受众的好奇心理和对 QQ 软件的使用惯性诱导点击,或者在点击后再进行进一步欺诈。这种抓住用户在新媒体使用上的盲区和漏洞,传递虚假广告的方式在新媒体广告中屡见不鲜。

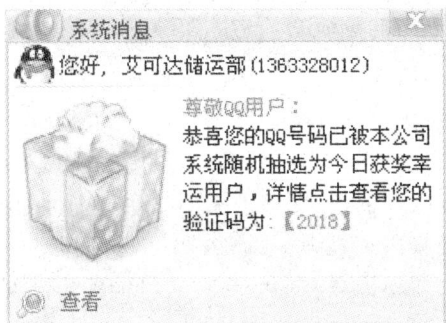

图 6-1　虚假 QQ 弹出窗口

2. 低俗化

由于目前新媒体广告的受众呈现出低龄化、低学历等趋势,新媒体广告信息要在新媒体的海量信息中吸引到上述这些受众群体,势必要抓准受众的口味和兴趣。受某些极端主义者的影响,新媒体广告在发展过程中片面追求眼球效应,使得目前新媒体广告呈现出格调不高、粗制滥造的低俗化倾向,干扰了新媒体广告的健康发展。

具体来说,目前新媒体广告内容的低俗化主要表现在以下几个方面:第一,新媒体广告内容中有不符合法律法规的内容,包括宣扬血腥暴力、凶杀、恶意谩骂、侮辱诽谤他人的信息;第二,新媒体广告可能包含容易诱发青少年不良思想行为和干扰青少年正常学习生活的内容,包括直接或隐晦表现人体性器官、性行为,具有挑逗性或污辱性的图片、音频、视频、文字等;第三,新媒体广告内容中涉及非法的性用品广告和性病治疗广告,以及散布色情交易、不正当交友等信息;第四,新媒体广告内容侵犯他人隐私,包括走光、偷拍、露点等;第五,新媒体广告内容中有违背正确婚恋观和家庭伦理道德的内容,包括宣扬婚外情、一夜情、换妻等信息。

广告形式上的低俗化,主要体现在广告的粗制滥造上,随意拼接、复

111

制、山寨、缺乏新意、清晰度低等问题丛生,甚至一时间粗制滥造成了新媒体广告的代名词,特别是游戏广告因为成本等原因,在制作上随心所欲,严重影响了受众对新媒体广告的态度。

3. 隐私侵犯

新媒体广告主为了更加方便地确定目标受众,更快速地了解目标受众的需求,往往需要借助某些技术手段搜集用户的相关数据。在搜集过程中,有可能涉及用户的隐私,然后在此基础上,广告中的内容便利用这些用户的隐私,达到精准广告的目的。但这种方式被用户广泛质疑,本书第十章将尝试解决精准广告与隐私侵犯的矛盾问题。

新媒体广告中的隐私侵犯问题是普遍存在的,比如,用户在电商平台上搜索一个私密性的商品,但在接下来的一系列上网过程中,与该商品相关的广告内容会频频出现在各个网站的各个页面,对使用公共电脑的用户而言情何以堪!新媒体广告的隐私侵犯可能涉及新媒体用户的众多行为,甚至还能根据用户在自媒体平台的发言而量身定制广告,这对新媒体的用户是一种极大的干扰。

二、新媒体广告发布上的问题

1. 随意性

新媒体广告的发布门槛比传统门槛低得多,比如众多自媒体平台可以做到广告信息的实时发布,完全不需要各种审核。这虽然给予新媒体广告更多的自由、便利,提升了广告信息的时效性,但在一定程度上也为各种违法的新媒体广告打开了便利之门。

当然某些商品在发布新媒体广告,或者利用某一些新媒体平台进行广告发布之前,需要一定的审核或者限制。比如药品类的广告理应要先到主管部门进行审批,在获得许可证后才可以联系合适的媒介发布,但某些追求经济利益的商家会操控送审,使送审广告与发布广告不一致,往往送审的时候广告都是规范的,临发布前再调换违规的广告,这让大量违法广告有了可乘之机。再例如微信公众平台虽然有一定的发布限制(主要集中在发布频率上),但先发布后举报的审查方式,让广告监管时效性大大落后。

2. 无关性

新媒体广告精准发布的反面是粗放发布,即新媒体广告的发布缺乏可靠和有效的指导,完全没有考虑到目标受众的媒体接触行为和习惯,简单地随机选择一些媒介进行发布,这就造成了新媒体用户接触到的广告信息与自身无关的概率大增。

比如视频网站中的大部分前贴片广告在发布前都缺乏用户分析,只是随机选择一些视频内容进行发布。于是,家庭妇女们会看到游戏类广告,青少年们会看到儿童类商品的广告等,这些情况极易发生。当然偶有一些可能在广告投放前稍做过用户分析,但因为前贴片广告一般都是三四个广告的组合,也很难保证所有的广告都与用户的属性和需求密切相关。

3. 无序性

由于法律法规的滞后,新媒体广告在市场准入、行为规范、责任追究等方面缺乏有效的规制,成了监管的“短板”。一些商家和个人为了谋取经济利益或其他需要,将大量的新媒体广告发布到信息网络平台上,不惜采取强制、反复、不正当竞争等方式,千方百计吸引用户的注意,以达到自己的目的。[①]

新媒体广告的强制性问题主要有以下两种可能:第一,用户在浏览网页或下载文件时,一些弹出式广告和浮动式广告在屏幕上不断盘旋或随着鼠标的移动而移动。这种强制性发布的广告,剥夺了用户的自主选择权,严重影响了用户正常浏览和阅读。第二,一些商家未经用户许可,采取批量发送的方式,将垃圾邮件和信息擅自发送到用户的邮箱和手机上,给用户的正常生活带来了严重困扰。[②]

新媒体广告的重复性问题指的是用户在正常使用新媒体的过程中,反复接收到同一广告信息的问题。这种情况下,哪怕是极具创意的广告也会造成审美疲劳,更不用说那些粗制滥造又与用户无关的广告了。新媒体广告的重复性问题普遍存在,特别是在那些用户使用时间较长、用户黏性较好的媒体上,重复性问题显得尤其突出。比如视频网站上的前贴

113

---

①　陈德兴.关于加强新媒体广告监管的思考[J].中国工商管理研究,2014(2):37-40.
②　陈德兴.关于加强新媒体广告监管的思考[J].中国工商管理研究,2014(2):37-40.

片广告极度困扰着视频的收看。有研究曾经尝试在某著名视频网站上，随机连续点击了20个不同门类不同内容的视频，其中14个视频有30秒的前贴片广告，6个视频有15秒的前贴片广告。虽然广告曝光总计达到34次，但实际上涉及的广告只有7个。而就单个广告而言，重复率最高达60%，也就是说，正常情况下用户每连续收看10段视频，就有6次机会接触到同一个广告。[1]

新媒体广告的不正当竞争问题主要指的是各种新媒体广告发布者为了吸引更多的广告主在自己的平台进行广告投放，采取一些流量造假、网站排名造假等不正当的手段，使其在与同类型平台的竞争中占据有利位置的行为。又因为较多新媒体广告采取的计费方式是按点击或按流量付费，这种不正当竞争的行为实际上也损害了广告主的利益。

第二节　新媒体广告监管的必要性与原则

一、新媒体广告监管的必要性

1. 新媒体广告市场是一个新兴的广告市场

新媒体广告的发展是近两年兴起的，可以说新媒体广告仍处在发展的初级阶段，在诸多方面还处在非稳定的状态，需要不断摸索和不断完善。新媒体广告涉及的平台、媒介多种多样，新媒体广告的类型与形式复杂多变，就单一的广告形式来说又没有统一的标准和规范。比如网络广告中重要的旗帜广告，它的尺寸不一，大大小小多达几十种，如果缺乏统一的规范，很难保证它的进一步发展。

作为新生事物，新媒体广告势必要在各种艰难、曲折和未知中成长起来。越早规范化、制度化新媒体广告的监管，越能让新媒体广告提前规避各种风险，越少遇到发展阻力，便能越快走上健康有序的发展道路。所以，对新媒体广告的监管需要我们站在更加深远的立场上来看。

2. 新媒体广告环境需要净化

虽然新媒体广告市场是一个新兴的广告市场，但是由于市场快速膨

---

[1]　孙黎.网络视频广告回避的影响因素研究[J].企业导报,2013(12):163-165.

胀,引发了众多新媒体广告的问题。一方面,诸如新媒体广告内容的虚假等问题为新媒体广告的发展添加了各种阻力,制约了新媒体广告的健康发展,而另一方面新媒体广告运作的混乱,又会造成更多新媒体广告问题的出现。比如,传统广告的主体是由广告主、广告经营者、广告发布者三方构成的,而新媒体广告的主体认定与传统广告主体认定不同。新媒体广告的主体更加复杂,广告经营者和广告发布者很可能是重合的,甚至广告主、广告经营者和广告发布者也有可能重合。因此,新媒体广告违法在责任认定上更为困难,在这种情况下广告环境的无序和混乱自然被加剧,衍生出复杂多样的新媒体广告问题。

对新媒体广告的监管,可以从源头上规范新媒体广告的内容和运作,切断新媒体广告走向某些极端的可能,最终打造一个绿色、安全的新媒体广告环境。因此,要提升传统媒体广告监管的适用性,制定适合新媒体广告监管的新措施,以加大新媒体广告的监管力度成为大势所趋。

3. 新媒体广告受众的权益需要保护

与传统媒体不同的是,新媒体广告的传播范围更大,传播速度更快,传播影响更深远,这让新媒体广告的负面效应所产生的危害更大,即新媒体广告受众的权益更难保护。

比如,鉴于某些商品,如药品、化妆品等的特殊性,一旦这些商品的违法广告在新媒体环境中被投放,消费者通过直接的网络购买或试用渠道接触到商品后,既有可能造成消费者的经济损失,甚至还可能会危害到消费者的健康与人身安全。目前,新媒体广告受众呈现出低龄化、低学历的特征,而这部分群体辨别是非和自我保护的意识普遍较弱,很难抵御新媒体广告带来的负面影响。通过对新媒体广告的监管,减少并控制新媒体广告负面问题的产生,可以有效地保护这部分受众群体的利益。

当然,通过新媒体广告监管进行受众权益的保护,除了体现在减少受众接触广告负面效应的机会以外,还体现在对受众隐私的保护上。由于在新媒体环境下,受众有更加自主和自由地进行各种互动行为的权利,在互动过程中极易透露各种个人信息,再加上受众在新媒体使用过程中的诸多行为数据和产生的内容数据极易被搜集,新媒体环境下的受众隐私越来越需要被保护。

因此,对新媒体广告的监管刻不容缓。

二、新媒体广告的监管原则

1. 措施上的适用性

新媒体广告的监管面临着监管内容多、监管范围大、监管情况复杂等状况。所以在监管措施的制定上,不能再如同传统的广告监管,仅从宏观角度入手。新媒体广告的多样性和复杂性要求监管措施必须注重宏观与微观的结合,既有总领性的指导,又有具体的执行方式。如此,新媒体广告监管措施的适用性才能得以提升,新媒体广告的监管效果才能体现。

2. 内容上的真实性

广告会直接对社会和受众产生影响,所以广告必须传递真实可靠的内容,这是广告赖以生存的基础。因此,新媒体广告的监管要特别遵循内容上的真实性原则。当然这里的真实性不仅仅体现在对广告文案的监管上,还需要对音频、视频等进行监管,保证广告内容的全方位真实,只有这样,才能更有效地保护受众的合法权益。

3. 对象、领域上的优先性

由于新媒体广告需要监管的对象、领域众多,短时间内就达到全方位的有效监管有一定难度。所以,为了让监管更加体现时效性,显得更有层次与节奏感,新媒体广告势必要适当突出重点,选择重点对象、重点领域进行优先监管,进而慢慢渗透到全方位的监管。比如,大型的新媒体广告主体一般行为比较规范,中小型的新媒体广告主体则较易产生违法违规行为,可以选择中小型新媒体广告主体进行优先监管。再比如,选择药品、化妆品、游戏等一直以来新媒体广告问题相对突出,极易产生不良影响和后果的重点行业进行优先监管。但必须注意的是,这里的优先并不是说非重点的对象和非重点的领域就不需要监管,只是要在监管的过程中体现层次和秩序。

第三节 我国新媒体广告监管的问题

我国新媒体广告监管目前处于较为落后的阶段,从法律法规上来看,目前还没有出台较为系统、全面的行为规范,技术层面的发展也不是特别完善,仍是过于单一的,仅仅依靠市场调节和行业自律的方式来进行监

管,与此同时,由于新媒体带来的种种影响,新媒体广告的违法违规情况
也出现许多新的特征。究其监管落后的根本原因,是目前我国没有建立
起完善的新媒体监管体系,目前的新媒体广告监管还是沿袭着传统广告
监管体系的结构,针对局部的内容和范围等进行一定的修改,对于新媒体
广告市场的针对性和适用性不强,具体表现在:

一、属地监管的方式不适用于新媒体广告的监管

依据《行政处罚法》第二十条和《工商行政管理机关行政处罚程序规
定》第五条,行政处罚应由违法违规行为发生地管辖,也就是属地管辖。
传统媒体有着较为明显的地域性,可以以国家、省、市的行政区域作为划
分的标准,所以比较好确定管辖权。但就新媒体而言,由于网络本身具有
的开放性和地域上的无限制性,网络违法广告信息的发布者、网站的注册
地和网站的经营地通常分散在三地,且在网络上发布的广告信息理论上
可以被任何网民在任何地方进行浏览、转发,违法违规行为一般具有一定
的跨地域性。这些问题给属地监管带来了难度,传统的国家、省、市的属
地划分管辖难以起效,如何划分监管区域成为新媒体广告监管中的一大
困扰。

二、对新媒体广告主体的定位模糊

在传统广告中,各主体的界限比较明确,《广告法》对广告的监管建立
在三分广告主体并分别赋予其责任义务的基础上。但新媒体环境中,新
媒体广告打破了这种界限分明的三分主体规则,主体的界限和定位变得
非常模糊。所以,《广告法》中对广告主体规定的权利义务关系对新媒体
广告不能适用。一方面,这使得对违法违规的新媒体广告主体的责任认
定缺乏依据和说服力,而另一方面这些漏洞又易被反过来利用,使违法违
规的现象更难受到有效的约束。

117

三、新媒体广告的监管不够智能,缺乏动态监测技术

新媒体上的信息不仅量大,而且瞬息万变,这给新媒体广告的违法违
规行为的发现造成了一定的难度。新媒体广告的监管部门通过定期检查
的方式很难做到对违法违规的广告行为的及时掌握。事实上,人工已经
无法对新媒体广告进行动态监测,只有通过智能的信息过滤系统,才能在

纷繁复杂的信息中选取新媒体广告信息,并进一步定位违法违规信息,再通过搜索定位技术,进行比对和筛选。[①] 但是,目前由于技术方面的原因,新媒体广告的监管部门还未使用智能的方式实行对新媒体广告的实时、动态的监管。

四、新媒体广告违法违规行为的证据获取不易

由于新媒体广告监管缺乏信息过滤系统,新媒体广告的违法行为的发现非常不易。一些当事人会采取多种技术手段,比如加密,或者禁止下载的方式,防止新媒体广告的监管部门获取证据。即使新媒体广告的违法违规行为被监管部门发现,但从证据的获取到证据的保存都只通过电子方式进行操作,缺乏一个统一的标准来进行规范和限制。纵使可以运用一些类似屏拷的方式获取证据,但对于视频广告等方式却不太适用,且由于缺乏权威的第三方的介入,很多证据缺乏公信力,通常会被当事人予以否认,造成了监管部门无法再追究,这些情况都给新媒体广告违法行为的监管提出了更高的挑战。

五、新媒体广告监管立法薄弱

1994 年颁布的《广告法》及相关法律法规一直是广告监管的法律基础,但是以此为法律准绳,对新媒体广告进行监管已经显示出诸多不适。目前,由于新媒体广告监管的意识逐渐形成,新媒体广告监管逐渐起步,新媒体广告监管的迫在眉睫,与专门的、全国性的新媒体广告监管法律法规严重匮乏之间的矛盾愈演愈烈。如何加固新媒体广告监管的立法基础,如何提高相关监管法律的普遍适用性已经成为当务之急。

六、缺乏新媒体广告的全面监管理念

由于新媒体广告形式的复杂性和不断的变化发展,目前对于新媒体广告仅仅只是监管一些门户网站是远远不够的。实际上,新媒体广告的形式还包括电子邮件广告、社区广告、视频广告、手机广告等,新媒体广告投放的渠道选择相当广泛。因此,若监管涉及的新媒体形式过少,或者监管涉及的新媒体形式不与时俱进,就会让新媒体广告监管产生众多盲区,

---

① 吴炫凝. 新媒体广告监管研究[D]. 武汉:华中科技大学,2013,17.

也就无法实现对新媒体广告的有效而全面的监管。

第四节　国外新媒体广告监管的发展状况

在国际上,对新媒体广告的监管方式大体有两种截然不同的趋势:一类是实行较为宽松自由的监管方式,从欧美国家的监管思路和一系列监管措施中可见;另一类实行较为严格谨慎的监控方式,主要以韩国、日本、新加坡等一些亚洲国家为代表。

一、欧美国家

虽然不断加强新媒体广告监管的力度,但作为"网络自由"论调的倡导者,美国一直实行相对宽松自由的监管方式。这种相对宽松自由的监管方式首先体现在准入机制上,实行比较宽松的登记制度,而不是实行备案制[①]。比如网络经营者只需要在因特网上登记公司的名称、地址等相关的真实信息,并对内容负责,便可从事网络上的经营活动。其次在监管机构上,尽可能少设置新的独立行政机构,将原有政府管理部门的职能稍作延伸来适应新情况,再积极利用各种自发的非政府组织、自律组织和企业等。最后,在监管的法律依据上,主要是修改原有法律,单独立法并不算多,但涉及的内容和范围相当广泛。

由于新媒体时代以及新媒体广告本身所依赖的平台在信息传播过程中,更多依靠1对1这样的方式来强调互动性,因此,个人隐私的维护问题成为新媒体广告监管过程中最大的难题。欧美国家通过一系列举措,在尽可能维护个人隐私的前提下,达到新媒体广告监管的目的。美国认为监管以博客为主的新媒体是项非常大的工程,在进行监管的过程中,主要实行重点监管的策略,监控一些关键的博客主和有社会影响力的人。监管的目的是通过改进与公众的交流方式,对群众关心的问题有一个更好地感知,从而了解民众的声音,更好地为他们服务。此外,美国的行政机构不直接接触与大众隐私相关的新媒体广告信息,而是通过监管新媒体服务提供商来达到管理新媒体广告内容的目的。

119

---

① 徐世甫.全球化时代网络监管国际经验之诠释及启示——兼论网络和谐生态的构建[J].文化研究,2008(6):91-97.

通过技术手段来实现对新媒体广告的监管也不失为一种高效的方式。如英国施行了 Interception Modernisation Programme（现代拦截计划），是一个通过存储交流信息的细节到一个中央数据库的方式来达到监控目的的系统工程。这个工程从创始之初到现在经历了几次调整。开始，政府自建了一个巨大的中央数据库，来收集网民的聊天记录、网页浏览的习惯，但这不是对具体内容的监控，而是对邮件发往的地址、网民上网的地址等方面的监控。之后通过法律手段，放弃了自建的中央数据库，让运营商来存储这些数据，但政府有权利管理以及获取这些信息，这样可以有效地减少网民对政府施行的网络信息监控的反感。

在政府将新媒体广告监管中监督的部分进行权力下放的同时，行业自律对更好地进行新媒体广告监管具有非常重要的作用。英国成立了互联网监管基金会，这是一个独立的行业性组织，由来自互联网行业各方面的人士组成的董事会进行管理。互联网监管基金会主要的工作是处理各种不良信息报告。新媒体使用者如果发现了不良内容，可以登录该基金会的网站进行报告和投诉，基金会随之进行调查和评估，如果认定是非法内容，则会通知相应的新媒体广告运营商将非法内容从服务器上删除，并根据情况将问题移交执法机构处理①。

美国新媒体广告监管所采用的法律法规手段主要来自三种途径：一是扩大原有的法律法规的适用范围；二是根据新媒体广告生态对法律法规作适当调整；三是当原有的法律法规无法适用时，根据新的广告形态创建新的法律监管。② 对网络广告的监管来说，在《联邦贸易委员会法》（类似我国的《广告法》，但扩大了其使用范围，顺应时代发展把网络广告也纳入了监管范围）保障广告内容与形式真实性、明确广告主体责任的基础上，将监管的重点延伸到受众隐私和网络营销方式两个方面。通过《儿童网络个人隐私保护法》《不要在网上跟踪我法案》《互联网广告和营销规制手册》等法律法规实现对网络广告的监管。对电子邮件广告的监管来说，美国先后颁布《电子邮箱保护法》《电子邮件使用保护法》《反垃圾邮件法》等，具体规定了电子邮件中必须包含拒收邮件的链接以保证用户随时退

---

① 转引自孙黎，徐凤兰.国外网络广告监管经验及启示[J].新闻实践,2012(12):3-65.

② 薛敏芝,美国新媒体广告规制研究[J].上海师范大学学报(哲学社会科学版),2013,3(42):61-69.

订,禁止在电子邮件中使用虚假标题,对含有色情等低俗内容的邮件做出警告标记,对垃圾邮件的发送者要追究刑事责任等,真正从法律上做到从严要求。对移动互联网广告的监管来说,更多的是从受众隐私保护的角度出发,比如《联邦电子通讯隐私权法案》就在《一般犯罪防止和街道安全法》的基础上,对消费者隐私的保护范围从传统通信方式扩大到移动电话、电子邮件、计算机资料传输及网络服务提供等,[①]再通过《禁止电子盗窃法》《通信内容端正法》等法律对移动互联网广告加强监管。

二、以韩国、日本、新加坡为代表的亚洲国家

以韩国、日本、新加坡为代表的亚洲国家,一直实施比较严格谨慎的新媒体广告监管,这主要体现在对新媒体服务运营商和新媒体用户详尽的权利义务规定及实名制上。

韩国对新媒体广告的监管主要体现在加强对信息源头的控制——严格地推行网络实名制。2006 年年底,韩国国会通过了《促进信息通信网络使用及保护信息法》修正案,规定主要门户网站和公共机关网站在网民进行留言,发布照片、视频等操作前,必须首先对留言者的真实姓名、身份证号码等信息进行记录和验证,否则将对网站处以最高 3000 万韩元的罚款。但实名制的大范围推广不仅效果堪忧,还伴随着出现了一些负面产物。据韩国网络振兴院、信息通信部及首尔大学相继做出的调查发现,实施实名制之后,恶意网帖仅仅减少了 2.2%,诽谤跟帖数量也只从 13.9%减少到了 12.2%,效果不尽如人意。不仅如此,实施实名制之后,一种被称为“身份证伪造器”的作弊软件随之诞生。这类软件能伪造出可以通过身份验证机制的韩国身份证号,然后用这种伪造的身份注册,使网络实名制的效果大打折扣。更为严重的是,实名制给予善于盗取信息的黑客以便利。2011 年 7 月,韩国发生了空前严重的信息外泄案件。韩国著名门户网站 Nate 和社交网站“赛我网”被黑客攻击,约 3500 万名用户的信息外泄,占据了韩国总人口的 70%。泄漏的信息极为详细,包括用户的姓名、生日、电话、住址、邮箱、密码、身份证号码,堪称韩国互联网史无前例

121

---

① 薛敏芝.美国新媒体广告规制研究[J].上海师范大学学报(哲学社会科学版),2013,3(42):61-69.

的安全危机①。这些由实名制网络管理法规带来的种种危机使得韩国广播通信委员会在2011年12月底向当时的韩国总统李明博提交了取消网络实名制的计划书。

相反,新加坡的新媒体广告监管方面则显得卓有成效。新加坡在新媒体广告监管上推行"三合一"政策(A Three-pronged Approach):法规制约(Regulatory Framework)、行业自律(Industry Self-regulation),以及媒体素养教育(Media Literacy Education)。例如,新加坡互联网广告管理主要由媒体发展局承担。新媒体服务提供商和主要内容提供商必须在媒体发展局注册,并根据要求主动删除违法的广告内容。在加强立法执法和对从业者进行管理的同时,媒体发展局联合其他政府机构,积极构建包括网络广告在内的整个新媒体行业的自律体系,鼓励新媒体服务提供商和内容提供商制定自己的内容管理准则。新加坡认为,要营造一个安全健康的新媒体广告环境,长远之计在于新媒体素养教育,而不在于严厉的新媒体监管手段。

日本对于新媒体广告的监管充分表现在立法的完善上。比如对于网络广告媒介——互联网的管理除了依据刑法和民法之外,还制定了《个人信息保护法》《禁止非法读取信息法》和《电子契约法》等专门法规来处置网络违法违规行为。网络服务提供商ISP和网络内容提供商ICP、网站、个人网页、网站电子公告服务,都在法律规范的范畴之内。如果广告信息发送者通过互联网发送违法和不良的广告信息,登载该广告信息的网站也要承担连带民事法律责任,网站有义务对违法和不良信息进行把关。

综上所述,从国外新媒体广告监管的具体措施来看,大部分是通过法律制约、行业自律、道德规范、技术手段这几个方面的具体实施和展开来达到监管的目的。

第五节 对我国新媒体广告监管的启示

我国目前的新媒体广告监管相对薄弱且问题重重,从根本上来说,改革适合我国发展现状的新媒体广告监管模式是当务之急。除此以外,还

---

① 佚名 韩国实名制网络管理法规走向坟墓[TB/OL].[2012-01-13]www.xmcct.com/news/120113.html.

要转变陈旧的广告监管理念,以适应新媒体广告的监管。因此,加强学习国外的新媒体广告监管经验,对完善我国新媒体广告监管具有重要作用。

一、监管模式上

1. 建立新媒体广告主体的信息库

对于新媒体广告的监管,很大程度上要聚焦其源头——新媒体广告主体,即建立新媒体广告主体的信息库。当然,这要建立在清晰界定新媒体广告主体的基础上。原则上,新媒体广告主、新媒体广告代理公司、新媒体广告在线平台、新媒体服务提供商、新媒体内容提供商等都应该成为权利责任关系清晰的主体。

具体来说,以网络广告为例,新媒体广告主体信息库的建立首先是针对企业网站,根据工商部提供的企业名录,主要依据企业的网址、域名等项目,将数据存入信息库,以备迅速在需要的时候通过搜索调出数据。同时,由于企业网站数据可能存在更新的问题,还需要定期对信息库进行维护和更新,保证信息库中的数据是真实可用的。除此以外,针对一些提供网络广告发布的网站,包括一些电子商务网站,也要进行网站信息数据的入库。入库过程中,可以根据一些自定义的名目进行分类,方便日后的检索。由于网站数量的庞大和网络信息本身的变化性,为了提高效率,对于一些违法网络广告的重地则可执行入库后的重点监测,或建立黑名单。如美国在博客监管中以关键的博客主和一些有影响力的博客主为主,进行有选择性的监控。当然除此以外,移动互联网的诸多服务和应用也是监管的重点,也应该设置专门的信息数据库。

2. 建立新媒体广告的相关数据库

为了将一些新媒体广告的违法证据保存下来,解决如视频广告等其他一些富媒体广告无法保存屏拷的问题,参考英国建立中央数据库以掌握违法信息的方式,建议通过技术上的革新,实现页面自动检索、自动分析、自动提取的相关技术,将违法的新媒体广告存入数据库作为追究新媒体广告主体责任的有力证据。为了提高页面自动检索的效率,可以设置一些敏感词或者违法的新媒体广告中出现较多的关键词作为初步检索的依据,而在再次检索中可以设置更多的高级检索选项,有助于有的放矢,提高准确性。为了防止违法的新媒体广告主体回避关键词和敏感词,传播软性的违法广告信息,可设置一定的新媒体举报渠道。一旦受众发现新媒体广告有违法信息,就可通过专门的软件向新媒体广告数据库发送报告,以便违法的新媒体广告信息及时地被提取和保存。当然信息提取之后,还应按照新媒体广告的形式和新媒体广告内容综合分类的方式存储信息,方便日后的调取。

当然,除此以外,新媒体广告的相关数据库还要配上信息的过滤系统,以提升实时、动态监测的能力,从而全面提升其技术监管的能力。

3. 建立专门的新媒体广告的监测机构

目前,我国进行新媒体广告监测的主体机构以工商部门为主,其他部门为辅,往往在监测中体现出一定的滞后性,且由于工商部门对违法违规行为一以贯之的属地原则对新媒体环境的不适用性,因此在发挥中国广告协会和中国互联网协会等行业自律组织的积极功能以外,还必须建立一个专门的、独立的、权威的新媒体广告监测机构。该机构负责新媒体广告主体信息库和新媒体广告相关数据库的建立及维护,此外还需利用两库对新媒体广告实行全面的检索、分析、提取,进行对违法的新媒体广告的判定和取证工作。专门的新媒体广告监测机构的建立,还可以解决目前我国在证据获取中缺乏权威性和公信力的问题。

4. 加快《广告法》的修订,建成新媒体广告监管的法律法规体系

从法律基础的角度讲,加快《广告法》的修订是新媒体广告监管法律措施中最首要的环节。但现行的《广告法》只有 49 条,相对比较抽象,大多只是原则性的规定,再加上不适合当下的新媒体环境,具体的操作性较差。因此,积极修订《广告法》,一方面可以明确违法广告的法律责任追究,另一方面有助于增加更多具有操作性的规范,提升《广告法》的普遍适用性。

当然,新媒体广告监管只有《广告法》是远远不够的。传统广告监管的法律法规体系已经相对成熟,除了《广告法》以外,还有《广告管理条例》《广告管理条例实施细则》两部重要的广告法规配合,甚至《反不正当竞争法》《商标法》《著作权法》等也起到了一定的补充作用。虽然目前有针对新媒体广告监管的法规存在,如《北京市网络广告管理暂行办法》和《浙江省网络广告登记管理暂行条例》,但地方性和专门性在无形中缩小了它们的监管范围。所以,当务之急是要从新媒体广告的实际发展状况出发,制

定全国性新媒体广告的监管法规,如《新媒体广告管理条例》之类的全局性法规,或者《短信广告管理条例》等具体类的法规,以完善新媒体广告监管的法律法规体系。

可喜的是,我们近期得知,工信部针对垃圾短信等问题,已经起草了《通信短信息服务管理规定(征求意见稿)》,有望在 2015 年正式生效执行。相信,新媒体广告监管法律法规体系的全面建立指日可待。

二、监管理念上

目前我国的新媒体广告监管显得过于被动。被动监管的最大缺点便是滞后性,通常是在出现问题后才会起到作用,一般采取跟在问题后面去"封堵删"的方式,可能导致产生恶劣的影响。主动建构是疏导和教育,这是从人的角度来考虑问题的最直接体现。虽然"封堵删"在一定时间和范围内会产生较为直接的效果,但是这不是长久之计,特别是在自媒体出现、信息传播速度加快的状况下,会凸显出疲态和颓势。面对网络这个大环境,我们更应该把目光放到新媒体的使用主体,即对人的关注中去,应该把对人的教育作为主动建构的砝码,从根本上转变监管理念。

面对众多的国外新媒体广告的监管经验,对监管方式的具体学习不能生搬硬套,一成不变,要充分考虑到我们国家的国情。比如对于网络实名制的推行,要面对网民基数大、网民整体素质不高的现状,在技术以及民意兼具的状况下,从访问量较大的网站开始,有步骤、分阶段展开。这样的推行方式,一方面真正保证个人信息不被非法披露和盗用,防止网络实名制成为不法分子从事不法行为的工具,另一方面也不会因为冒进而招致民众的反感情绪。

监管过程中还要树立管宏观、管重点,抓大放小的理念。具体来说,宏观角度主要是从立法执法角度来说的,要求具备一定的前瞻性和计划性,健全和完善监管的法律法规体系,明确新媒体广告主、广告运营商、广告发布者等的相关法律责任。要加大执法的力度,来保证监管的成效。而且自媒体的"人人都可以是信息的发布者"这个特殊的属性,导致了需要监管的范围很大,给监管造成巨大的压力。所以,在监管中,我们可以抓住重点,选择性地进行监管。

另外,综合性的方式可以提高监督的效率。坚持动用合力,选择几种

125

方式并用来管理新媒体广告的观念。例如在推行网络实名制之前,必须通过技术手段建立庞大的个人真实信息数据库,为网络实名制的实施做好必要的技术准备,否则,网络实名制只是一个空有的称谓。

第七章　新媒体与移动广告传播

星巴克①的广告风格

静态的、320×50 的广告单位并不是星巴克的风格,相反,星巴克选择了利用移动多媒体自定义接口的手机广告。这些广告不仅能够覆盖整个手机屏幕,而且将移动支付、标签、摇一摇结合起来,让用户参与到与品牌的互动中,鼓励他们分享到社交圈。营销人员需要建立起与市场在同一复杂性水平的移动创新思维,充分利用全屏和用户参与度。

去年星巴克除了在全屏移动广告上大施拳脚,也提高了 SMS(短信服务)活动的推广力度,消费者能够收到各种动物们拿着星冰乐的图片。对于营销人员来说,在品牌营销计划中考虑特别的移动广告,利用移动平台的优势刺激消费者选择是非常重要的。

移动支付与交易

最近星巴克发布了最新的移动支付软件,消费者只需要摇晃手机就可以显示支付条码,同时消费者可以通过他们的手机选择自己喜欢的咖啡师。似乎所有在移动支付上的创新都奏效了:根据市场调查机构 BI Intelligence 公布的数据显示,2013 年,星巴克通过移动支付获得的收入超过 1 亿美元。

亚洲是最大的移动通信市场和重要的移动交易市场,仅仅在中国,根据央行数据统计,消费者在 2013 年通过移动支付花掉了近 1.6 万亿美元。虽然美国在这方面稍微落后,但据 BI Intelligence 统计,2013 年,移动信用卡和借记卡交易相比过去五年平均每年增长 118%。

---

① 案例整理自佚名.星巴克如何打造移动营销国王[EB/OL].[2014-10-14]http://money.163.com/14/1014/08/A8GLUCNE002552IO.html.

会员奖励和忠诚度培养

你如何促使你的用户提供个人信息？比如使用信用卡登陆 APP。会员制度对零售商的成功起着至关重要的作用。星巴克 APP 可以根据你所买的东西回馈相应的积分,推送星巴克最新促销活动信息并最终吸引你到最近的星巴克门店消费。通过将会员体系与移动交易结合,星巴克能够获得更多的销售额,同时也提升了消费者的购物体验。去年 5 月,星巴克更是允许消费者不用在门店就可以购买他们的咖啡,这在零售界是一个前所未有的创举。

在中国,星巴克在 2014 年更新了自己的品牌 APP,并在星巴克门店进行宣传。手机用户只需要在 APP 上绑定会员卡并注册便可开始星巴克"星之旅"。安装后,用户可管理个人的星享卡账户,并可通过 APP 查询店铺位置,获得最新活动资讯并分享心得,这有效地提升了用户忠诚度并增加了用户的来店次数。

用最新技术使自己最为强大

相比跟随潮流,星巴克创造潮流。公司利用最新的技术,例如二维码、优惠券下载和虚拟礼品卡提升自己行业领导者的地位。在 APP 中,星巴克利用了传统商店的地理位置和即时呼叫功能。所有这些都让许多人开始觉得星巴克是一个技术公司而不仅仅只是一家咖啡店。

移动是星巴克的前瞻运营策略,并不是一个附加的想法。它能够真正在移动领域进行创新,所有的这些数字化进步使本已积极的客户体验更加完善。星巴克在这个领域绝对是一个王者。其他品牌应该把它作为模范,提高对自身移动广告的建设以达到新的高度。

星巴克这个在移动广告中领先的品牌主,通过诸多的实践告诉我们,在新媒体时代,移动终端、移动媒体以其特有的优势,丰富了移动广告形式,又通过交互、本地化等先进理念的融入,给予消费者前所未有的满足感,从而提升了品牌的价值。

本章中,作者将从移动终端和移动互联网的发展出发,勾勒移动广告的概念和类型,分析移动广告的优劣势,以传播为重要角度分析和总结移动广告效果的提升策略。

第一节 移动终端和移动互联网的发展概况

保罗·莱文森在其《手机:挡不住的呼唤》一书中写道:"人类有两种基本的交流方式:说话和走路。"[①]自人类诞生之后,这两种功能一直被分隔着,但媒介的碎片化和受众的碎片化促使人们在移动中接收和交换信息的基本需求产生。这种状态直到以手机为代表的移动终端出现后才有了改善,人类的两个基本交流功能得以整合,人们在移动中接收和交换信息的基本需求得到满足。以手机为代表的移动终端最早就是这么一种方便人们在移动中进行信息传播的通信工具,并且慢慢地,它成为我们生活中不可或缺的一部分。

随着时间的推进,媒介信息技术快速更新。我们发现,移动终端在其发展过程中呈现出不一样的方向。"移动"俨然成为一种新的生活方式,以手机为代表的移动终端不仅是一种通信工具,而且似乎改变了我们原有的生活节奏和生活习惯。图7-1的第一幅照片是在 2005 年罗马天主教皇本尼迪克十六世的上任仪式现场拍摄的,那个时候,观众只是去参加仪式,没有别的举动。但是七年后,在 2013 年罗马天主教皇弗朗西斯一世上任的仪式现场照片中,我们发现,观众已经不再是七年前的参与方式了,他们都在用自己的移动终端设备记录着现场的一切。短短七年间,手机、平板电脑等移动终端设备已经完全进入人们的生活,并且为了满足越来越多元化、个性化的受众需求,移动终端设备变得越来越智能,参与到人们生活的方方面面。我们看到,随着通信技术的飞跃式发展,移动终端已经转变为一个综合信息处理平台。当下的移动终端不仅可以通话、拍照、听音乐、玩游戏,而且可以实现包括定位、信息处理、指纹扫描、身份证扫描、条码扫描、RFID[②] 扫描、IC 卡扫描以及酒精含量检测等丰富的功能。在移动终端和互联网的共同发展与促进下,移动互联网形成,继而引发了一场新的媒介革命。

---

① 保罗·莱文森.手机:挡不住的呼唤[M].何道宽,译.北京:中国人民大学出版社,2004:17.

② RFID(Radio Frequency Identification),即无线射频识别,可通过无线电讯号识别特定目标并读写相关数据。

图 7-1 2005 年罗马天主教皇上任仪式与 2013 年新教皇上任仪式对比图

移动技术及其产品的发展与受众需求之间一直是这样一种互为因果,互相作用的关系。移动技术及其产品的出现满足了受众的基本需求,反过来,受众的需求又会不断刺激及促进移动技术及其产品的发展。接下来,本章将在了解移动技术及其产品概况的基础上,深入探求移动广告的发展,并为移动广告传播提供相关策略。

一、移动终端的概况

1. 移动终端的定义

翻看关于移动终端的各种文献,便会发现对移动终端的定义说法不一,到目前为止也没有形成统一的定论。

有人说,移动终端可以被称为移动通信终端,指的是可以在移动中使用的计算机设备,广义上包括手机、笔记本电脑、平板电脑、POS 机,甚至包括车载电脑。但也有人从狭义的角度上总结,移动终端主要是指手机或具有多种应用功能的智能手机以及平板电脑。由于手机和平板电脑是移动广告最主要的实现载体,为了更好地深入了解移动广告,为其研究做准备,故本书选择从狭义的角度定义移动终端。

随着网络和技术朝着越来越宽带化的方向发展,移动通信产业将走向真正的移动信息时代。与此同时,随着集成电路技术的飞速发展,移动终端经历了从模拟时代到数字时代,再到目前的网络时代这样一个发展的过程,而手机和平板电脑正是诞生于这样的发展过程中。接下来本书作者将单独从手机和平板电脑发展的角度来探讨移动终端的发展。

2. 移动终端之手机的发展

1973 年 4 月的一天,马丁·库帕站在纽约街头,掏出一个约有两块砖头大的无线电话,并且成功打出了这个世界上第一通移动电话,引得过往路人纷纷驻足关注。马丁·库帕就是第一部手机的发明者。此后经过几十年的发展,手机逐渐从一个只有精英阶层能享用的奢侈品,转变成为普通平民掌中的生活必需品,功能也在不断丰富。具体来说,基于移动通信技术演进的手机大概经历了三个阶段的发展:

第一阶段,模拟式手机阶段。它是建立在第 1 代移动通信系统(1G)的基础上。第一代移动通信系统主要是基于蜂窝结构组网,直接使用模拟语音调制技术。其主要特征是用模拟方式传输模拟信号,具有涉及的业务量小、质量低、安全性差、没有加密以及速度慢等缺点。早期的手机不仅体积大,通信质量低,而且手机与通信资费昂贵,只有小部分人使用,成为精英阶层专属的"奢侈品"。

第二阶段,数字手机阶段。它是建立在第 2 代移动通信系统(2G)和第 2.5 代移动通信系统(2.5G)的基础上。第二代移动通信系统主要是基于数字传输的,并且有多种不同的标准(如 GSM、CDMA、ADC、PDC等)。其中,GSM(Global System for Mobile Communication,全球移动通信系统)是目前使用最普遍的一种标准,采用数字传输技术并利用用户识别模块(SIM)技术鉴别用户,通过对数据加密来防止偷听。GSM 通过技

131

术的革新增加了网络中信息的传输量,但它不能实现全球无缝漫游。①
第 2.5 代移动通信系统(2.5G)是 2G 向 3G 发展的过渡。通用无线分组
业务(GPRS)可以看作是在 2G 和 3G 之间移动通信技术发展过渡阶段的
产物,它是一种数据业务,能够使移动设备发送和接收电子邮件及图片信
息。② 与模拟式阶段的手机相比,它具有信号稳定、通话清晰、信息量大、
安全可靠、涉及业务量广泛等优点。数字阶段的手机除了通话功能以外,
最突出的功能是短信,它使得信息的交流有了新的方式,开辟了信息传播
的新模式。

　　第三阶段,智能手机阶段。它是建立在第 3 代移动通信系统(3G)和
第 4 代移动通信系统(4G)基础上的。3G 统一不同的移动技术标准,使
用高的频带和 TDMA③ 技术传输数据来支持多媒体业务,其主要特点是
无缝全球漫游、高速率、高频谱利用率、高服务质量、低成本和高保密性
等。④第 4 代移动通信系统(4G)是集 3G 与 WLAN⑤ 于一体,包括 TD-
LTE 和 FDD-LTE 两种制式,它的主要特征是信息数据传递的超高速,能
够即时传输高质量的音频、视频和图像等。所以智能阶段的手机,除了通
话和短信的基本功能外,还实现了即时传送数据信息和视频通话,并通过
自由选择安装的由第三方服务商提供的应用程序(APP),满足了个人对
信息的需求。随着目前 4G 的深入发展,智能手机逐渐表现出强大的媒
介属性。中国互联网信息中心于 2014 年 7 月发布的《第 34 次中国互联
网络发展状况统计报告》显示,截至 2014 年 6 月,我国网民上网设备中,
手机使用率达 83.4%,首次超越传统个人计算机整体使用率(80.9%),
手机作为第一大网络终端设备的地位更加稳固。⑥

　　以上的三个阶段,使手机实现了从一个简单的人际沟通工具向大众
媒体的跨越。那么,这个新的大众媒体具有什么样的特点呢?不少人把
手机称为"第五媒体",认为它是网络媒体的延伸。手机天然具备网络传

---

① 彭小平.浅析移动通信技术的演进[J].通信技术,2007(6):16-18.
② 彭小平.浅析移动通信技术的演进[J].通信技术,2007(6):16-18.
③ TDMA(Time Division Multiple Access),即时分多址,是把时间分割成周期性的帧,每
一个帧再分割成若干个时隙向基站发送信号,在满足定时和同步的条件下,基站可以分别在各
时隙中接收到各移动终端的信号而不混扰。
④ 彭小平.浅析移动通信技术的演进[J].通信技术,2007(6):16-18.
⑤ WLAN(Wireless Local Area Networks),即无线局域网,一种数据传输系统。
⑥ 中国互联网信息中心.第 34 次中国互联网络发展状况统计报告[R].2014-07-21.

播的相关优势(如互动性、即时性等),除此以外还有高度的随身性、便携性和私密性的特点。这些特点使得手机成为一个集服务功能、新闻功能、娱乐功能、经济功能于一身的新的大众媒体。①

3. 移动终端之平板电脑的发展

移动终端除了手机以外,平板电脑也是这两年发展起来的普及率较高的一个典型。平板电脑,也叫平板计算机,是一种小型、方便携带的个人电脑,以触摸屏作为基本的输入设备。② 它的出现改变了传统电脑需要用鼠标和键盘进行交互的方式,触摸屏的出现让用户可以通过手写识别、屏幕上的软键盘等方式进行输入。

平板电脑的构想最早诞生于 20 世纪 60 年代末,美国加利福尼亚州施乐帕洛阿尔托研究中心的艾伦·凯提出了一种可以实现用笔输入信息的,叫作 Dynabook 的新型笔记本电脑的想法。然而,这仅仅停留在构想层面,没有真正实现。第一台商用平板电脑是 1989 年 9 月上市的 GRiD Systems 制造的 GRiDPad,它的操作系统基于 MS-DOS。它的出现让业界为之震惊,笔触和手触奠定了平板电脑的交互方式,但由于技术门槛与制造成本等实用性的原因,它并没有得到普及。这之后,平板电脑的概念由微软公司在 2002 年再次提出,微软在纽约正式发布了 Tablet PC 及其专用操作系统 Windows XP Tablet PC Edition,但当时硬件技术水平还未成熟,而且所使用的操作系统是为传统电脑设计,并不适合平板电脑的操作方式。③ 直到 2010 年,苹果公司发布了 iPad,重新定义了平板电脑的概念和设计思路,平板电脑才真正进入大众的视野,并掀起了一阵狂潮。这之后,虽然有惠普的 TouchPad,三星的 GALAXY Tab,以及联想、宏碁、华硕等公司推出的各式平板电脑以瓜分平板电脑市场,但 iPad 的销售始终火爆,以至于很多人都把 iPad 当成是平板电脑的代名词。

以 iPad 为代表的平板电脑,曾被人认为是放大版的 iPhone,又因为它本质上呈现出计算机的特性,因此,它实际上被认为是笔记本电脑和智能手机的结合体。苹果公司平板电脑的成功是因为把 iPad 定位在介于

---

① 匡文波. 手机媒体:新媒体中的新革命[M]. 北京:华夏出版社,2010:4

② 商艳青. 细说平板电脑发展史[EB/OL]. [2014-07-24] http://news. xinhuanet. com/photo/2012-07/24/C_123461349. htm.

③ 商艳青. 细说平板电脑发展史[EB/OL]. [2014-07-24] http://news. xinhuanet. com/photo/2012-07/24/C_123461349. htm.

笔记本电脑和智能手机之间,实现了屏幕体验、易操作性和易携带性方面的平衡。再加上第三方服务商不断开发平板电脑适用的应用程序,用户体验开始逐渐聚焦在影音、游戏、社交、资讯等几个方面,体现出平板电脑强大的使用黏性。

二、移动互联网的概况

1. 移动互联网的定义

虽然近两年,移动互联网呈现出井喷式的快速发展态势,但是到目前为止,对于什么是移动互联网还没有一个统一的定论。

其中,比较有代表性的是中国工业和信息化部电信研究院在 2011 年的《移动互联网白皮书》中给出的移动互联网的定义:"以移动网络作为接入网络的互联网及服务,包括三个要素:移动终端、移动网络和应用服务。"[1]上述定义从广义的角度出发,指明了移动互联网两方面的含义:一方面,移动互联网是移动通信网络与互联网的融合,用户以移动终端接入无线移动通信网络(2G 网络、3G 网络、WLAN、WiMax 等)的方式访问互联网;另一方面,移动互联网还产生了大量新型的应用,这些应用与终端的可移动、可定位和随身携带等特性相结合,为用户提供个性化的、位置相关的服务。[2]

当然需要强调的是,移动互联网不是为移动用户单独建立的一个网络,它是移动通信网络和互联网的结合,所以它集合两者的优势,更好地满足了移动用户的需求,同时也提升了移动用户的使用体验。

2. 移动互联网的发展

随着宽带无线接入技术和移动终端技术的迅速发展,全球已经进入移动互联网技术时期的早期阶段(计算机技术先后经历五个发展时期:大型机、小型机、个人电脑、桌面互联网、移动互联网)。[3] 在中国,进入移动互联网时期的早期发展过程可以分为三个阶段:

---

① 中国工业和信息化部电信研究院. 移动互联网白皮书[R]. 2011.

② 罗军舟,吴文甲,杨明. 移动互联网:终端、网络与服务[J]. 计算机学报,2011,11(34):2029-2051.

③ Morgan Stanley. *Mobile Internet Research*[R]. 2011.

第一阶段，2001 年至 2005 年，SP(Service Provider，服务提供商)①阶段。通过 WAP(Wireless Application Protocol，即无线应用通讯协议)服务，使得移动互联网有了一个通行的标准，可以把互联网中的信息和业务引入到移动终端上。借助手机 WAP 浏览器浏览 WAP 站点，让手机随时上网，享受诸如新闻资讯、邮件收发、在线游戏以及移动数据下载等多种服务。其中，最具代表性的 WAP 站点是 2001 年 11 月 10 日中国移动通信开通的"移动梦网"。通过移动梦网，中国移动通信这个服务提供商向客户提供移动数据业务，如图片、铃声、笑话等一些内容。由于资源相对少量，而用户数量庞大，所以一切都以服务提供商为中心，收入非常可观。随后几年很多服务提供商因为提供这些移动数据获得了丰厚的利润，但因为缺乏规范服务以及有效的监管，之后的 SP 市场备受诟病。2005 年11 月，中国移动推出一项政策，禁止 SP 在免费 WAP 上推广业务，一个月后，中国移动宣布不再向免费 WAP 网站提供用户的号码和终端信息，这让 SP 和 WAP 提前进入了寒冷的冬季。

第二阶段，2006 年至 2008 年，互联网应用和服务的延伸阶段。这一阶段中，我们看到互联网上的成熟应用和服务被尝试搬移到移动互联网。比如，UC 尝试把互联网上的浏览器延伸到移动互联网上，3G 门户尝试把传统门户网站搬到移动互联网。这些尝试都从注重移动用户体验的角度出发，丰富了移动互联网上的应用和服务。移动互联网开始成为互联网的重要补充，占据着用户的碎片化时间。但是这些尝试都面临着一些类似的问题，比如不同平台的兼容性问题，盈利模式无法突破的问题等。

第三阶段，2009 年至今，移动互联网独立发展阶段。2009 年 1 月 7日，在工业和信息化部把国内 3G 牌照发放给中国移动、中国电信和中国联通后，我国正式进入第三代移动通信时代。这直接促使这一阶段移动互联网应用和服务的大升级。移动互联网上的服务和应用不再由互联网上的延伸而来，而是专门为移动互联网以及移动用户开发，适合在移动终端上使用，因此互联网反过来成了移动互联网的一个补充和延伸。这一阶段，移动社交、移动电子商务等纷纷兴起，以移动用户为中心，不断满足了移动用户各种个性化的需求。

---

①　SP 是通过移动通信网和定位技术获取移动终端(手机)的位置信息(经纬度坐标数据)，开展一系列应用服务的新型移动数据业务。

135

进入 4G 时代后,移动互联网更加注重碎片化的思维方式;移动终端在原有的手机、平板电脑的基础上,开始触及可穿戴设备,扩大了移动终端的范畴;不同的移动终端的用户体验更加受到重视,人性化成为一切的出发点;不同移动终端由于 HTML5 技术的支持,不再完全聚焦于流量的捕获,而是把注意力放在对"粉丝"的培养上;商业模式更加多样化,更加体现焦点的思维,细分市场的潜力无限;基于位置的数据挖掘将带来更加精准的营销突破。这些都是目前移动互联网发展过程中呈现的趋势。

第二节 移动广告的发展概况

一、移动广告的定义

和移动终端与移动互联网一样,移动广告的概念也没有形成统一的认识,类似的概念(如移动终端广告、移动互联网广告、手机广告、智能手机广告等)层出不穷。目前,比较有代表性的概念总结有:

普遍认为移动广告的定义是,通过移动设备(手机、PSP、平板电脑等)访问移动应用或移动网页时显示的广告。[①]

无线广告协会(WAA)将移动广告定义为"通过无线网络,将广告信息传送至手机或 PDA 等无线通信设备上以达到广告推播的效果"。

以上两种定义的表述角度相似,虽然指出了移动广告的载体,但是没有表明移动广告的特征,而且对移动广告具体的内容形式也没有涉及。

IMAP(Innovative Interactive Mobile Advertising Platform,2003)将移动广告定义为,使用移动媒体来传送广告信息,鼓动人们购买产品和服务的商业活动。[②] 该定义虽然大致点明了移动广告的载体,以及移动广告的本质,但是没有说明移动广告的优势以及具体的内容形式。[③]

2002 年美国宾夕法尼亚州增补的《电信广告法案》中就"移动广告"

---

① 转引自沈祥.国内用户使用移动广告行为意向的实证研究[D].合肥:中国科学技术大学,2008:1.

② 转引自沈祥.国内用户使用移动广告行为意向的实证研究[D].合肥:中国科学技术大学,2008:6.

③ 转引自沈祥.国内用户使用移动广告行为意向的实证研究[D].合肥:中国科学技术大学,2008:6.

给出了定义："电信运营商、内容提供商或者非运营商机构以及个人提供经过接收者许可的文字、表格、图片或语音电话和信息用来推销商品和服务,但事先经过接收人邀请双方已经建立商业关系的除外。"①该定义清晰地指出了移动广告的主体构成,也交代了移动广告的内容形式和移动广告的本质,特别是"经过接收者许可"的提出,强调了移动广告推送的前提,但是对于移动广告的优势特征没有表现,显得不够完整。

　　本书作者在此基础上,提出相对完整的移动广告的定义。所谓的移动广告指的是,在移动设备终端(手机、平板电脑等)上,通过文字、图片、语音、视频等内容形式进行商业信息的传播,并通过这些商业信息影响受众心理、行为的广告模式。

二、移动广告的发展

　　近年来,全球的移动广告市场呈现出高速增长的态势。根据 eMarketer 的数据,2013 年全球移动广告花费增长 105.0%,达到 179.6 亿美元;Facebook 和 Google 占全球移动市场的绝大多数份额,这两家公司的移动广告净收益共增长了 69.2 亿美元;2014 年,移动广告将以 75.1% 的增长速度,达到 314.5 亿美元,占全球数字广告花费的 1/4。② 根据 eMarketer 的数据,2013 年在亚太地区,移动网络广告花费占所有数字广告花费的 20.2%,并占该地区所有广告投入的 5.5%;2014 年,亚太地区的移动网络广告总花费将超过 83.6 亿美元,到 2017 年将达到 253.8 亿美元;2013 年和 2014 年两年,移动网络广告花费增长 210%。③ 其中,由于日本较早普及了智能移动终端,因此移动广告起步较早,在 2012 年以前,日本曾长期占据全球移动广告市场规模排名第一的位置。

　　在全球移动广告市场快速增长的刺激下,国内的移动广告市场发展也势如破竹。普华永道最新发布的报告称,2014 年,中国移动广告的市场规模将达到 125 亿元人民币,到 2017 年预计将达到 257 亿元人民币,

137

---

　　① 转引自沈祥.国内用户使用移动广告行为意向的实证研究[D].合肥:中国科学技术大学,2008:6.

　　② eMarketer. eMarketer:2013 年移动广告市场飙升 105%达 180 亿美元[EB/OL].[2014-03-20]http://www.199it.com/archives/203090.html.

　　③ 佚名.移动广告消费同比增 210% 中国超过日本[EB/OL].[2014-10-29]http://game.hiapk.com/chanye/sj/1557762.html.

成为中国增长最快的行业。① 从 2012 年开始，中国的移动广告市场大发力，首次赶超日本的移动广告市场，之后，中国连续占据着亚太移动广告市场第一的位置，充分说明了中国移动广告市场的发展潜力。

当然，在我国移动广告市场高速发展的背后，也隐藏了诸多问题。垃圾短信的泛滥，山寨 APP 的滋生，平台的无序混乱，对个人隐私的侵犯，技术的发展瓶颈，监管的落后，等等，都制约着移动广告市场的进一步发展。高速发展下，虽然呈现了一片繁荣景象，但这些负面问题同样需要关注，以保障我国的移动广告市场走向良性、健康、有序的发展道路。

三、移动广告的类型

按照内容形式划分的话，移动广告可分为文本广告、图片广告、Flash 广告、视频广告、语音广告、应用发现、社交媒体类等。按照承载方式划分的话，移动广告可分为短信/彩信广告、彩铃/IVR② 广告、WAP 广告、APP 内置广告、二维码广告、LBS③ 定位广告、RFID 无线识别广告等。

除此以外，还有按照移动广告的广播形态将移动广告分为 Push 类（推送式）和 Pull 类（浏览式）两种不同的广告类型。由于这种分法突出了移动广告信息在推广策略方面的不同，所以本书作者将以此为重点，详细地分析两者的特点。

1. Push 类广告

Push 类广告由服务器主动将信息发往移动终端，包括短信广告、彩信广告、手机报刊等形态。这种推送类的移动广告方式比较传统，也已经被广泛使用。推送类的移动广告有着一定的覆盖性，较好的实时性和到达性，还能体现一部分的互动性。

由于这种广告是服务器主动发送信息到移动终端的，所以会涉及推送是否经过受众许可的问题。没有经过受众许可就直接推送的移动广告，很有可能不是受众需求的广告信息，会对受众造成干扰，甚至使受众产生反感。目前大量垃圾短信广告的存在，就是因为没有从用户处获得

---

① 周锐.普华永道:2014 年中国移动广告市场规模将达 125 亿元[EB/OL]. [2014-05-21] http://finance. chinanews. com/it/2014/05-21/6195222. shtml.

② IVR:Interactive Voice Response 的缩写，即互动式语音应答，与固定电话的声讯服务类似。

③ LBS:Location Based Services 的缩写，即基于位置的服务。

许可便大肆推送,使得用户对短信广告的接纳度大幅下降。对于如何获得用户的许可,或者降低用户的被干扰感,移动广告在不断的尝试中也积累了一定的实践经验。例如,东风标致曾在车展上与到场用户进行互动,邀请用户编辑短信发送自己喜爱的车型,然后可获得东风标致提供的精美小礼品。活动过后,东风标致通过短信方式邀请这些用户前来试驾相应的车型。[①] 用户在接收到试驾的短信邀请后也没有对此提出不满和抱怨,反而积极地参与。这说明这种实时互动的方式能够吸引用户的参与,也代表着获得了目标用户的许可,为接下来的短信广告推送奠定了基础。此外,类似手机报等广告形式都来自于订阅,是受众主导的先行行为,这在一定程度也代表着用户的许可,因而受众对这些移动广告有着较好的广告态度。

2. Pull 类广告

Pull 类广告是目前主流的一种广告形态,指的是通过移动终端显示的网页或安装的应用程序,展示广告信息以吸引用户主动浏览的广告方式。Pull 类广告的曝光依赖于用户主动接触媒介的行为,只有受众主动打开移动网页或登录移动应用程序后广告才被显示。这与 Push 类广告不需要用户的接触即可由服务器主动推送的方式形成了巨大的反差。Pull 类广告主要包括移动网页广告和移动应用程序广告两种形态。

移动网页广告是指将广告产品或品牌信息投放到适配移动终端的网站页面上的一种广告形态。如同传统互联网上的网页广告一般,它是在受众主动的网页浏览行为发生时为受众展示的一种广告形式。与传统互联网的网页相比,移动网页与移动终端的屏幕大小更加适配,更加注重移动终端用户的体验。移动网页广告以 Banner 广告、关键字广告居多,用户可以通过点击广告,以获得进一步的信息,或者跳转到电商平台让用户直接购买,方便用户随时随地与广告信息进行各种互动。虽然目前移动网页广告的展示空间较少,呈现形式较为简单,对网页的正常浏览行为也存在一定的干扰,但由于移动网络广告公司凭借其整合能力,搭建了智能广告投放系统,广告主可选择网站频道、时段、运营商等进行广告投放,移动网页广告的精准定向程度也越来越高。[②]

139

---

① 艾瑞咨询.2010 年中国手机广告行业发展报告[R].2010.
② 艾瑞咨询.2010 年中国手机广告行业发展报告[R].2010.

　　移动应用程序广告是指将广告主的产品或品牌信息投放到移动终端安装的应用程序上的移动广告形式。由于移动应用程序(APP)是专门为移动终端开发的,与移动网页相比,它在视觉体验、页面加载、信息推送、加载速度上有着强大的优势,因此移动应用程序广告的表现形式更多样、表现力更强、到达率更高,受众的接纳程度也更高。具体来说,移动应用程序广告表现形式有 Banner 广告、插屏广告、积分墙(含推荐墙)、植入广告、品牌 APP 等。

　　Banner 广告与传统互联网上的旗帜广告类似,只是承载平台转换到移动互联网的应用程序内。它通常出现在应用程序界面的顶部(如图 7-2所示)或底部,一般不覆盖页面中的内容,但由于面积较小,广告信息有限,广告创意的施展空间不大,所以对受众的吸引程度一般。

图 7-2　新浪微博 APP 界面顶部 Banner 广告

　　插屏广告是目前主流的移动应用程序广告,是在特定时机以弹窗或全屏形式展现信息的一种移动广告形式。开发者可以充分考虑广告的曝光时机,比如根据实际情况,把插屏广告设置在打开应用程序、选关界面、回合结束、暂停或翻页等时刻。图 7-3 所展示的插屏广告就是打开网易新闻这个移动应用程序时以全屏的方式呈现的,2～3 秒后会自动关闭,进入移动应用程序的内容页面。此外,还可以控制插屏广告的展示时间和频率,避免过度曝光,有效地防止受众对广告产生负面态度。

图 7-3　打开网易新闻 APP 时出现的插屏广告

　　积分墙最早由移动广告平台有米广告提出，它是在一个移动应用程序内展示各种积分任务（如下载安装推荐的优质应用程序、注册、填表等），以供用户完成任务获得积分的页面。① 如图 7-4 展示的便是在某游戏移动应用程序内显示的积分墙。积分墙中有推荐其他的移动应用程序，用户完成下载后，就可以获得相应的积分，并用积分的消耗换取利益，达到诸如过关、解锁新功能新场景等目的。积分墙还有另外一种形式，即无积分的形式，称为推荐墙。通常推荐一些热门的移动应用程序，或提供直接的下载链接，方便用户下载。但不论是积分墙还是推荐墙，都是一种激励式的广告形式，要求用户的主动接触，因此推广效果较好。再加上可以根据用户的选择，推荐相近的、类似的移动应用程序，因此在实际操作中用户的接纳度较高。

---

　　① 韩迪. 手机广告积分墙：用户看广告获积分买道具［EB/OL］.［2013-10-28］http://tech. ifeng. com/mi/detail_2013_10/28/30710912_0. shtml.

图 7-4　积分墙

　　还有一种是植入广告，即以内容、道具、背景等方式植入到移动应用程序中，这对移动广告来说，也是屡见不鲜的。由于广告信息的植入以不干扰应用程序用户的正常使用为原则，所以广告信息常常能在潜移默化中对用户产生影响。比如"疯狂游戏"这款移动应用程序中巧妙地融入了品牌广告的信息，把 Nike、IKEA 之类的品牌作为关键词，既达到了广告宣传的目的，又不影响用户的游戏互动，因而能产生较好的广告效果。

　　以上移动应用程序广告若要产生良好的效果，其基本要求是必须以优质的移动应用程序为载体。但实际上，目前移动应用程序问题丛生。如应用程序的山寨化和同质化现象严重，应用程序的用户体验和交互体验不佳，应用程序的使用黏性差等，都在困扰着它的发展。所以，对于移动应用程序广告来说，载体的选择至关重要。但对有实力的广告主而言，他们可以通过自建品牌 APP 的方式解决这个问题。

　　品牌 APP 是品牌主为了更好地推广自己的品牌、产品或者树立品牌形象，专门打造一款品牌专属的移动应用程序，以实现发布信息、强化受众记忆、满足受众需求、增加消费渠道等直接目的。虽然目前很多品牌主都已经意识到品牌 APP 的重要作用，但在具体实践中，往往把传统互联网中的相关品牌信息直接转嫁到 APP 上，完全忽视用户的需求。而好的品牌 APP 应该是能够洞悉用户需求，并能够满足需求的。比如，泰国咖啡连锁店 CafeAmazon 开发了一款名为 Drive Awake 的功能性 APP。当用户在开车的时候开启这款应用程序,它便可以利用眼睛捕捉技术监测用户看手机时的眼神动态。如果应用程序检测到用户长时间闭眼,就会提醒用户,以有效地降低事故率。当然这款应用程序在提供安全驾车的提醒功能以外,更重要的是还内置了咖啡馆的位置定位功能(如图 7-5 所示),方便用户在第一时间找到最近的 CafeAmazon,驱赶疲劳。此案例充分说明了洞悉用户需求以及将用户需求与品牌产生联系的重要作用。

图 7-5　泰国咖啡连锁店 CafeAmazon 开发的名为 Drive Awake 的 APP

第三节　移动广告传播的优势和劣势

一、移动广告传播的优势

根据移动广告的定义,再结合移动终端和移动互联网的具体发展,可以得出移动广告传播具有以下优势:

1. 移动性与场景化

由于移动终端的可便携性,利用移动终端进行的信息传播可以突破时间和空间的限制,所以,理论上只要信号通畅,移动广告就可以在任何时间任何地点进行传播,广告信息传播朝着更深更广的方向发展。

用户在使用移动终端,享受移动互联网带来的应用和服务时会区分不同的时间、环境等情景内容,这些情景内容就构成了使用的场景。所谓移动广告的场景化指的是移动广告在推送过程中呈现出更加考虑用户的使用习惯,根据用户所在的时间和环境推送用户感兴趣的广告信息的倾向。由于目前的移动终端普遍采用全球定位系统技术(GPS),移动广告可以根据用户即时的具体位置提供实时的广告信息推送,比如当用户走到电影院门口时,移动广告获得用户当时的位置反馈,把相应电影院的优惠券推送给此用户。又或者,根据用户之前的设置、之前的搜索等行为习惯等推送能够满足用户需求的广告信息。

2. 实时性与到达性

与其他新媒体类似的是,移动媒体上的信息传播同样具有即时性,只要信号通畅,随时随地都可以发布信息及接收信息。由于移动终端的随身性、可携带性的优势,对绝大部分用户而言,手机之类的移动终端是 24 小时不离身、24 小时不关闭的。因此,它能够保证广告信息随时随地被接收,还可以实时提醒广告用户信息的到达,并且有效地保存广告信息。这些优势保证了移动广告目标受众对广告信息的接触,增加了广告信息的浏览量,从而有效地提升了移动广告的效果。

3. 受众的互动性和主导性

受众能够在移动终端上获得的互动体验比以往任何一种媒介都更丰富,因为移动终端上有着多种传感器,如 GPS、三角陀螺仪、摄像头、光线传感器等。通过这些传感器,受众在现实生活中的各种信息(如位置等)、状态(如运动、光线等),都能被感知,并产生不同电流,作为数据输入移动终端,从而实现不一样的交互。这使得移动广告的互动方式不仅更加多样化,也更加注重用户的体验。

也正是因为多样化交互方式的存在,受众会根据实际的状况,选择合适的方式来与广告主或其他受众进行互动沟通,如地理位置签到、拍照上传、二维码扫描等。这些方式无一例外都是由受众发起的,充分体现了他们在移动广告传播中的主导性。

4. 分众的个性化和可识别性

在信息技术的高速发展下,大量信息同时出现在受众面前,受众面对信息狂流的巨大冲击,会对信息产生回避的心态,自然无法把所有信息都全盘接收。他们会对信息进行筛选,选择性地接触、理解和记忆,这对广

144

告主而言意味着广告的浪费。而为了让移动广告产生效果,必须让受众接触、理解、记忆广告信息,这便要充分了解受众的兴趣和需求。碎片化浪潮冲击了大众,加剧了分众的形成,分众与分众之间的兴趣和需求差别变大,即分众的个性化显现。因此,需要根据他们具体的、个性化的兴趣和需求,量身定制广告信息。

移动终端具有唯一性,比如每个手机都有一个专属的 IMEI(International Mobile Equipment Identity,移动设备国际身份码),如同手机的身份证。所有的行为定向,包括手机应用或服务的使用场景、使用频率,移动搜索的具体内容,主动发布的状态,等等,最终都可以被统一到手机的IMEI。这说明,移动广告分众的基础信息、兴趣爱好、期望需求等不仅可以被抓取,甚至还可以精准到个人。移动广告的受众是可以被识别的,这为移动广告的精准投放建立了重要的基础。

二、移动广告传播的劣势

虽然移动广告传播有着众多的优势,但是,移动广告传播同样存在着一些制约它发展的劣势。具体来说:

1. 广告的强制性与干扰性

与传统媒体不同,受众如果不喜欢广告,可以轻易切断与广告的接触,选择不看广告、换台、关掉媒体的方式以阻止广告的到达。移动广告中的一部分广告形式通常强制发布,受众面对广告没有拒绝接收的权利。比如,大部分垃圾短信广告就是强制性地向用户发送,用户无条件地接收,这与普遍强调用户体验、讲究用户许可的新媒体广告时代显得格格不入。又由于移动广告传播具有实时性和易保存性的特点,一旦广告信息发送时机错误、频率选择不当,甚至目标受众选择失误,就会浪费受众的注意力,对受众造成干扰,引发受众的反感情绪。据艾瑞咨询 2014 年 1 月发布的《2013 年中国移动安全数据报告》显示,以安卓手机为代表,2012—2013 年的手机恶意软件恶意行为中"无提示私自发送短信"的状况高达 52.2%[①],高居恶意软件恶意行为的第一位,可见该问题的普遍性。

145

---

① 数据来源:艾瑞咨询.2013 年中国移动安全数据报告[R].2014.

2. 隐私侵犯的风险

虽然移动广告传播受众的可识别性为精准广告的投放建立了一定的基础,但是对受众的基本信息、兴趣爱好、期待需求的深入了解实际上有可能会造成对受众的隐私侵犯,或者让受众感觉到隐私有被侵犯的可能,这极易对受众的广告态度产生负面影响。且移动互联网上的很多免费应用,其中以安卓平台上的应用居多,都被植入了恶意的代码,只要消费者安装、运行了这些应用,个人信息就可能被不法分子获取。一旦发生隐私外泄,接下来,受众很有可能会遭受到垃圾广告的狂轰滥炸、钓鱼欺诈的攻击等众多麻烦,影响移动终端的正常使用。据艾瑞咨询《2013 年中国移动安全数据报告》显示,窃取用户隐私资料的状况占据安卓手机恶意软件恶意行为的第二位,占比 49.6%[①],这说明移动信息传播中隐私被侵犯的高风险性。

3. 广告的呈现信息有限与广告的表现力弱

由于移动终端的便携性,使得移动终端屏幕大小有限,移动广告的内容形式往往只能以简单的文字,少量图片,小段视频、音频等大致呈现。这使得移动广告的信息传播量受限,也无法良好地施展广告的表现力,广告效果因此大打折扣,影响用户的广告浏览体验,对广告创意的发挥也增加了很多限制。这些问题的存在都降低了移动广告对受众的吸引程度,影响着移动广告的实际效果。

第四节　移动广告的传播策略

基于移动终端本身具备的优势,以及移动互联网这几年的普及与发展,移动广告呈现出巨大的价值和发展潜力。接下来,本书作者将从移动广告传播过程涉及的几大要素出发,集中探讨移动广告的传播策略,以提升移动广告的传播效果。

一、移动广告主体的相关策略

在移动广告市场产业链中有着众多的参与者,艾瑞咨询集团在《2011

---

① 　数据来源:艾瑞咨询.2013 年中国移动安全数据报告[R].2014.

年中国移动营销行业发展研究报告》中,将广告主和广告受众之间的产业链角色细分为广告代理公司、广告网络公司、移动广告应用平台、应用广告优化平台、数据监测方和移动媒体。[①] 除去广告受众,其他都可以作为移动广告主体的组成部分。

1. 规范移动广告市场

移动广告的参与者相对传统媒介环境下的参与者而言,显得更为复杂,这就造成了移动广告主体界定的困难,再加上对各参与者权利和义务的规定也不够明晰,一旦发生违法违规的现象,责任认定就显得异常困难。所以,当务之急是要通过法律法规的起草或修订,确定相关的参与者为权利责任关系清晰的主体。

由于目前很多移动广告的广告主和移动广告的代理商、渠道商等都把商业利益放在第一位,缺乏对受众需求的考虑,把移动广告的互动性搁置一边,采用单向的、强制的沟通策略,不经受众的许可,就直接、大量、反复地将各种广告信息推送至受众的移动终端上,导致目前垃圾短信广告泛滥的现状。所以,必须针对这些市场问题,出台相关的法律法规,加大行业与民众的监督作用,以保障受众的合法权益。

2. 提升对移动广告价值的认识

目前,广告主已经基本认识到移动广告传播的一些优势,开始进入移动广告市场。由于目前尚处在初步尝试的阶段,"高频次、小投入"成为显著的投放特点。但是,相关问题也随之产生。广告主普遍认为移动广告是传统互联网广告的延伸,习惯性地把传统互联网上的内容原封不动地放到移动互联网上,无视移动终端、移动广告受众、移动广告传播等的特殊性,自然无法获得预期的广告效果。比如,很多广告主都为自己的品牌开发了 APP,但没有充分考虑到受众的需求,可能仅仅只是作为一个产品、品牌和企业信息的展示平台,这就无法体现移动广告在互动性方面的优势,最后成了一个下载量不高,使用黏性较低的 APP,自然无法达到广告主的预期。因此,对于广告主而言,必须深入了解移动广告与传统互联网广告的巨大差别及移动广告在整合营销中起到的作用,从而提升对移动广告价值的认识。

---

① 艾瑞咨询.2011 年中国移动营销行业发展研究报告[R].2011.

3. 提升移动媒体的形象

移动媒体是移动广告赖以生存的基础,移动广告信息正是通过移动媒体作为渠道,才能顺利地到达目标受众。但是,目前移动网站、移动应用程序等移动媒体资源良莠不齐,移动媒体上的内容可信度较低,再加上垃圾广告的疲劳轰炸造成受众对移动广告的厌烦,甚至对移动媒体产生排斥的心理。所以,必须以用户为中心,推出优质的移动媒体内容,树立移动媒体的正面形象,以提升受众对移动媒体的信任感和信心,从而增强受众对移动广告的好感度。

二、移动广告内容与形式的相关策略

移动广告通过广告的内容和形式,展现给目标受众相应的广告信息,因此,移动广告内容和形式的相关策略的重要性不容忽视。

1. 围绕内容,与受众进行深度沟通

对于移动广告而言,由于展示的空间、加载速度、接收成本等多方面的限制,所能呈现的信息量非常有限。部分移动广告,以移动网页或者移动应用程序上的 Banner 广告为例,只是简单地进行品牌形象的展示或者产品促销信息的发布,不仅无法完整地呈现所有的品牌和产品信息,而且广告的表现力和冲击力都显得较弱,因此对受众的吸引力相对有限。互动性是移动广告的一大优势,解决移动广告信息量小、表现力弱的最佳方式是保证受众与信息的充分互动。所以,移动广告内容一旦吸引用户的关注,就需要迅速提供各种可能抓住用户,使之沉浸在互动中,从而促成深度沟通。然后根据受众的反馈,在接下来的沟通过程中渗透并反映他们需要的相关品牌与产品的信息,使受众在无意中接收广告信息。

2. 以移动广告的交互方式为突破口,创新移动广告的形式

Push 类移动广告中存在部分"简单粗暴"的广告形式,与移动互联网的当下发展状况显得格格不入,也无法唤起受众的好感。对于受众而言,在了解用户的需求、洞察用户使用场景的基础上,强调创新互动的移动广告有着更强的吸引力。2013 年,电子商务平台京东成为《我是歌手》第二季的独家电商合作伙伴。当时,它为广大观众推出了在观看比赛之余可参加的移动客户端互动抽奖新玩法——"喜摇摇"(如图 7-6)。具体参与方式是,在《我是歌手》播出时间段,只要打开京东 APP 点击"喜摇摇"摇

晃手机,即有可能获得百万京东券和现场门票。① 在已有 APP 中增加了
"喜摇摇"的功能,对用户来说具有一定的新鲜感,能够吸引 APP 使用者
的参与,提升移动广告的效果。与此同时,这种广告形式上的创新,又实
现了手机和电视的双屏互动,激发起观众的参与热情,从而扩大了 APP
的用户量,为之后的广告信息传播创造了用户基础。

图 7-6　京东 APP 为《我是歌手》观众创新的互动形式——"喜摇摇"

目前,我们看到移动广告具备多种交互形式,如电话直拨、预约登记、
优惠券下载、地图导航、重力感应、SNS 分享、应用下载、视频播放、音乐
播放、摇一摇/吹一吹/刮一刮等。② 可以根据实际状况,把移动广告的多
种交互形式有机地组合在一起,形成多种体验,增强广告创意的表现力,
提升移动广告的吸引力。与此同时,也需要对限制较多的广告形式,如
Banner 广告等进行创新和变化,使之更加适应移动广告注重用户体验的
发展趋势。

---

① Socialbeta. 京东再推娱乐营销,和《我是歌手》一起"喜摇摇"[EB/OL]. [2014-01-26]ht-
tp://www. socialbeta. com/articles/case-study-jd-i-am-singer-2014. html.

② 艾瑞咨询. 2014 年中国移动广告行业年报[R]. 2014.

三、移动广告受众的相关策略

1. 增加许可的环节，降低移动广告的强制性

移动广告受众对移动广告的强制性抱怨不断，强制推送这种单向高压的方式虽然增加了广告的曝光机会，但是广告效果往往不尽如人意。移动媒体在信息传播中具有双向互动的优势，移动广告应利用移动媒体的这一优势，在广告推送之前，根据实际情况适当增加许可的环节，或者给予受众拒绝的权利，保障受众充分的自主性。比如，当用户注册网站会员的时候，可以询问用户今后是否希望收到相关广告信息的推送，或者在广告发送后，可以设置类似今后拒绝再接收此类广告信息的功能，方便用户根据自己的实际需要确定是否接收广告信息。

另外，广告主也应该进一步认识到广告强制性的危害，从尊重受众、为受众提供良好的体验出发，平衡并缓和受众与广告之间的关系。

2. 精准化受众的分类和需求，降低移动广告的干扰性

在不恰当的时间给受众发送移动广告，会给受众带来不必要的干扰，此外，把移动广告信息发送给不恰当的人群，同样也会给受众带来困扰，最终可能引起受众对移动广告的反感和厌恶。由于移动终端的唯一性，移动终端用户可以被准确地识别，再加上用户的行为可以被跟踪，所以可以相对精准地把握受众的属性分类和需求定位，从而实现在对的时间发送对的广告给有需求的受众。比如，可以根据用户下载APP的类型、用户的 APP 使用时间和频率、从 APP 读取到的用户地理信息及手机型号等，分析用户的相关属性和需求，从而为受众量身打造其感兴趣的广告信息，并在合适的时间进行推送，就会提升移动广告的针对性和有效性。

3. 保护移动广告受众的隐私安全

移动通信技术的高度发展，虽然带给我们更多信息获取上的便捷性，但同时也造成了隐私安全的不确定性。移动广告中，我们看到涉及受众隐私侵犯的问题频频发生。一方面是由于对用户的属性和需求分析是建立在把握用户信息的基础上，对用户信息获取的过程和分析的过程极有可能造成信息的泄露；另一方面由于部分广告主体还停留在利益至上的阶段，没有充分建立保护受众隐私安全的意识。因此，除了从法律层面保

障广告受众的隐私安全以外,还应该通过技术的手段规范对移动广告受众相关信息数据的提取与使用,从道德角度约束广告主体的行为,赋予舆论更广泛的监督权力,从而营造出能够保障受众隐私安全、相对健康的移动广告环境。

第八章　新媒体与社会化广告传播

　　"快乐昵称瓶"[①]是可口可乐公司 2013 年夏季针对中国大陆年轻消费者推出的一项创新性营销活动。在充分研究了时下年轻人消费文化及社交特点后,可口可乐公司独具匠心地选取了 70 多个诙谐幽默、极富个性色彩的网络流行称呼,如"有为青年""女神""纯爷们""小清新""才女"等,将其印在产品标签上,以"分享这瓶可口可乐给××"为号召,瞬间赋予了可口可乐"社交"的功能,为分享增添了无穷乐趣。全新包装的可口可乐在 5 月未卖先热,先是在社会化媒体上引起广泛关注,一经推出更是一路大卖,在年轻消费群体中获得了热烈反响,迅速成为年轻人彰显个性,与身边好友互赠昵称、分享快乐的新潮事物。

　　"快乐昵称瓶"营销活动不但创新地借助网络流行昵称来引起消费者的关注,同时还利用社会化媒体丰富的线上资源,再整合线下活动,清晰地指向全国的年轻消费群体。此外,可口可乐公司在"快乐昵称瓶"的基础上推出的个性化"昵称瓶定制"活动,创造了新一轮热点,消费者可以通过电商、微博、微信、手机 APP 等网络平台及参与地面路演活动的方式,为自己和亲朋好友定制印有个人名字的专属昵称瓶,进一步增进了品牌与消费者之间的互动,为消费者带来了独特的分享体验。活动从 5 月到 8 月底,贯穿整个夏季,引发了国内网民数亿次的分享。最终,与前一年同期相比,这场快乐的分享盛宴为可口可乐同类包装的产品销量带来了 20% 的增长,超出预期制定的目标。

　　"快乐昵称瓶"的成功显示了线上线下整合营销的成功,品牌在社会化媒体上传播,网友在线下参与购买属于自己的昵称瓶装可乐,然后再到

---

　　① 案例整理自 iwebad,可口可乐"快乐昵称瓶"荣膺 2013"中国最佳国际品牌建设案例"[EB/OL].[2013-10-24]http://iwebad.com/news/409.html.

社会化媒体上展开讨论,这一连串过程使得品牌实现了立体式传播。当然,作为一个获得了2013年中国艾菲奖全场大奖的优秀案例,可口可乐昵称瓶更重要的意义在于——它证明了在品牌传播中,社会化媒体不只是营销活动的配合者,也可以成为营销活动的核心。

以上案例说明,社会化媒体的出现不仅给予品牌信息新的传播渠道,更重要的是它改变了品牌信息的传播路径。我们看到,受众在这些品牌信息传播中不再仅仅是信息的被动接收者,还很有可能在信息继续传播的过程中起到中介和过滤的作用,再由他们把信息传递给更多的受众,从而扩大品牌信息传播的广度和深度。接下来,本书作者将对社会化媒体的含义、特征做全面梳理,再剖析社会化媒体的传播方式,以更深入地分析社会化媒体的发展对社会化广告产生带来的影响,并为社会化广告的效果提升提供一些建议。

第一节　社会化媒体的概况

一、社会化媒体的含义

在大部分社会化媒体的相关研究中,都用类似"人们彼此之间用来分享意见、见解、经验和观点的工具和平台"的语句来界定社会化媒体。这种定义的方式是从社会化媒体功能的角度进行概括的,但还没有完全揭示社会化媒体的本质。所以,本书作者尝试换一个方向,纵向了解社会化媒体这个词的由来,以探究社会化媒体功能背后更核心的本质。

"社会化媒体"来源于英文"Social Media"一词,最早于2007年出现在一本叫作 *What Is Social Media* 的电子书里,作者安东尼·梅菲尔德(Antony Mayfield)给出了定义:社会化媒体是一种给予用户极大参与空间的新型在线媒体。[①] 该定义强调社会化媒体用户的参与性,指出了社会化媒体的核心特征。

但是由于缺乏对"Social Media"概念的准确解释,国内学者对"Social Media"的研究一度出现了"社会化媒体""社会媒体""社会性媒体"等多种叫法,显得非常混乱。但是之后,"社会化媒体"成为大众普遍接受并广泛

153

---

① 转引自游恒振.社会化媒体的演进研究[D].北京:北京邮电大学,2012:8.

使用的一种翻译。因为"社会化"这个词更展现了人利用该类型媒体,融入基于互联网的网络环境和社会网络构建的社群性环境中的动态性,而社会、社会性等表述方式,就没有展示这样一个"Social Media"带来的动态影响。

除此以外,某些研究中,还把"Social Media"与"Social Network"(社交网络)等同起来。这可能是因为在社会化媒体中,信息是由处在社交活动中的人贡献的,社会化媒体的出现,也是互联网络和社会网络共同架构的结果,这就使得社会化媒体与社交网络产生千丝万缕的联系。但我们还是要明晰这两者的差别。社交更加强调的是一种活动,而社会化强调的是一种社会影响,覆盖社群的基本含义;媒体更加强调信息性,而网络更加强调结构性,可能更关注存在其中的人以及他们的互动和关联。实际上,某些社交网络在发展过程中,有了社会化媒体的倾向,如"Facebook这样的网站,它当然是一个社交网络,但又通过 share(分享)和 like(喜爱)两个按钮,使得网络中不断地流动着各种各样的信息,这个网络,事实上已经成为很多人获取信息的首要媒体渠道。更重要的是,这个网站依托的商业收入是来自广告,这样一种靠广告做收入的商业模式,不是媒体是什么呢?"①所以现阶段,社会化媒体中还渗透着一部分的社交性和关联性。

还有一些对社会化媒体的典型定义:2007 年,迪翁·辛齐克利费(Dion Hinchcliffe)认为社会化媒体的定义应遵循一些基础规则:以对话的形式沟通,而不是独白;参与者是个人,而不是组织;诚实与透明是核心价值;引导人们主动获取,而不是推给他们;分布式结构,而不是集中式。2009 年,丹尼尔(Daniel Scocco)认为社会化媒体是各种形式的用户生成内容,以及使人们在线交流和分享的网站或应用程序的集合。2010 年欧洲商学院的安德里亚斯·卡普兰(Andreas Kaplan)教授和迈克尔·哈恩勒(Michael Haenlein)教授对社会化媒体的定义是"一组基于互联网的应用,这些应用建立在 Web 2.0(内容的创造和交流来自用户产生的内容)的理念和技术基础之上"②。

---

① 魏武挥. 社交网络 VS 社会化媒体[EB/OL]. [2011-06-30] http://weiwuhui.com/4314.html.

② Andreas M. Kaplan, Michael Haenlein, Users of the world, unite! The challenges and opportunities of social media[J]. *Business Horizons*, 2010(5):59-68.

　　本书作者认为,社会化媒体是依托互联网络和社会网络建立的,集开放性、参与性、互动性为一身,便于人们彼此之间分享意见、见解、经验和观点的虚拟社区或网络,具有多种产品形态,具体包括博客(Blog)、维基(WiKi)、论坛(BBS)、社交网站(SNS)、播客(Podcast)、微型博客(Twitter)、内容社区(Content Community)等。从对社会化媒体的定义中,我们可以概括出社会化媒体具有公开、参与、交流、社区化等特点。

二、社会化媒体的分类

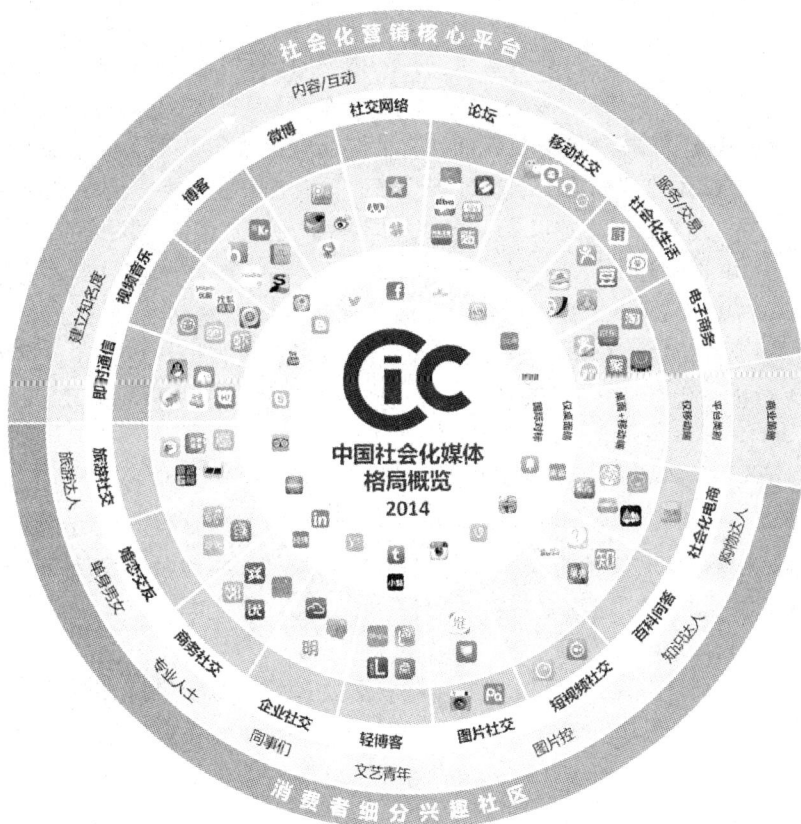

图 8-1　2014 年中国社会化媒体格局概览①

155

---

　　①　图片来源:CIC.营销去哪儿? 2014 年中国社会化媒体格局概览[EB/OL].[2014-02-27]http://www.meihua.info/a/31954.

　　社会化媒体的分类方式多种多样,传统意义上,按照上文提到的产品形态进行分类的方式非常普遍,即把社会化媒体分为博客、维基、论坛、社交网站、播客、微型博客、内容社区7种类型。社会化商业咨询的提供商CIC自2008年发布了第一版的中国社会化媒体格局概览至今,每年都会根据我国社会化媒体环境的最新发展对格局概览进行更新。

　　如图8-1所示,2014版格局图被划分为上下两大部分,分别是"社会化营销核心平台"和"消费者细分兴趣社区",而从内圈到外圈分别是该类平台的图标、产品的分布情况、平台类别以及营销者在该类平台上建议采用的商业策略。而这其中分类的根本依据是平台类别,即上文提及的产品形态,分为即时通信、视频音乐、博客、微博、社交网络、论坛、移动社交、社会化生活、电子商务、旅游社交、婚恋交友、商务社交、企业社交、轻博客、图片社交、短视频社交、百科问答、社会化电商共十八类。CIC关于中国社会化媒体的划分清晰明了地展现了目前社会化媒体多样化的格局。

　　此外,还有一种非常有代表性的分类方式是在2011年,由加拿大学者詹·基茨曼(Jan Kietzmann)为代表的一批学者,在基恩·史密斯(Gene Smith)2007年提出的社会化软件的蜂巢模型基础上,提出的社会化媒体的蜂巢理论(Honeycomb Framework)[①]。该理论是通过建立功能模块对社会化媒体进行分类,将社会化媒体的功能分成七个模块,即身份、状态、关系、会话、群组、声誉、分享(如图8-2所示)。

　　身份(Identity)处在蜂巢图的中心位置,它表示用户在系统中的唯一身份。身份是用户参与社会化媒体的核心标志,它包括姓名、年龄、性别、职业、地理位置和其他信息。以现实社会中的身份,或者虚拟身份都可以进入系统(或社区、网络等),接下来在这个社会化媒体中的任何活动都会与这个身份相关。

　　状态(Presence)最初是表示在线或者离线这两种基本的状态,随着社会化媒体的发展,状态可以被表达得更为详细,包括当下的感受、经验、心得、地理位置等,比如Twitter最初就是用来告诉朋友自己在哪里干什么等信息的。

　　关系(Relationships)表示系统中两个用户之间的关系,例如Twitter

---

① Jan Kietzmann, Kristopher Hermkens. Social media? Get serious! Understanding the functional building blocks of social media. [J]. *Business Horizons*, 2011(54):241-251.

中的 follow 关系,Facebook 中的好友关系,腾讯微博中的收听关系等,不同的系统对关系有不同的定义和用法。

图 8-2　社会化媒体的蜂巢模型

会话(Conversations)表示用户在系统中和其他用户交流的方式,可以是系统消息、即时通讯或者多人讨论的形式。人们通过会话去寻找兴趣相同的人群、找寻真爱、建立自信、表达自己的观点和想法,进而影响社会。

群组(Groups)表示的是由系统中具有相同兴趣、爱好、习惯、观念等的用户组成的一个相对稳定的组织。通常,群组起到了一个聚合的作用。

声誉(Reputation)指的是系统设定给用户的地位或级别,以体现用户对系统的贡献大小以及存在价值。

分享(Sharing)表示的是系统中用户彼此之间展示和传播信息的方式,通过分享,可以把用户自身贡献的、搜集的、浏览的信息贡献给相应的受众。

当然,值得注意的一点是,不同的社会化媒体依据其对这七个模块的主要偏好、次要偏好和无偏好的区别,分属于不同的蜂窝区域,以划分社会化媒体的不同类型。这意味着,并不是所有的社会软件都具有这 7 个特性,大部分都只有其中的几个。图 8-2 中展示了几个社会化媒体的蜂巢模型图,并且用颜色的深浅表示了一个特性在系统中的重要性,颜色越深代表该特性越重要,颜色越浅则反之。就像 Flickr 更侧重与照片的分享;豆瓣则是音乐、电影和图书的分享;而 Twitter 和类似的微博客服务最重要的特性就是即时更新自己的状态变化,并且让朋友知道;当然还有像 Facebook 这样功能全面的"社交型网络",7 个要素全部占满,但是 Facebook 最初的目的还是通过实名的方式建立自己的在线身份和好友关系,所以身份和关系是它的核心。①

三、社会化媒体的发展过程

如图 8-3 所示,我国的社会化媒体已经经历了约二十年时间的发展,其发展过程表现出明显的阶段性特征。

图 8-3　社会化媒体发展历程②

①　叶伟.SNS 蜂巢模型,及其在内容型网站的应用形态[EB/OL].[2009-08-17]http://davyyew.blog.51cto.com/1084625/241413.
②　艾瑞咨询.社会化媒体营销操作指南[R].2014.

第一阶段,蛰伏期(1995—2004年)。该时期是社会媒体发展的最初阶段,同时也是互联网发展的早期阶段。BBS、博客等相继出现,开启了新的交互局面,普通民众可以利用这些工具与陌生人进行交流,不再只是一种被动接收信息的状态。这刺激了受众的表达欲望,社会化媒体的特征从内容逐步扩展到形式上的参与和开放。这一阶段出现的天涯社区、百度贴吧等社会化媒体,直到今天人气也居高不下。

第二阶段,高速发展期(2004—2010年)。这一阶段的社会化媒体表现出高速的发展特征。这个阶段的前期,除了博客继续发展以外,强调互动协作、创造内容的百度知道也出现了。它通过互动式的问答,人人都可以贡献自己的经验和知识,让大家见识到网民汇聚的强大力量。之后,豆瓣、土豆等通过某一兴趣和爱好进行聚合的SNS以及校内网(后改名为人人网)、开心网等一系列基于现实社交网络的SNS相继出现,在丰富了网络生活的同时,也加强了人与人之间的沟通和联系。这个阶段的后期,最有代表性的社会化媒体是于2009年出现的微博,它为广大用户提供了一个娱乐休闲生活服务的信息分享和交流平台。由于微博具有的"短、平、快"的特点,非常符合年轻受众的群体特征和碎片化的传播环境,一上线便抢夺了博客的用户,一度形成了人人"织围脖"的盛况,直到今天依然深刻地影响和改变着网民的生活。当然除了微博以外,团购、位置签到等的出现,也预示着社会化媒体发展的多元化方向。

第三阶段,多元变革期(2010年至今)。这一阶段,各社会化媒体在自身不断发展的同时,更加强调社会化媒体之间的跨界合作以及平台的整合,通过合作和整合使社会化媒体变得更加多元和开放,它满足了用户的不同需求,也为用户带来了更多的体验。在这样的社会化媒体变革发展中,逐渐表现出诸如移动化等发展趋势。这当中,微博PC端的流量向移动APP端的转移非常明显。根据艾瑞网民行为监测工具iUserTracker及移动网民行为监测工具iUserTracker数据显示,2013年8月,微博在PC端与移动APP端的月度浏览时长分别占比为60%与40%;PC端流量同比下降31.3%,而APP端流量同比增长251.1%。①

159

---

① 艾瑞咨询.社会化媒体营销操作指南[R].2014.

第二节 社会化广告的概况

一、社会化广告的定义

社会化广告,即 Social Ads,广义上指的是基于社会化媒体平台产生的广告形式,这包括社会化媒体平台上出现的所有与内容有关或者无关的广告。狭义上指的是通过用户参与,在用户许可的情况下将参与互动的信息展示到广告内容中并分享给朋友的一种在线互动广告形式。由于狭义理解上的社会化广告表现出与普通网络广告(如旗帜广告等展现类广告)在创意、视觉、投放、评估等多方面的差异,所以接下来本书作者将选择狭义角度理解的社会化广告来展开论述。单纯在社会化媒体平台上以展示形式出现的广告不属于本书的研究范畴。

以上狭义的角度非常清晰地展现了社会化广告的几个实现前提。第一,广告推送前需要在用户的许可下利用个人的信息和社交关系,这涉及用户隐私问题,国外的社会化广告都有一个自愿选择和退出机制,来保证社会化广告最小限度地侵犯用户的隐私。[①] 第二,社会化互动信息需要植入到广告内容中,即受众可以参与到广告的互动中去,这和传统的展示广告割裂广告与互动的方式形成巨大的反差。第三,社会化广告需要用户帮助进一步的传播,如果社会化广告只能形成一级传播的话,社会化媒体就与传统媒体没有差别,都是一对多的传播模式;正是因为多对多的传播模式,才使得社会化广告展现出更快速更广泛的传播效果。

二、社会化广告的特征

与其他新媒体平台上的广告相比,社会化广告平台和社会化媒体传播的特殊性,使得社会化广告具有以下几个特征:

1. 更加精准的目标人群

在社会化媒体中,用户关系和交互行为习惯等数据都是可以被搜集、被读取的,这超越了以往仅仅根据性别、年龄、职业等基本的人口统计学

---

① Socialbeta. 社会化广告(Social Ads)的简明史[EB/OL]. [2013-08-15]http://www.socialbeta.com/articles/infographic-a-brief-history-of-social-advertising. html.

特征选择目标受众,为最大程度有效地到达目标受众提供了更为精准的维度。所以,根据人口统计学特征,再利用用户关系和交互行为习惯等数据综合细分后,社会化广告就能够精准聚焦其目标受众。

2. 更加个性的广告内容

由于占有用户资料和交互行为习惯数据,广告主更加了解其目标受众的个性化需求,特别是某些场景下的即时需求,并能在此基础上为其个性化定制社会化广告的内容。而由于这些广告内容反映的是目标受众的兴趣特征、社交关系、真实需求,当受众接触这些社会化广告时,产生反感、排斥情绪的可能性较低,因而能够达到较为理想的广告效果。

3. 更加有效的受众传播

社会化广告传播更多的是基于受众的网络社会关系展开的。不论是广告主还是熟人、朋友,能够向受众发布广告的前提是已经在网络中缔结某种关系(或是"好友"关系,或是"收听"关系,或是"跟随"关系,等等)。这种关系下,一方面,受众对信息的信赖度更高,更加容易达到社会化广告的说服效果,也就更容易形成"口口相传"的"口碑效应";另一方面,社会化广告的到达效果越好,能够即时与社会化广告进行互动的机会就越多,广告信息实现多级传播的可能性就越大,社会化广告的传播也就越有效率。

4. 更加方便的实时监控

目前大部分社会化媒体都是开放性的,不仅是媒体内容的开放,更是用户某些交互行为数据的开放,借助这个媒体优势,社会化广告不需要借助任何第三方的监测软件,部分广告效果便可以迅速地被反映,也就实现了更加方便的实时监控。比如,在微博上能够即时了解每一条微博内容的转发和评论,社会化广告一旦被投放在微博上,就可以通过监测这些数据了解实时的广告效果,虽然只能涉及一些浅层的信息,但是足以让广告主判断广告未来的传播走向。

三、社会化广告的典型模式

目前社会化广告最集中的展示平台是各种社交网站。Facebook 是其中最有代表性的一个。社会化广告最早在社交网站的出现就是在 Facebook 上(2005 年 5 月),仅仅四年,Facebook 的社会化广告收入就超过

7亿，而且 Facebook 也是最早涉足移动社会化广告业务的（2012年3月）。Facebook 一直坚持拒绝生硬展示型广告而选择社会化广告的理念。它在社会化广告的各种行为和观念上的领先使它一度成为后起的社交网站在社会化广告业务上的模仿对象。因此，以 Facebook 上的社会化广告进行模式分析具有一定的典型性。目前，Facebook 上的社会化广告可以分为一般式广告和赞助式广告两种模式。

1. 一般式广告

一般式广告代表的是"品牌的声音"，是一种以品牌自身的口吻呈现，给目标受众展示定制化的各种广告信息的社会化广告形式。具体来说，主要有以下几种形式：

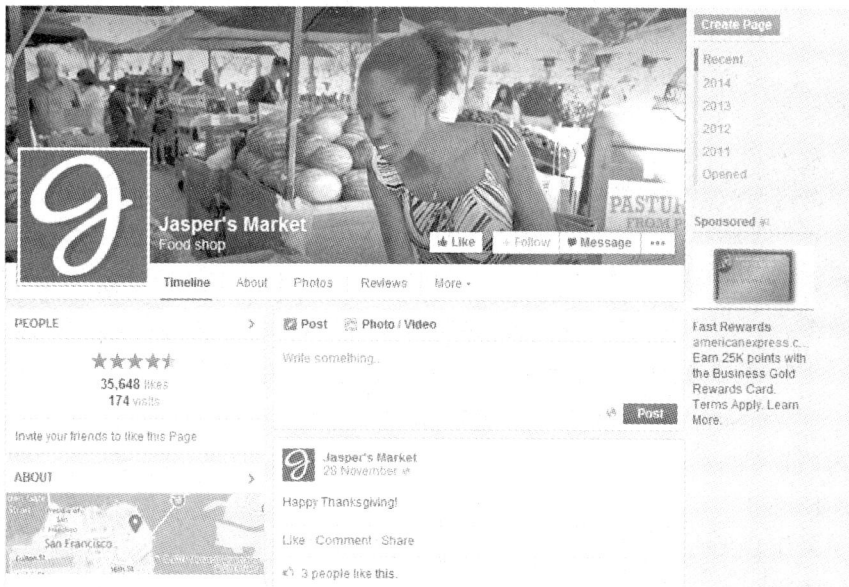

图 8-4　Jasper's Market 在 Facebook 上的品牌页面

品牌页面上的文字、图片、视频、链接广告。品牌主可以在 Facebook 上建立自己的专属页面，这能够拟人化地展现品牌的形象，比较适合品牌的整合推广。一般而言，与受众进行互动的内容是通过文字、图片、视频、链接等实现的。只要 Facebook 用户浏览品牌页面，或者与品牌结成好友关系，品牌主在其品牌页面上发布的包含各种广告信息的 Post（帖子）就可以进入用户的视野。图8-4 展现的就是一个食品类商店 Jasper's Market 的品牌页面。我们看到除了品牌基础信息的展示以外,还有照片、过往帖子的相关陈列,用户在看到这些信息后,可以用评论、点赞等方式表达自己的感受和想法。

投票式广告。这种广告形式利用 Facebook 多选项的投票功能(如图8-5 所示),在推广品牌、与受众形成互动的同时,还搜集了用户的信息和偏好。通过对这些数据的利用,可以更好地洞察用户的需求,为品牌创造更多精准广告的机会。投票式广告需要充分考虑用户选择的可能,并在选项中体现,或者通过自定义选项的方式,让用户表达。受众的投票、关注、邀请朋友的行为都可以以动态消息的方式传播给受众的好友,以尽可能多地吸引用户参与。

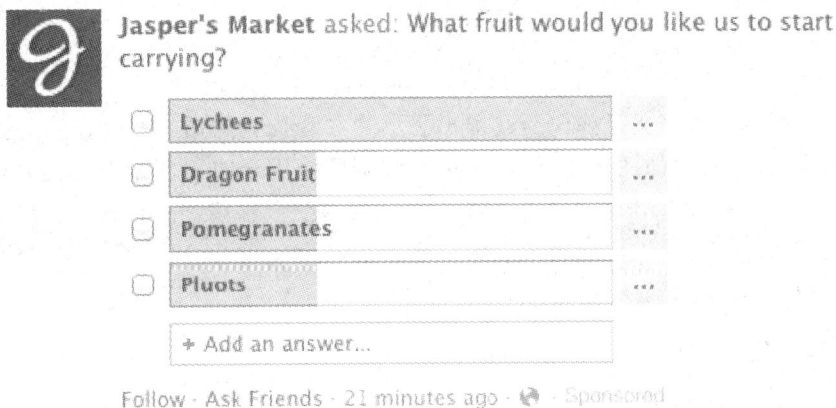

Jasper's Market asked: What fruit would you like us to start carrying?

☐ Lychees ···
☐ Dragon Fruit ···
☐ Pomegranates ···
☐ Pluots ···
+ Add an answer...

Follow · Ask Friends · 21 minutes ago · 🌐 · Sponsored

图 8-5　Jasper's Market 在 Facebook 上的投票式广告

活动广告。这种广告形式展示的是广告主进行的推广活动(如图 8-6 所示)。活动广告可以以动态消息的方式显示,也可以显示在品牌主页右侧边栏的广告位。但是,以动态消息的方式显示时,Facebook 会对内容量进行限制,只会有限地展示广告主、活动名称、日期、时间、地点等基本信息,所以要精简化、准确化地推广信息。受众在接触广告之后,可以用点赞的方式或者参与的方式表达自己对品牌活动的支持,广告主通过即时分析受众的各种反馈,还能达到精准化目标受众的意图。当然,受众的这种行为也会以动态消息的方式呈现给他们的好友,有利于信息的再次传播。

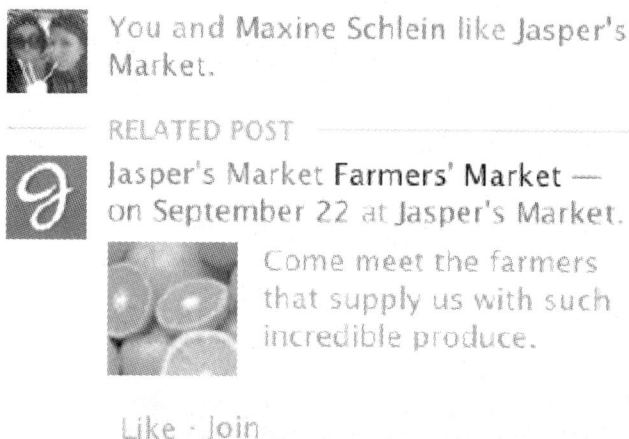

图 8-6　Jasper's Market 在 Facebook 上的活动广告

　　优惠广告。当品牌向受众推出优惠券或者折扣券时,最适合运用这种形式的广告(如图 8-7 所示)。优惠广告可以用于吸引新用户的加入,维持与现有或者潜在用户的对话关系,也可以更好地增加用户的忠诚度。由于优惠广告可以以动态消息的方式显示部分文案,所以需要在有限的空间中展示能足够引起受众兴趣的文字。

164

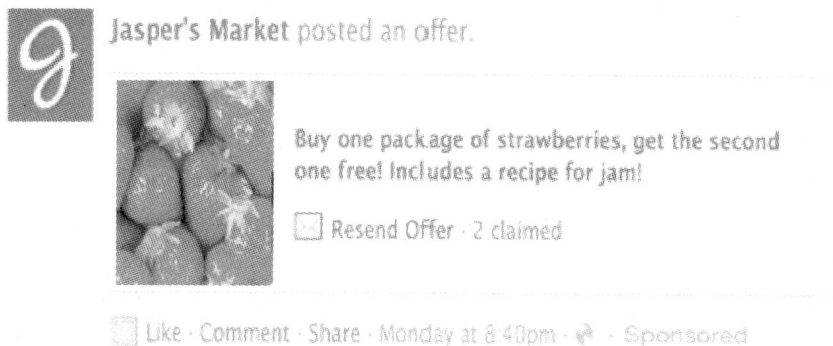

图 8-7　Jasper's Market 在 Facebook 上的优惠广告

　　APP 广告。当广告主想要通过 APP 的推广,更好地维系与现有用户之间的对话时,可以使用 APP 广告。该类型广告引发受众直接安装 APP 的行为(如图 8-8 所示),当然,广告主还可以从安装 APP 的用户身上掌握到目标受众群体更鲜明的属性、兴趣、习惯等信息。但也因为版面有限，为了吸引更多受众的安装，需要对文案进行更考究的设计。

图 8-8　Jasper's Market 在 Facebook 上的 APP 广告

2. 赞助式广告

赞助式广告是一种"朋友的声音"，是一种以来自朋友信息的呈现方式，传递他们与品牌之间的互动关系的动态，企业可以有选择性地付费推广这些动态的社会化广告形式。相比一般式的广告，这种赞助式的广告类似好友推荐或邀请的模式，利用用户对朋友的亲熟、信赖、跟随的心态来进行信息推广。赞助式广告在理论上具有较高的到达率，但由于抓取了用户与品牌之间的互动关系的事实，被某些侵权组织质疑侵犯了用户的个人隐私，所以发展过程中阻力不小。

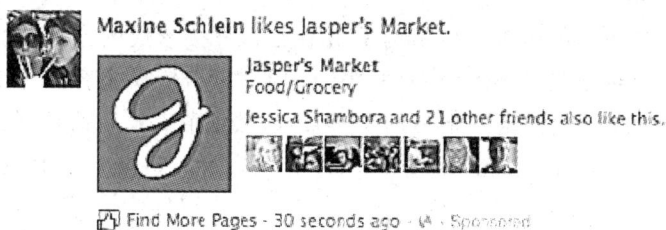

图 8-9　Jasper's Market 在 Facebook 上的赞助式广告

由于用户与品牌的互动呈现多种多样，所以形成的动态也形式不一。比如，如果 A 用户点赞了一个品牌的粉丝页面，这条"动态"会出现在他的页面更新上，如果 B 和 A 在 Facebook 上缔结了朋友关系，而 B 的好友非常多，这条动态很有可能淹没在 B 好友的众多动态中。但如果以赞助式广告呈现，那么 A 点赞了这个品牌的"动态"就会出现在 B 页面的右侧广告位上,且可以保持较长时间(如图 8-9 所示)。除了点赞动态能够被呈现以外,赞助式广告的动态还可以呈现为留言、分享、投票、领取优惠、活动参与、游戏参与、分享安装的 APP 等。

第三节　社会化广告的传播特点与传播机制

社会化媒体的出现改变了广告信息传播的方式,呈现出与其他新媒体不一样的广告信息传播特点,并在发展的过程中建立了新的广告传播机制,随着社会化媒体的不断普及与深入,甚至对整个广告传播格局都产生了重要的影响。

一、社会化媒体的传播特点

1. 广告内容生产与社会关系相互融合、相互依存

由于社会化媒体建立在互联网和社会网络的基础之上,社会化媒体自然渗透了社会网络中的社会关系,所以社会化媒体上的广告内容生产与社会关系也产生了联系。确切地说,内容生产和社会关系两者间是相互融合的,社会关系的需求促进了社会化媒体平台上的内容生产,反过来,这些平台上的内容也成为连接人们关系的纽带。[①]

2. 传播主客体界限模糊,传播节点影响力不一

社会化媒体的传播网络结构是由节点和链接形成的,社会化媒体上的广告信息传播是呈环形分布的,没有中心节点,传播主客体界限模糊。每一个节点都可以是广告信息的发布者,向其他节点发布信息,任何一个节点也可以向发送广告信息的节点反馈信息。当然,每一个节点的影响力都是不同的,要让信息更好地在社会化媒体中得到传播,就要去寻找影响力大的节点,即意见领袖。

3. 广告内容信息的个性化、碎片化及其价值的聚合性

由于社会化媒体的开放性和人人都能参与的特性,用户创造内容成为社会化媒体中广告内容信息的主要来源方式。与批量专业生产内容不

---

① 彭兰.社会化媒体:网络时代的关键转折[A]//尹韵公,吴信训,等.中国新媒体发展报告 NO.3[C].北京:社会科学文献出版社,2012:82.

同的是,用户生产的内容不是程式化的内容,而往往带有个性化的色彩,表现出对一个品牌、产品、服务的主观态度。同时,由于大部分用户生成的内容来源于碎片化的时空,体现出与个人生活相关的内容,不可避免地呈现出一定的私语化倾向,构成了社会化媒体中海量的碎片化内容。

虽然社会化媒体上的广告内容信息是个性化和碎片化的,单个广告内容信息的影响力是有限的。但是通过特定的方式聚合,单个内容的价值可以被扩大化,最终能够形成价值的聚合效应。

4. 根据强弱关系差别化广告信息

20世纪中期,美国社会学家马克·格兰诺维特(Mark Granovetter)提出了人在社会关系中的强连接关系和弱连接关系以及"弱关系的强势"假设,在这个假设中诞生了非常著名的观点——"强连接往往形成小圈圈,弱连接却会形成一张大网络。"社会化媒体出现后,用户通过各种不同的传播互动形式,各自形成了强连接关系和弱连接关系,这既能维护和稳固情感取向的小型关系网络,也能形成新的小型关系网络,并且使小型关系网络不断向外延伸,最终扩展个体的社会关系。所以,一般而言强关系适合以情感手段包装广告信息,而弱关系则需要靠引发兴趣、独树一帜的优质广告信息做吸引。

5. 裂变式的传播路径

大众媒介的传播是一对多的方式,而社会化媒体的传播是多对多的方式,广告信息在这种多对多方式下往往以裂变的形式快速传播。所谓裂变式的信息传播,指的是极短时间内信息以几何级数形式快速流动传播,从而形成巨大的影响力。以微博为例,每位微博用户都拥有自己特定的粉丝,当某位用户发布一条广告内容后,被他的粉丝注意到并转发,这就使得粉丝的粉丝也能看到这条微博内容,依此类推,信息不断裂变,最终达到的广度和深度是不可估量的。

二、社会化广告的传播机制

彭兰教授在其《社会化媒体:网络时代的关键转折》一文中总结了社会化媒体主要依赖的三种模式:社会网络的过滤机制,实现了公共信息的凸显与个性化信息的满足;意见领袖的"权力"机制,带来了社会化媒体议程的民间设置;"自组织"的协同机制,促成了社会化媒体的自我修正与进化。[①] 我们根据这三种社会化媒体的传播机制,结合广告与传播的关系,相应总结了社会化广告的传播机制。

1. 广告信息的过滤机制

在传统媒体的广告信息生产和流通中,广告信息的发布门槛较高,一般都遵循"先过滤后发布"的原则。大众媒体、专家、国家相关行政部门等作为过滤信息的"把关人",帮助排除虚假的、有害的、无关的广告信息。而在社会化媒体的广告传播中,没有这么一个全能的"把关人",也就无法在发布前对所有广告信息进行过滤。但是这并不意味着在社会化广告的传播过程中缺乏信息的过滤机制。社会化媒体的广告传播中,广告信息的过滤基于社会网络,是一种协同过滤的机制。具体来说,这种机制运作需要有以下几个前提:第一,利用用户社会化媒体的结构限制广告信息传播途径;第二,个体与通过社会网络所连接的其他节点之间兴趣和行为表现出一定的相似性;第三,节点需要通过社会化媒体对广告信息进行评价、分享、分类等。通过这么一种协同过滤的机制,个性化的广告信息才能够在海量的公共信息中凸显出来,成为为用户量身打造的专属信息。

以豆瓣读书为例,它不基于传统图书分类方式,它允许受众个性化定义图书的标签,从而在图书之间形成内在的逻辑关系。当用户为一部小说标注上"心灵鸡汤"的私人化标签时,这个标签向全豆瓣用户公开。当点击"心灵鸡汤"标签时,出现的是被不同用户打上这个标签的各种图书。通过同个标签,实现了用户与用户、图书与图书之间的内在关联。然后,系统就会根据用户的这些兴趣和行为,为用户针对性地推荐其可能感兴趣的相关内容信息。

2. 意见领袖的"权力"机制

意见领袖指的是在人际传播网络中经常为他人提供信息,同时对他人施加影响的"活跃分子",他们在大众传播效果的形成过程中起着重要的中介作用,由他们将信息扩散给受众,形成信息传递的两级传播。当然,社会化媒体人人都是信息的传播者,而意见领袖除了进行简单的信息

---

① 彭兰.社会化媒体:网络时代的关键转折[A]//尹韵公,吴信训,等.中国新媒体发展报告 NO.3[C].北京:社会科学文献出版社,2012:86-88.

发布以外,他还是一个有号召力、有影响力的节点。就目前而言,意见领袖在社会化媒体中扮演了强势内容源、信号放大器、流向调节阀、意见气候营造者等角色,这些角色造就了他们的议程设置能力,他们的信息与意见在一定程度上影响着社会化媒体中信息与意见的走向。① 因此,社会化广告传播一旦经过意见领袖这个传播节点,不仅在广告效果上会有一个瞬间的提升,而且还能在控制对广告主有利的舆论走向上起到重要的作用。

3."自组织"的协同机制

社会化媒体的开放性、匿名性使得信息的来源非常不稳定,一方面广告主可以自由地为自己的品牌、产品进行宣传,另一方面,对自身品牌、产品有害的言论也相应产生,甚至还会出现中伤品牌、产品的各种谣言。同时,社会化媒体的开放性和即时性,也使得谣言治理难度颇高。

从系统论的观点来说,"自组织"是指一个系统在内在机制的驱动下,自行从简单向复杂、从粗糙向细致的方向发展,不断地提高自身的复杂度和精细度的过程。人类社会发展的各个阶段,都有"自组织"的推动作用。社会化媒体环境中,这种"自组织"依然广泛存在。从这两年对社会化媒体谣言中伤企业的治理措施上看,除了加强企业的危机管理能力以外,利用社会化媒体中用户自发形成辟谣的"自组织",可以协同工作,在一定程度上纠正谣言或者提高用户对谣言的辨析能力,减小社会化媒体的谣言危害,进一步控制谣言的产生,以维护企业的正面形象。

第四节　社会化广告的传播策略

鉴于社会化广告的特殊性,传统广告的相关经验已经不那么适用于社会化广告传播了,这就要求我们必须结合社会化广告的传播特点,充分考虑社会化广告传播中的风险和挑战,研究社会化广告的传播策略,从而提高社会化广告的传播效果。

169

---

① 彭兰.社会化媒体:网络时代的关键转折[A]//尹韵公,吴信训,等.中国新媒体发展报告 NO.3[C].北京:社会科学文献出版社,2012:86-88.

一、广告主利用关系创造价值

1. 发挥社会关系中意见领袖的作用和价值

意见领袖（又称舆论领袖），最早出自1944年拉扎斯菲尔德的调查报告《人民的选择》，他在此报告中提出了二级传播理论。该理论认为大众传播只有通过意见领袖的中介作用才能发挥影响，即传播过程分为两级，第一级是包括那些直接接触媒体，对信息了解相对良好的人，第二级是那些较少接触媒体，主要依靠他人获取信息的人。① 这里的他人，很有可能就是意见领袖，他们往往是第一级的信息接收者，通过对信息的理解、消化和吸收，再传递给第二级的受众。传统媒体时代，意见领袖往往是新闻从业人员或者地位较高、权力较大的精英人士，往往具有可靠的消息来源、较高的可信赖度、较强的信息理解分析能力。但是在社会化媒体时代，意见领袖出现了新的特征：在网络上的活跃度较高；越来越趋于草根化，不再被地位、权力等局限；不再高高在上，与受众的互动沟通越来越频繁；不再固定和全能，有可能只是某一次传播中的意见领袖，不是随时都在扮演这个角色，呈现出短期性和不稳定性。

新媒体时代下，企业、产品一旦爆发危机就会在短时间内引发众多关注。社会化媒体环境下，信息发布更加自由、信息传播更加便捷，这就使得负面消息产生的危害程度和影响程度加重。但是，如果合理地发挥社会关系中意见领袖的作用，使其保持对危机关注的同时，公开表达对危机的洞悉，弱化负面消息，强化中性和正面的信息，就能够快速聚焦公众的视听，影响公众的决策，甚至能够扭转危机。

神州租车2012年上半年多次融资上市未果之后出现了大量负面报道，甚至有竞争对手购买广告位发布其负面消息。12月4日，神州租车CEO陆正耀在微博中相继发布了六款"愤怒的老陆"系列海报，海报文案结合"江南Style"等热门的网络流行语，观点犀利又诙谐幽默。六幅海报的相关微博最终获得1.8万次转发，拉卡拉支付有限公司创始人孙陶然第一时间声援，琢磨先生等微博上的意见领袖也纷纷对这一话题表示关

① 阿芒·马特拉，米歇尔·马特拉.传播学简史[M].孙五三，译.北京：中国人民大学出版社，2008：26.

注和支持,形成了良好的舆论氛围。神州租车通过社会化媒体不仅有效澄清了负面消息,而且为之后的营销活动做足了宣传。①

合理利用意见领袖不仅能够帮助品牌度过危机,还可以帮助品牌信息的传播,为品牌带来关注度和流量。社会化媒体上的意见领袖往往"坐拥"大量的粉丝,当意见领袖分享产品信息时,能够引发受众的讨论,有利于品牌曝光以及对潜在客户的培育和挖掘。

2013年2月,"一生只送一人"的网络高端花店roseonly正式上线,借助李小璐、杨幂、李云迪以及搜狗的王小川、新希望的刘畅、世纪佳缘的龚海燕等意见领袖,以信息分享的形式,在微博上发布花店的消息或者隐性的广告。其传播效果非常惊人,传递的信息覆盖几千万粉丝量,他们各自的"粉丝"又进行了N级传播,最终为roseonly官方微博带来数万粉丝的增长量,也给roseonly官方网站带来巨大流量,订单量呈爆炸式增长。

2. 利用弱关系,扩大品牌的知名度;利用强关系,增加品牌的可信度

通过上文中提及的美国社会学家马克·格兰诺维特的强弱关系理论,我们得知强关系是一种基于亲情或者血缘的关系,具有稳定性,表现出双方较高的信任度,且关系强度越强,信赖度越高;弱关系的社会网络更加复杂,远达上层人士,近至周边的普通朋友,虽然有一定的风险性,但是加大了社会网络中信息的供给力度。

因此,对于品牌而言,应该根据不同的广告目的,选择强弱关系合适的社区,进行广告传播。品牌在推广初期,需要迅速提升品牌的知名度,最直接的方式就是扩大品牌传播的受众基础,但是由于忠诚度较高的用户还未足够多地培养起来,如果只利用这部分用户来进行口碑宣传无法积累足够的受众基础,所以应该尽可能地利用弱关系进行社会化广告传播,这类社区中包含的用户不仅数量庞大,而且复杂多样,个体与个体之间大量差异性的存在丰富了弱关系社区的信息来源,这在一定程度上给予品牌更多切入宣传的机会。在品牌推广的中后期,由于已经具备一定的知名度,社会化广告的目的应适当进行调整,在继续扩大知名度的同时,应通过品牌信任感的提升以培养更多的忠诚客户或者促成更多的潜在消费者向实际消费者转变。这时,应该将受众的强关系圈引入口碑宣

171

①　佚名.神州租车疑似遭遇黑公关　董事长陆正耀微博反击[EB/OL].[2012-12-04]http://finance.eastmoney.com/news/1354,20121204262018472.html.

传,即让受众感受到向自己推荐品牌信息的人与自己有着某种联系,或者使之清楚了解口碑内容的真正创作者或传递者正是自己熟悉的人,那么社会化广告传播的说服能力会更强。当然也可以把企业直接链接到社会化媒体,鼓励社会化广告的受众通过社会化媒体的分享功能,尽可能生产和传播内容给强关系圈内的人,从而达到提升品牌可信度的目的。

二、通过社会化内容构建关系

媒介环境的变化虽然带来了广告内容传播形式的巨大改变,但是依然无法改变广告内容对传播效果起到的重要影响。我们看到,在没有社会化媒体的时代,社会化内容依然能够创造流行,依然可以对人们生活产生巨大的影响。13年前,在人们还不知道社会化媒体为何物的时候,百威的一条广告片让"Wassup"成为美国人民的见面语,没有社会化网络的时代,品牌照样能渗入人们的社交生活。[①] 社会化媒体产生之后,受众关注和参与的原动力一样来自优质的社会化内容,但如何才能创造出优质的社会化内容呢?

1. 创造口碑内容

所谓的口碑内容指的是,与品牌、产品、服务等有关的,能够吸引受众关注的,产生大范围讨论效应、引发持续传播的内容。

创造口碑内容的第一种方法是把社会化广告的内容放置在一个合适的故事中。虽然受众可能不喜欢广告,但大都喜欢故事。故事天生就有一种亲近感,一种魔力,虽然讲述的很有可能是与受众毫无关系的事,但照样能吸引受众倾注全部的注意力。另外,故事能够被分享,也可以被加工,会随着讲述者和倾听者的不同不断地变化,受众也愿意主动去传播故事。但是,并不是所有的故事都易于被受众关注与传播,合适的故事内容需要与品牌的相关内容有效而紧密的结合,才能产生作用。2012年夏天,经典国货品牌六神为其花露水打造了一个名为《花露水的前世今生》的视频广告。长达4分多钟的广告将花露水从古至今的故事娓娓道来,但受众看后丝毫不觉得冗长无趣。因为一方面,视频广告着重突出那些过去消费者不太了解的内容,比如交代了花露水名字的由来、花露水的配

---

① 杜国清,等.消费者增权下的广告主社会化媒体运作策略分析与展望[J].现代传播,2014(1):104-109.

方原理、花露水功能用途的演变等,另一方面,它选用了俏皮风趣的讲述方式。2012 年 6 月底,该视频广告开始传播,上传至优酷等主流视频网站,并通过少量新浪微博热门账号转发,三天后引起了爆发式的传播,大量的社会名人、知名微博账号、热门机构账号、网络社区、人人网的用户等进行了转发,在仅仅两周内就获得了近 30 万的转发和评论量,总点击数超过 1200 万次。从受众对视频的评论内容看,几乎所有的评论都是正面评价,超过 95% 参与评论的消费者因为该作品而加深了对六神品牌的好感。[①]

创造口碑内容的第二种方法是运用社会化媒体和受众的力量,设置一个引爆点,让广告主的品牌、产品、服务等成为被讨论的话题,再由话题把话题的关注者和参与者聚拢在一起,形成目标受众的集合体。由于话题能够缩短受众与广告之间的距离,让广告主的品牌、产品、服务等信息与受众之间产生火花,从而能够激发受众的兴趣,保持受众连续的关注和参与,使传播持续发酵。这中间有两个方面需要关注:第一,引爆点的设置很有讲究,如果附加的痕迹过重,就会有炒作的嫌疑;第二,话题要体现内涵性,要与广告主的品牌、产品、服务等紧密结合。最早利用社会化媒体进行营销的电影《失恋 33 天》就运用话题吸引了受众的关注,不断创造出利于传播的口碑内容。电影《失恋 33 天》的主题与失恋相关,在电影关机后,电影方陆续制作并在各大社会化媒体平台发布了《失恋物语》系列短片,短片中汇集了来自各大城市的普通人发表的失恋感受与看法。不到四个月,《失恋物语》系列短片的播放量就超过 2000 多万,在新浪微博、人人网及视频网站的互相配合下,成为各大社会化媒体有关失恋话题的引爆点,引发了全民围绕失恋这个话题展开大讨论,所有人因为这个口碑内容结成一种新的社交关系,为之后《失恋 33 天》电影的上映奠定了较为精准和庞大的受众基础。

创造口碑内容的第三种方法是让社会化广告的内容与社会热点或流行紧密结合。因为社会热点和流行本身已经经历了传播发酵,积累了较高的关注度,社会化广告内容一旦从社会热点或流行切入,就比较容易与受众建立起一种易沟通、易交流的关系,不仅能够聚拢原有品牌、产品、服务的消费者,甚至还可以把一部分社会热点和社会流行的关注者顺利转

---

① 梅花网.六神"爱上夏天"[EB/OL].[2013-07-04]http://www.meihua.info/a/62010.

变为消费者或潜在的消费者。这是典型的通过口碑内容去构建利于广告内容传播的新关系的有效方式。当然社会热点和流行要覆盖合适的人群，社会化内容要与社会热点或流行巧妙结合，才能产生优质的口碑内容。2014年年初，一部名为《来自星星的你》的韩剧热度席卷全亚洲，引发了现象级的社会效应。剧中女主角的一句"下雪了，怎么能没有炸鸡和啤酒"的抱怨瞬间引爆了"炸鸡和啤酒"的流行。这其中，微信最早抓住了这股流行的风潮，用户只要在微信界面中输入"炸鸡和啤酒"，就会出现满屏的"雪花"飘舞。一时间，用户都在各个社会化平台发布微信"雪花"的截屏，不知不觉中借用社会热点和流行为微信做了一次免费的宣传。

2. 创造反映消费者需求的内容

对于社会化广告的受众而言，能够引起关注、引发参与的优质内容除了娱乐、有趣、热门、流行等元素的植入以外，还有可能因为契合了受众的心理、满足了受众的需求，提供了他们想要的内容信息。所以，对于社会化广告来说，分析目标受众的属性、兴趣成为了解他们心理和需求的有效途径。当然，以此作为出发点，提供反映受众需求的广告内容，就能在短时间内吸引受众的注意力，建立受众对品牌与产品的好感和信赖，构建受众与品牌之间长期而稳定的关系。

2013年4月26日上线的《致我们终将逝去的青春》刷新了国产爱情片的票房纪录，除了电影本身内容对受众产生强大的吸引力以外，电影在微博上进行的一系列宣传也颇有成效。为了引起受众的关注和满足受众需求，广告主充分了解了受众的心理和兴趣爱好。《致我们终将逝去的青春》原著和电影版的主要受众是80后、90后年轻群体，因此，电影的宣传内容都围绕"怀念"和"青春"展开，希望通过电影的主题唤醒80后、90后年轻群体内心对青春的记忆，引发一场关于青春的集体回忆。具体来说，《致我们终将逝去的青春》在微博上充分挖掘目标受众与"怀念""青春"相关主题的关系，除了从情感、创意层面发布各种相关的宣传内容以外，还针对不同身份的目标受众制造合适的话题内容，比如针对6月份即将毕业和高考的学生群体，分别创建"致青春，毕业季"和"致青春，致高考"等相关话题，迎合了他们对"青春"这个话题的情结与喜好，从而为电影聚拢了更多的受众。

三、通过整合传播巩固关系、提升效果

除了利用关系及创造优质社会化内容以外,还需要从媒介策略角度,通过整合传播、多方协作的方式来巩固关系,从而提升社会化广告的效果。

1. 媒介融合,扩大效应

社会化媒体在发展过程中虽然表现出对传统媒体的巨大冲击,但是为了扩大社会化广告的传播效应,社会化媒体与传统媒体以及其他新媒体之间可以进行适当的融合。毕竟社会化媒体的用户有一定的局限性,无法达到电视媒体等大众媒体的覆盖程度。我们看到很多社会化广告的成功案例,广告主在借助社会化媒体进行首轮品牌传播之后,还会通过传统媒体或者其他新媒体进行第二轮的传播,起到辅助社会化广告传播的作用,通过将媒介融合在一起,顺利扩大品牌、产品的影响力。

另外,一些新媒体广告也已经开始注重利用社会化媒体进行二次传播。如在广告媒介上设置相应的社会化媒体分享按钮,方便广告受众的即时转发,或者在社会化媒体中附加其他新媒体广告的链接,引发社会化媒体用户的广告接触行为。通过这种方式,可以使广告内容在社会化媒体上形成讨论,引发更多的关注,延伸原有新媒体广告的热度,扩大原有新媒体广告的影响力。

2. 持续投放,维持热度

虽然社会化媒体的传播速度非常快,很容易就能将广告推到众人关注的状态,但是,热度退却的速度也不可小视。任何一个广告主都希望能够长时间保持热度,这不仅能够形成关注、积累人气,还能为品牌创造更多的延伸价值。所以,对于广告主而言,需要为社会化广告制定长期、持续的投放策略,维持受众的长久关注和持续参与,从而强化受众对品牌、产品的记忆度,使传播效应无限扩大。比如借助话题引发受众关注与讨论的社会化广告需要考虑话题的继发性,即第一个话题产生效应之后,应该在合适的时间切入第二个话题,且两个话题之间保持某种关联性,这样不仅能够利用并延续第一个话题积累的关注度,也能够基于话题提升社会化广告的影响力。

美国综艺节目 *The Voice* 是一个周播的节目,但是它通过社会化媒

175

体的作用使每期节目不仅仅只在播放的时间产生影响,而是能够产生长期的效应。首先,由节目中的导师持续地讲故事、制造话题、保持并增强粉丝黏合度;其次,鼓励粉丝在 Facebook、Twitter、NBC Live、NBC.com 上展开对话,并以新鲜性、相关性的标准过滤"推文";最后,根据社交媒体的数据,衡量并且调整话题走势和节目的发展趋势。[1] 这样一个整合传播的方式,围绕节目创造了更多、更新的社会化内容,这些内容能够保证长期维持受众的关注度和参与度,甚至形成受众的期待感,增加节目的可看性。

3. 及时监测,调整提高

社会化广告能够借助社会化媒体实时跟踪、监测的优势,并根据实时的反馈初步检验广告的效果,适当调整策略,以适应受众与市场的变化。社会化媒体能够实时跟踪、监测舆情信息,不仅能够有效地帮助企业规避风险,提高对危机的预见能力,而且为危机管理提供了即时而有效的判断和处理依据。社会化媒体还能够实时跟踪和监测消费者发表的关于品牌、产品、服务内容的反馈,以了解自身的长处,正视自身的不足,进一步完善产品与服务。

4. 即时沟通,巩固关系

在及时监测、主动倾听社会化广告受众的基础上,广告主需要通过合适的方式与受众进行即时的沟通,了解受众的态度和想法,以强化和巩固建立在对话基础之上的互动关系。即时的沟通,一方面可以解决受众的疑问和困惑,树立正面、积极的品牌形象,甚至可以作为正面宣传品牌服务的有效手段;另一方面,还可以发现消费者的潜在需求,无形中让消费者也参与到新产品的开发中,提升消费者对于品牌、产品、服务的价值。

比如,360董事长周鸿祎在新浪微博上当起客服,亲自解答用户的各种疑问,甚至为没有抢购到360相关产品的用户大开绿灯,以赠送的方式表达歉意,这一方面显示了企业对受众的重视,解决了消费者的实际疑问和难处,而另一方面,社会化媒体的公开性使得企业对与消费者之间关系的维护成为一场可见的行为,这不得不说又是一个有效的自我宣传。

---

[1] 杜国清,等.消费者增权下的广告主社会化媒体运作策略分析与展望[J].现代传播,2014(1):104-109.

再比如小米公司在以消费者为中心的理念下创造了与受众的即时沟通模式,帮助小米的消费者积极地参与到品牌发展的各个环节中,充当起小米的"产品测试工程师""产品经理""口碑推荐人"等多种角色,或表达对既有产品的使用心得和改进意见,或为新产品的开发献计献策,或为产品的推广贡献一己之力。这种即时沟通,不仅巩固了小米公司与消费者之间的关系,而且强化了消费者对小米品牌的忠诚度。

第九章　新媒体与互动广告传播

汉堡王(Burger King)在美国是仅次于麦当劳的快餐连锁店,他们认为过去的市场推广有严重问题,于是在 2005 年初撤换掉了原来的著名 4A 广告代理商,并出人意料地把价值高达 3.6 亿美元的广告代理合同转给了一家名不见经传的小公司——Crispin Porter＋Bogusky,期望他们能摆脱俗套。

接下来,汉堡王推出了首创的视频互动线上游戏——"听话的小鸡",来推广新的鸡块套餐。这一回,它完全摒弃了传统的电视广告传播的狂轰滥炸的方式,而是依靠互动、主动引发的网络口碑传播,也就是所谓的"病毒营销"。"听话的小鸡"这个互动广告极为简单,一个视频窗口站立着一个人形小鸡,下面有一个输入栏,供参与者输入英文单词。当你输入一个单词时,视频窗口里的小鸡会按照你输入的单词的意思做出相对应的动作,比如说你输入"JUMP(跳)",小鸡会马上挥动翅膀,原地跳起,然后恢复到初始的状态,又比如你输入"RUN(跑)",小鸡就会扬起翅膀,疯跑一气,跟汉堡王的定位"Have it your way"配合得天衣无缝,把品牌信息通过一种互动游戏的方式传递出来。汉堡王不会在这个页面中直接放置它的促销信息,但是在搜索栏下面,汉堡王提供了 4 个按钮,一个按钮是"照片",也就是一些小鸡的照片,类似拍摄花絮;一个按钮是"小鸡的面具",它提供了一个可以制作小鸡面具的图片,可以把这个图片打印然后沿虚线剪下,制作出与这个小鸡一样的面具;一个按钮是"告诉朋友",可以发邮件把这个网址告知给朋友;最后一个按钮才是可以直接链接到汉堡王网站的按钮。

此案起初只是让 20 多位工作人员把网址转发到各自的朋友圈,接下来却发生了令人意想不到的奇迹。网址启动后一周内达到了 1500 万～2000 万次点击,平均每次访问逗留时间长达 6 分钟。这次掀起的热潮连原创作者也大表诧异,形容说:"情况简直完全失控!"有乐此不疲的网民,更索性把网站书签记录到 PDA(Personal Digital Assistant,掌上电脑)中,随时在街上无线上网探望"小鸡"。而很多访问了这个网站的网民,也顺便会点击下面的按钮,直接进入汉堡王的网站,浏览最新的促销信息。干扰式的广告很容易被受众过滤掉,然而这个几乎没有任何媒介费用的广告却得到了巨大的成功,受众非但没有过滤掉它,而且还乐此不疲地主动参与了它的传播。

汉堡王通过这个成功的"病毒营销"事件[①],让自己的新产品鸡块汉堡套餐获得了巨大的成功。据调查,至少有十分之一曾经浏览过这个网站的网民享用了汉堡王的鸡块套餐。从现在看来,这个案例也许并不突出,但这个 2004 年的互动创意可以说是历史上第一次真正意义上品牌和消费者的互动广告活动。

那究竟什么是互动广告?为什么直到 2004 年汉堡王的营销创意才有了第一次真正意义上的互动?传统媒介广告中有没有互动的观念?新媒体作为互动广告的重要媒介又有什么样的优势?新媒体互动广告的实现有什么要求?这些问题我们都将会在这一章进行详细的解答。

第一节　新媒体与互动广告概述

一、互动广告的背景与概念

1. 互动广告的提出背景

在广告信息传播中,媒介作为载体,直接影响着信息的传播模式。在口语传播时代,广告的本质就是"广而告之",比如响声广告、招幌广告就是借助日常工具等简单的媒介进行信息的告知,这是一种单向的信息传播模式,受众处在一种被动接收信息的状态。

到了印刷传播时代、电子传播时代,报纸、杂志、广播、电视逐渐成为大众媒介,虽然广告传播依然是单向的,但在一定程度上开始考虑给予受众一定的互动空间,用舒咏平教授的话说,"市场调查——广告发布——

---

① 案例整理自禹雷. 汉堡王 Burger King 的听话小鸡[EB/OL].[2007-07-17]http://blog.sina.com.cn/s/blog_701fb0f90100mhri.html.

效果调查"这一传统的广告活动模式,构成了一种消费者与广告主之间的互动。① 当然由于单向传播模式和传播技术的限制,这种互动没法即时发生,只能依靠广告发布前的市场调查和广告发布后的效果调查来实现互动沟通。这种互动沟通下的时间和空间都被拉大,所以我们认为这是一种延时性质的互动。这种延时互动虽然没法直接影响广告的效果,但实际上,它开始慢慢关注受众,为新媒体时代的即时互动奠定了非常重要的理论基础。

网络刚刚起步的 1993 年,整合营销专家舒尔茨就已经提出,在未来数年间,随着科技的进步和消费者对新科技的逐渐适应,交易计划、数据传输和整合系统资讯网络将会对整合营销传播产生巨大影响。这个新科技具有双向性,消费者不但可以从厂商处接收讯息,而且可以随即反应。② 正是因为新媒体技术在信息传递和交流方面的能力,完成了广告主与消费者、消费者与消费者之间的即时沟通,即时性质的互动传播得以实现。

因此可以说,广告中互动传播的思想虽然已经产生了半个多世纪,但只有在新媒体的问世后,真正意义上的互动广告概念才开始形成,即时的互动广告传播模式才得以实现。

2. 互动广告的概念

互动,按照辞典上的解释,"互"是交替、相互的意思,"动"是使起作用或变化的意思,如"感动"就是使感情起变化。从社会学角度理解,互动就是指两个行为个体之间发生的一种相互使彼此产生作用或变化的过程。从传播学角度来说,互动是传者和受者围绕信息往来的各种行为,包括发送和反馈等。目前的广告领域中,我们看到越来越多的案例呈现出一个现象,广告主与消费者的信息传受位置是可变的,消费者不再是完全意义上的受众,他们还可能借助各种新媒介将广告信息发送给其他的消费者,从而在二次传播中成为信息的发布者。

在从不同角度和领域对互动展开剖析的基础上,对互动广告概念的多种界定纷纷出现。

美国互动广告署对互动广告的定义是所有形式的网络广告、无线广

---

① 舒咏平.广告互动传播的实现[J].国际新闻界,2004(10):61-65.
② 唐·舒尔茨,等.整合营销传播[M].吴怡国,等译.北京:中国物价出版社,2002:21.

告和互动电视广告。这个定义虽然揭示了互动广告传播实现的媒介,但
实际上对互动的本质并没有进行探讨。另外,"所有形式的网络广告、无
线广告和互动电视广告"中"所有"一词的使用过于宽泛,对于互动传播来
说,显然网络广告、无线广告中的一部分广告形式,如旗帜广告的广告主
和受众的地位并不平等,是一种互动较弱的广告形式。这一定义没有点
出互动的本质与核心,缺乏对受众在广告传播中的卷入度的说明。

部分学者从互动的本质入手,进行互动广告概念的探讨。比如,互动
广告是确定的广告传播与接收双方直接或间接地付出一定代价(金钱、时
间等),平等地借助具有双向互动功能的各种媒体手段,就商品、服务、特
定的观念或体验等,进行动态的商务信息沟通过程。[①] 这个界定方式非
常鲜明地强调了即时的互动性质,是通过各种媒体手段进行的"动态"信
息沟通,但是"各种媒介"涉及过于宽泛,新媒体对于互动广告的重要影响
没有体现。又如,互动广告是指针对某一广告主题,通过新颖独特的表现
方式与受众深入沟通,促使其参与,并主动分享其互动感受的广告形
式。[②] 此概念强调互动的核心在于受众的参与和分享,但同样没有涉及
互动广告的实现媒介。

本书作者认为,互动广告指的是受众有意识地参与到新媒体广告的
信息传播中,围绕广告主传递的商品、服务、观点等,即时地实现信息接收
和反馈的双向沟通。这个概念既强调了新媒体赋予的即时互动的能力,
又突出了互动的本质在于受众的参与。

二、新媒体作为互动广告媒介的优势

在互动广告的提出背景中,我们已经得知,互动广告并非是到新媒体
时代才出现的,只是新媒体出现后,互动广告的发展更为迅速。这根本上
是因为,新媒体赋予了互动广告新的互动模式,相较传统广告的互动模
式,具有无可比拟的优势。具体来说,新媒体作为互动广告媒介的优势主
要有:

1. 新媒体使互动沟通更为便捷

新媒体技术打破了时间上的限制,压缩了信息传播的物理空间,体现

---

① 莫梅锋.互动广告发展研究[M].北京:新华出版社,2012:42.
② 王晓璐,徐丽婕.数字化时代的互动广告应用[J].广告人,2011(9):115-116.

出即时传播的特点,这使得新媒体的使用者在任何时间、任何地点都能接收信息,同时给予反馈。这就意味着,在新媒体环境下,广告主与受众对信息的接收和反馈可以不受时间和空间的限制,互动更加即时。同时,新媒体信息传递上的即时性,也为互动的实现提供了更多的便利,激发受众更多地参与到互动广告的传播中去。

2. 新媒体使互动方式更加多样

新媒体的开放性、链接性及信息的可检索性等特点可以更充分地调动受众的积极性,使受众能够选择并采用多种方式进行参与和分享。比如,在参与广告的交互方式上,受众可以选择触屏的方式,也可以选择键盘输入的方式,这根本上源于新媒体多种终端的交互方式的差别。再比如,在分享的实现上,既可以通过传统的邮件、短信等方式进行分享,又可通过微信、微博等社会化媒体进行分享。也正因为新媒体互动方式的多样性,才能满足不同用户在不同场景下的不同需求。

3. 新媒体使互动效果更佳

新媒体建立在多媒体的技术基础上,表现形态多样,集视频、音频、图片、文本、动画等为一体。依托于新媒体的互动广告往往利用多种表现形态进行广告信息的复合式传播,展现出感官体验丰富、传播立体感强的特点。这在很大程度上个性化了广告信息的传播。对于受众而言,多媒体的复合应用,一方面使他们更容易关注到互动信息,另一方面,使他们在关注后更加积极主动地进行互动,因此体现出更直接的互动效果。

第二节 新媒体环境下的互动广告的传播

一、新媒体环境下互动广告的传播模式

1. 人信互动模式

人信互动模式是新媒体环境下基于广告传播者和广告受传者交流的根本互动模式。它指的是互动广告通过某种策略,让广告受传者与广告传播者发布的广告信息之间产生一种互动关系,达到吸引受众的注意力,进行深度沟通的目的。但实际上,信息本身缺乏与受众进行互动的能力,在中间起到重要作用的是智能系统的存在。比如,受众点击网络广告能

够进入品牌网站,输入关键字能够搜索到相关商品的信息等,都是因为智能系统接收到广告受众发出的互动请求,从而从预设中选择相适应的信息以满足受众的互动需求。

如图 9-1 所示,在新媒体环境下,互动广告传播者不再是一个有形的角色,新媒体也可以成为信息的代理发布者。广告受传者通过点击新媒体广告向传播者传递互动信息,而智能系统根据互动信息的读取程度相应地从数据库中提取符合要求的信息进行及时反馈。但由于数据库是预设的,所以体现的信息反馈能力比较有限,通常仅限于一问一答,也就没有办法做到真正灵活性的深度沟通。所以这种人信互动传播模式下的互动能力还停留在浅层次。

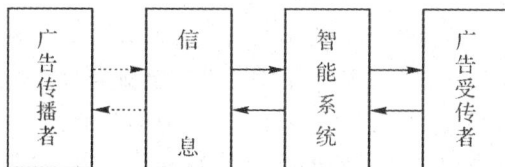

图 9-1　人信互动模式

新媒体互动广告中人信互动模式的应用主要表现在两个方面。第一,通过与广告受传者直接的互动,获得他们的相关信息,从而在广告中融入个性化的元素。例如,某些女性产品类的广告,常常通过"个性测试""心理测试"等游戏类的互动方式获取广告受众的相关个人信息,并以此与广告内容产生联系,起到延续受众注意的目的。第二,通过让受众选择广告信息的走向,或者让受众成为广告中的一部分等方式,让受众更多地参与到广告中。比如,Tipp-Ex 修正带在它名为"A Hunter Shoots a Bear"的广告片中便给予受众选择广告走向及让受众帮助构建广告内容的权利。广告前半部分描述的是,有一位在山中扎营野炊的猎人正在刷牙,忽然出现了一只大熊。当猎人举起猎枪准备射杀它时,影片中出现了"Shoot the Bear"和"Don't Shoot the Bear"的弹出式选单,不管受众选择哪一个选项,都会直接链接到后半段影片,受众会看见猎人一时心软下不了手。这时,神奇的事发生了,猎人把手伸出画面,拿起了 YouTube 影片右边广告区块上面的 Tipp-Ex 修正带,把 YouTube 影片标题中的"Shoots"涂掉了。接着让受众在影片上方的文字输入框中输入文字,影片会根据不同的信息为受众展示相应的视频内容,如可以选择输入

183

"Kiss",那接下来展示的视频内容就是猎人和熊亲吻的片段。当然这是之前预拍好的视频,互动广告并非能反馈用户的所有指令。

人信互动模式实际上是以受众为中心的模式。通过互动为信息与受众进行有针对性的匹配,这在一定程度上满足了受众的不同需求。

2. 人际互动模式

人际互动模式指的是,新媒体的使用者之间通过各种即时聊天工具、社交媒体、网络社区、电子邮件等工具或站点,围绕着某些品牌、商品、服务进行的互动沟通。如图 9-2 所示,人际互动模式下,原有广告中界限分明的广告传播者和广告受传者被泛化成广告参与者,即广告传播者不再只是广告主或者广告代理公司等传统的广告主体,广告受传者也不再只是消费者或者潜在消费者。消费者可能会把使用心得等相关的广告信息发布在新媒体的各个平台,或者潜在消费者会根据自己的需求发布广告信息,而广告主或者广告代理公司反而成为这些信息的接收方,会根据具体的情况反馈或者组织新一轮的广告投放活动。所以,消费者在人际互动模式下会积极地发起广告传播活动,而事实证明,由消费者主动发起的广告活动往往有着更好的广告效果。消费者和广告主在这种互动模式下,不分彼此,共同承担广告的参与者这样一个综合的角色,从而在传播中实现了平等的交流。

比如,本书第二章导入部分"健怡可乐和曼妥思"的案例便是由消费者首先发起的品牌活动。该案例中,消费者不仅是广告信息的制作者,还是广告信息的传播者。消费者在帮助视频传播的过程中,实际上实现了对品牌信息的传播。品牌主在这场活动中处在一个相对被动的地位,开始只是作为一个受传者接收各种信息,但在慢慢意识到活动产生的影响力后,也开始积极地参与,为品牌信息的传播创造更多更好的条件。因此,我们认为,人际互动模式下已经很难区分广告主与消费者的广告主客体角色,或者说在一次广告活动中,广告传播者和广告受传者的角色不是固定的,他们都作为广告活动的参与者而存在。

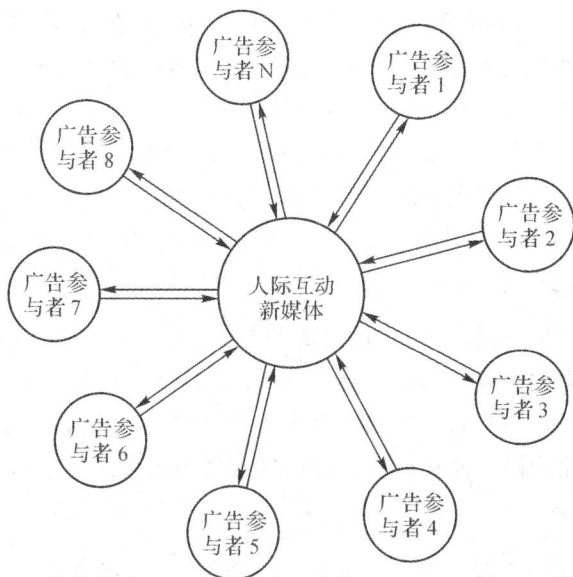

图 9-2　人际互动模式

二、新媒体环境下互动广告的传播特点

从互动广告人信互动传播模式和人际互动传播模式出发,互动广告传播有以下特点:

1. 平等性

传统媒介广告传播中,广告主具有绝对的话语主导权,广告主发布什么样的广告信息,受众就只能被动接收到什么样的信息。且由于传播媒介的限制,受众对广告信息很难实时、有效地反馈。与传统媒介广告的这种单向、线性传播不同的是,新媒体环境下,互动广告传播是一种双向的传播。传受双方的界限更加模糊,角色更加不固定。他们都可以是信息的掌控者,广告受众可以参与、讨论和二次传播广告信息,而广告主也可以根据受众及时反馈的信息,不断调整广告策略和广告内容,形成互动。所以,传受双方在新媒体环境下的互动广告传播中都展示了主动性,也表现了他们在地位及传播影响上的平等状态。

2. 精准性

受众的参与是新媒体环境下的互动广告赖以生存的基础。所以,对互动广告来说,如何把受众卷入到互动广告中,让他们与广告信息,或者与其他受众进行交流是首先要解决的问题。碎片化时代下,"大众"开始被"分众"所替代,分众表现出相对多元化的需求。因此互动广告吸引分众的参与要建立在了解多元化分众的基础之上,根据分众给予的反馈,分析分众的兴趣点和对媒介的接触习惯,精准地投放互动广告。而大数据的出现,使得互动广告传播在信息与受众的匹配上更加精准。

3. 可控性

新媒体环境下,互动广告传播的参与者可以自由选择合适的时间以及自己感兴趣的内容,主动创造信息并传播信息。从这个层面上来理解,互动广告传播的参与者都能实现对广告信息的控制,无论是量还是质,无论是时间还是空间。互动广告传播的参与者有充分自主的权利。

4. 体验性

新媒体环境下的互动广告传播为了追求与消费者更深入的互动沟通,往往会增加消费者易于感知的成分,即通过某种手段充分调动消费者的心理和行为,这里既包括感性因素,也包括理性因素。而这个调动消费者心理和行为的过程,这个让受众感知的过程,实际也是让受众体验的过程,使受众通过体验更积极地参与互动。

第三节 新媒体环境下的互动广告媒介细分和融合

一、新媒体环境下的互动广告媒介细分

舒咏平教授在《广告互动传播的实现》一文中写到,互动广告可分为即时性互动网络广告、数字电视广告、手机广告三种形式。[①] 时至今日,新媒体技术发展迅速,随着互动分众研究的深入,互动广告媒介的细分成为互动广告媒介发展的必然趋势,也必将影响到互动广告模式的改变。[②] 目前,实现互动广告的媒介技术展现出了一些新的发展特点,具体来说:

---

① 舒咏平.广告互动传播的实现[J].国际新闻界,2004(5):61-65.
② 李佳.Web 3.0精准分众下互动广告发展探略[J].新闻知识,2011(7):50-52.

1. 社交媒体与互动广告

用户通过社交媒体,可以进行评论、分享等行为,所以它本质上是一个用户贡献、生成、提取信息,然后进行传播的过程,符合互动广告让受众参与的初衷。通过社交媒体形成的社交网络集合了一个个看似独立、分散的个体,从而扩大了传播力。

所以,社交媒体与互动广告结合的优势在于:

第一,互动广告利用社交媒体的用户黏性聚焦受众的注意力,使受众不仅是广告的接受者也是传播者。[①] 受众主动分享的广告信息会通过自己所处的关系网络影响他们的好友,随之引发多级传播。

第二,社交媒体上的内容普遍更加注重娱乐性和话题性,极易引发受众的关注,从而吸引他们参与互动。

图 9-3　优衣库在社交媒体上推出的游戏类互动广告

最早在社交媒体上实践互动广告的是优衣库在 2010 年开展的一个名为"Lucky Line"的排队游戏。优衣库和人人网合作推出的这个活动于

---

① 王晓璐,徐丽婕.数字化时代的互动广告应用[J].广告人,2011(9):115-116.

2010年12月10日10时在线上启动,参与者用自己的人人网账号登录活动页面,选择一个卡通形象,便可以在优衣库的虚拟店面前排队(如图9-3所示)。这实际上通过娱乐的方式,将现实生活中的场景投放到虚拟世界里。除了每天随机赠送的一部iPhone或iPad外,如果用户在队伍里恰好排到第10万或者第50万这样的"幸运数字",还可以得到4999元旅游券或20件衣服的大礼包,当然普通的排队者也都有机会获得优衣库的折扣券。这些礼品和优惠不断吸引了受众参与。当然,参与者在"排队"的时候,其人人网主页上会生成一条"新鲜事"消息,分享给其好友。短短一周时间,互动参与明显,优衣库网上排队活动有超过93万人次参与。

2. 移动媒体与互动广告

移动媒体是指借助移动数字技术发展起来的可以处理多种平台软件和应用程序的媒体,主要载体是智能手机。目前以智能手机为代表的移动媒体具备移动性、即时性、交互性、到达性等多种特点,已经成为理想的互动广告发布媒体。

移动媒体与互动广告结合的优势在于:

第一,广告主可以根据用户的实际情况和实时情境将广告直接传送到用户的手机上,以手机作为媒介的互动广告能够体现实时动态的信息传播,也就意味着受众与信息匹配上的精准。对于受众而言,移动媒体上的互动广告更能贴合他们的需求和兴趣,也就有着更大的互动吸引力。

第二,手机的可移动性和随身性的基本特性,使得手机上的信息传播体现较高的即时性。大多数人每天都会携带手机,随时关注手机,甚至24小时开着手机,手机媒介对用户的影响力是全天候全方位的。借助手机媒体进行的互动广告信息传播能够体现出最及时、最有效的到达效果,随时随地允许受众参与活动,随时随地鼓励受众进行反馈。

例如,借助移动媒体进行互动广告的实践家星巴克,曾于2010年5月与美国一家基于地理信息的网站Foursquare合作,推出了"市长奖励计划"。"市长奖励计划"并不复杂,用户只需进入Foursquare网站并建立自己的社区,然后每次进入星巴克咖啡店后用手机登录Foursquare网站的专属社区进行"签到"。如果某一用户的签到次数最多,即可获得该网络社区的"市长"称号,当然也可以凭此称号在星巴克咖啡店消费时享受1美元的折扣奖励。

3. 二维码与互动广告

二维码(Quick Response Code)，又称二维条码，它是用特定的几何图形按一定规律在平面(二维方向)上分布的黑白相间的图形，是信息数据的一把钥匙。用户只需通过手机的摄像头，便可以读取到二维码背后隐藏的信息。

二维码的用途非常广泛，可以实现信息获取、数据下载、网站链接、商品交易等，多种功能的应用使得二维码更加普遍。随着国内物联网①产业的蓬勃发展，更多的二维码技术应用解决方案被开发出来，二维码成为名副其实的移动互联网入口。②

二维码与互动广告结合的优势在于，线下广告信息刺激并引发受众与信息的进一步互动，然后通过二维码扫描带给受众更丰富的广告信息或者更直接的购买渠道。实际上，二维码起到的是先连接线下后导向移动互联网的重要作用。

比如，著名内衣品牌"维多利亚的秘密"曾借助二维码做了一个很有意思的户外广告。在模特前胸盖上二维码，广告文案"Reveal Lily's Secret(揭开莉莉的秘密)"诱惑受众拿起手机，把摄像头对准二维码，受众扫描后才发现原来二维码的后面是"维多利亚的秘密"的品牌信息。

4. 全息投影与互动广告

全息投影指的是利用干涉和衍射原理记录并再现物体真实的三维图像的技术。全息投影技术不仅可以产生立体的空中幻象，还可以使幻象与表演者产生互动，一起完成表演，实现令人震撼的演出效果。③ 全息投影重视感官体验，传达了更加丰富的想象和联想空间，可被广泛运用在重体验类的，如服务、体育、销售等行业的互动广告信息传播中。

全息技术与互动广告结合的优势在于，它以全新的视角聚拢人们的目光，引发受众的参与，从而勾起消费者的消费欲望。

英国数字公司 Engage 研发了一项名为"Virtual Style Pod"的技术，

189

---

① 物联网是利用局部网络或互联网等通信技术把传感器、控制器、机器、人员和物等通过新的方式联在一起，形成人与物、物与物相联，实现信息化、远程管理控制和智能化的网络。

② 郭小 2. 二维码：移动互联入口[EB/OL]. [2012-10-29]http://news.rfidworld.com.cn/2012-10/5aefbaf1051e59co.html.

③ Vivian P. 数字百科：3D 技术——从三维投影到全息成像是如何实现的[EB/OL]. [2013-02-15]http://www.damndigital.com/archives/41887.

实际上就是一个虚拟试衣间。这项技术会对购物者进行扫描,而后绘制出实体大小的图像,将亚历山大·麦克奎恩和 DKNY 等奢侈品牌的衣服投射到图像上,消费者无须脱换衣服便可试穿。

5. 触控技术与互动广告

触控技术分为单点触控技术和多点触控技术。单点触控,即只能识别和支持每次一个手指的触控、点击,若同时有两个以上的点被触碰,就不能做出正确反应。而多点触控技术能把任务分解成两个方面的工作,一是同时采集多点信号,二是对每路信号的意义进行判断,也就是所谓的手势识别,从而能使屏幕识别人的五个手指同时做的点击、触控动作。[①]

触控技术与互动广告结合的优势在于,在保证互动性的同时,更注重从受众角度出发,简化互动的程序。传统电脑端支持的交互方式是鼠标、键盘等,而触控技术的存在改变了这种输入方式,转而用轻松的触碰即可实现,大大增加了互动广告受众的互动热情。

运动品牌阿迪达斯在 TBWA 的帮助下,将橱窗变成交互式触控屏,成为一个互动广告的实现平台。阿迪达斯 NEO Label 专卖店外的橱窗由真实比例大小的单品构建出一个属于 NEO 的虚拟门店,通过触控,人们可将感兴趣的单品直接通过橱窗拖放至智能手机中,并可在线支付,简单便捷。任何放入橱窗购物袋的商品都会及时在智能手机上显示,并可随时对产品详情进行任意编辑,与此同时,消费者还可与 1∶1 模特进行互动体验,通过触控橱窗热点,便可轻松通过模特展示了解产品各处细节,并进行各项充满趣味的互动操作。

6. 虚拟现实技术与互动广告

虚拟现实技术是利用计算机生成逼真的三维视、听、嗅觉等感觉以模拟现实的场景,再通过一些可穿戴设备,使参与者自然地与虚拟世界进行交互,从而即时地、无限制地获得与在现实中一样的感觉。

类似的,还有一种增强现实技术,它在虚拟现实技术的基础上,生成同时包括虚拟世界和真实世界要素的环境。

虚拟现实技术与互动广告结合的优势在于:

---

① 触控技术网.电容屏的单点触控与多点触控[EB/OL].[2012-09-04]http://www.tptech.cn/news/2012-09/info-150260-531.htm.

第一,虚拟现实技术让广告受众置身于广告主创造的虚拟环境中,通过体验的方式接收互动广告传递的信息。这从根本上改变了广告的曝光会妨碍到受众的媒介使用这一传统劣势,互动广告对于广告受众而言不再是一种干扰,转而变成一种能够深深沉浸的体验。

第二,虚拟现实技术可以让互动广告的受众直接体验产品、服务的好坏,而不需要像传统广告一般,通过利用某种技巧讨好受众的方式建立受众对某品牌、某产品、某服务的好感。对于竞争力较强的产品、服务来说,通过体验足可以体现自己的品质和水准,也就大大强化了广告的效果。

比如某汽车的互动广告,通过虚拟现实技术,消费者可以通过鼠标、键盘或其他传感设备对汽车进行操作,并变换不同的驾驶环境——高速公路、沙漠、草地等,直接感受到汽车在不同环境下的视野、速度、舒适性、安全性等特点,使消费者对产品有更加深入的了解,也有利于厂家把产品的优势直观地向消费者传达,并快速、直接地收到消费者的反馈意见。①

二、新媒体环境下的互动广告媒介融合

新媒体环境下,虽然互动广告媒介的细分成为必然趋势,但在媒介融合的大背景下,互动广告传播媒介无法独立存在,所以,互动广告在发展过程中其媒介表现出细分趋势的同时,又不断连接成为一个协同作用的互动广告大网络。这个互动广告大网络表现出互动广告媒介的大融合,融合的一部分体现在具有延时互动性质的传统媒体与即时互动性质的新媒体之间的融合,而另一部分则表现在互动广告的多种新媒介、新技术之间本身也存在着融合的态势。

传统媒介本身无法满足目标消费者的深度沟通,而新兴的分众化媒体具备的精准广告的能力为广告主提供了一个全新的广告环境,创建了一个全新的广告市场体系,这对广告思维方式和媒介的革新产生了重大的影响。新旧媒介之间基于互补的融合思维也必定会推进互动广告新媒介和互动广告传统媒介之间的融合。可以想象的是,新旧媒体的融合会促使互动广告传播模式进一步转变,更加深入地了解消费者的需求,更加高效地满足消费者的需求。图9-4展示的案例是在"巴西夏天的海滩人山人海,孩子极易走丢"的背景下,妮维雅希望在防护肌肤之余,更能为照

191

①　张静.虚拟现实技术在广告中的应用[J].现代商业,2012(30):273.

顾孩子及守护家庭提供帮助。在洞悉到用户这方面的需求后,妮维雅想出了一个卓有成效的新方法——利用平面印刷媒体和手机无线联动,以全新的方式帮助家长更好地看护孩子。这个方法既能提升自身品牌在家庭呵护方面的品牌形象,又能实实在在促进销量。这里所谓的平面印刷媒体和手机的联动是如何作用,如何产生效果的呢?妮维雅注意到目标人群(即带孩子去海边的父母)的行为习惯,即他们在沙滩上有着一边高频率使用智能手机,一边和家人一起翻看杂志的习惯。因此,妮维雅在杂志内页广告上内嵌一枚"雷达"按钮,家长可以将其绑在孩子的手臂上,同时下载手机定位 APP,就可以时刻关注孩子们的动向。一旦孩子们超出安全范围或者离开自己过远,APP 就会发出警报,家长可以通过定位 APP 迅速查找到孩子的方位。妮维雅这一创新案例提升了本品牌在巴西的知名度和销售量。从 2013 年夏季到 2014 年夏季,妮维雅儿童防晒霜是唯一关注照看孩子的护肤品牌。妮维雅防晒霜第一次在巴西跃上防晒霜销量榜冠军。根据尼尔森在里约热内卢的调查数据,妮维雅防晒霜的销量增加了 62%,超过了主要竞争对手 13%。此案例中,我们看到了以杂志为代表的传统媒介和以手机为代表的新媒介之间的联动,实现了妮维雅互动广告的有效传播。

  进入新媒体时代后,基于多种新技术的互动广告媒介有了极其快速的发展。上文提到的社交媒体、移动媒体、全息投影、触控技术、虚拟现实技术等都为互动广告的发展提供了平台基础。在媒介融合的思维下,各媒介、各技术之间也开始联动,促使互动广告与营销渠道结合、互动广告与商业服务结合,互动广告不再是一个独立的个体,而是形成一个互动整合传播服务体系,一体化地提供相关服务。图 9-5 中展示的案例是,2012年 10 月上海麦肯为太古地产的北京三里屯 Village 策划并执行了名为"Let's Play XXL"(潮玩大尺度)的互动广告活动,通过高科技的定点海报、AR 技术和专门定制并提供下载的 APP,把大量智能手机或其他移动数码终端设备的时尚消费者引入到一场新鲜的体验中。下载了该活动 APP 的用户可以将镜头对准遍布三里屯的广告海报使不同种类的恐龙随时现身,还可以为它们换上喜欢的新衣。活动结合赠品兑换,消费者可换得限量版的"人大袋",受众在一系列的活动参与中获得了充满娱乐性的行动体验。这个充满创新精神的互动广告引发了各大报纸的关注,创造了约 500 万人民币的媒体价值,参与人数从 436 人次上升到 3431 人次,参与度提高 670%,数字投资回报率高达 7 倍。① 此案例中,我们看到 LBS 技术、AR 技术、移动 APP 等技术和媒介协同作用,为互动广告的实现提供基础,这充分说明媒介融合思维下的互动广告一体化的重要作用和价值。

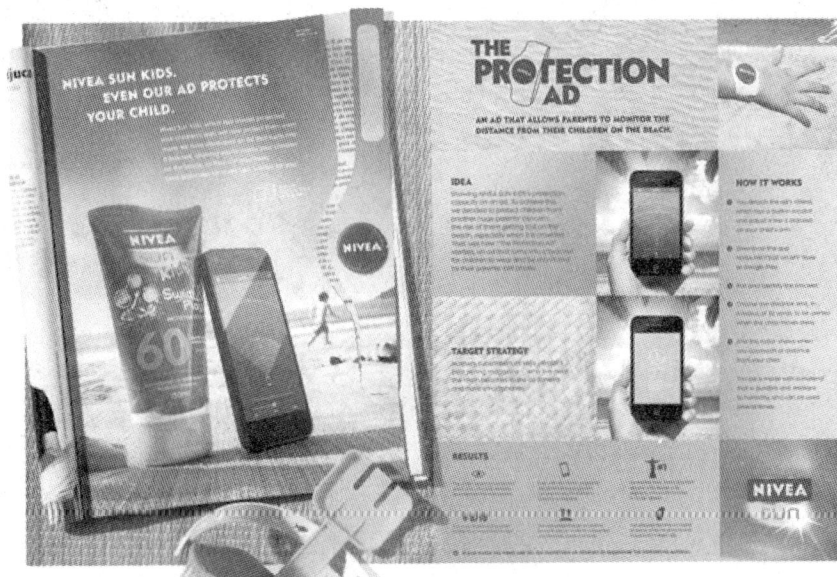

图 9-4　杂志和手机无线联动的妮维雅互动广告

---

① 互动中国.麦肯上海:三里屯 VILLAGE——"潮玩大尺度"(Let's Play XXL)[EB/OL].[2012-11-29]http://www.damndigital.com/archives/75617.

图 9-5　融合多种媒介、技术的太古地产互动广告①

第四节　新媒体环境下的互动广告体验形式

伯德·H. 施密特(Bernd H. Schmitt)在其《体验式营销》(*Experiential marketing*)一文中认为,体验式营销是通过看(See)、听(Hear)、用(Use)、参与(Participate)的手段,充分刺激和调动消费者的感官(Sense)、情感(Feel)、思考(Think)、行动(Act)、关联(Relate)等感性因素和理性因素,重新定义、设计一种思考方式的营销方法。② 换言之,体验式营销要为用户创造出感官、情感、思考、行动、关联五方面的体验。互动广告就是这么一种触发体验的典型传播形式,它通过互动刺激消费者的感官和情感,引发消费者的思考、联想,并使其行动和体验,最终通过消费体验,不断地传递品牌或产品的好处。与传统媒介下的互动广告侧重于思考和关联等意识形态方面的体验不同的是,新媒体环境下的互动广告更多地依赖新媒体的技术触发的感官、情感和行动体验。具体分析如下。

---

① 互动中国.麦肯上海:三里屯 VILLAGE——"潮玩大尺度"(Let's Play XXL)[EB/OL].[2012-11-29]http://www.damndigital.com/archives/75617.

② Bernd H. Schmitt. Experiential marketing[J]. *Journal of Marketing Management*,1999,15(1):53-57.

一、互动广告的感官体验

　　新媒体环境下的互动广告,可以充分调动受众的视觉、听觉和触觉等多方位良好的感官体验。在广告推广中,突出产品的某种感官特征,使消费者通过营造出的氛围调动自己的感官和情绪投入,在互动参与中全面体验现场的场景、气氛和过程,让消费者产生克珍特米哈依所谓的"沉浸体验",这也是互动广告体验形式的一个基本类型。[①] 互动广告通过感官体验实现了与受众的双向沟通,受众在变被动到主动的过程中,加深了对品牌的认识。受众在互动过程中会与广告信息紧密接触,甚至产生长时效应,形成感官上的记忆。

　　著名体育品牌耐克有过一个广告,内容是一位足球队员在角斗场上的幻想,视频采用虚拟现实的方法创造出公元 1 世纪的罗马角斗场上,足球队员与一群怪兽进行的激烈比赛,表现出耐克无所不能、锐不可当的品牌气质。[②]

　　世界知名香水品牌 AXE(凌仕)曾在伦敦地铁站专门打造了一个带有特殊标识的区域。只要人们进入带有天使翅膀形状的标识区域内,程序便可以检测到,从而触发播放特效。进入标识区域的人可以通过大屏幕看到一位美丽的天使从天而降,在其身边翩翩起舞。这种新颖、独特的方式表现了 AXE 香水具有的强大吸引力,同时这种特殊的展示形式也给消费者留下了无法磨灭的印象。

　　新媒体环境下互动广告的感官体验往往创造出让用户难以分辨虚拟与现实的场景,达到以假乱真的效果。特别是利用虚拟现实技术的互动广告总能使用户全身心地沉浸到为传递广告信息而专门打造的虚拟环境中,而这些虚拟环境往往都是受众平时生活中看不到的或者不可能发生的,所以极易引起受众的注意力,也自然会给受众留下深刻的印象。

二、互动广告的情感体验

　　互动广告中的情感体验指的是人在互动广告创造的传播情景中表现

---

　　① 杨思杰.体验创造价值——互动广告应用形式与效果解析[J].淮北师范大学学报,2013(5):134-136.

　　② 张静.虚拟现实技术在广告中的应用[J].现代商业,2012(30):273.

出某种情感上的倾向性,这种情感上的倾向性有利于满足人的情感体验。如果这一情感上的倾向性在具体的生活中代表着某种意义,这时情感体验就会被即时唤起,直接影响着消费决策与消费行为。互动广告中的情感体验,即是人们对一些真实或想象的事件、行为或品质的高度肯定或否定的评价,以及由此引起的各种精神状态或生理、心理反应。

由于新媒体的互动即时性、广泛性和深入性的特点,新媒体环境下的互动广告所提供的情感体验也会更具有触发性,能够有效地拉近与消费者的情感距离,与此同时,也有助于增强品牌的存在感,为品牌建立起良好的口碑与形象,从而影响受众的消费决策与行为。

强生发起的"背奶妈妈"呼吁、申领、分享的案例中,就是透过完整的实体与虚拟的串联互动,协助背奶妈妈们改善困境的。第一步是在企业大楼电梯间的电视上以及网络上播出倡导影片,诉说背奶妈妈所面临的困境,以及可以立即改善的有效方法;第二步是在强生的官方微博上开放申请免费的"临时哺乳室"告示牌,将它贴在自己需要储奶的空间的门上;第三步是鼓励网友们分享"那里有哺乳室"的信息到网站的地图上,当妈妈们出门在外,就可以通过手机找到临近的哺乳室了。[①] 案例执行一个月的时间内,网络视频共计播放超过180万次,新浪微博"背奶妈妈"话题新增200多万条,地图分享哺乳室2000余间,在社会化媒体上的影响人数高达2亿,并得到了包括中国女性公益组织在内的社会各界的积极响应[②]。强生"背奶妈妈"的互动广告具有很强的洞察力,关注到与消费者相对应的情感元素,通过一系列的广告行为建立了良好的情感互动沟通的渠道,使得强生品牌成为连接消费者情感的纽带,产品本身因此被赋予了浓厚的人情味。长远看来,广告受众被引发的情感体验会极大地影响消费者日后的购买行为,使广告的传播效果获得深化和延续。[③]

然而,社交媒体提供的互动广告并不一定都能如强生"背奶妈妈"案例一般顺利地导向正面的情感体验,火锅品牌"海底捞"就曾因为微博这

① 互动中国. 强生"背奶妈妈"营销案例的启示 [EB/OL]. [2012-11-12] http://www.damndigital.com/archives/74205.
② 梅花网. "背奶妈妈":从口号到行动的跨越 [EB/OL]. [2012-11-22] http://www.meihua.info/a/48309.
③ 杨思杰. 体验创造价值——互动广告应用形式与效果解析[J]. 淮北师范大学学报,2013(5):134-136.

个社交平台上的某些言论遭遇过一场危机。2012 年 7 月 26 日,某网友发布了一条微博:"前一阵子去吃海底捞,然后跟朋友讨论刚刚丢了 iPad 很是气愤,结账的时候服务员要了我的地址,说看我心情这么不好给我邮寄一个小礼物,然后我就把地址给了她,今天竟然送来了 iPad……"该微博被转载了 2.7 万次[①],"围观者"们纷纷表达了对海底捞这种服务理念与意识的惊喜与褒扬。但这之后,由于相似的段子不断被夸大地演绎,微博上逐渐把海底捞形容到"人类都已经无法阻止"的地步,送贺卡、送霸王餐、送 iPhone5 到后来被恶搞成送一切帮你达成梦想的东西(如房子、汽车之类)。随之,"围观者"从最初的惊喜到怀疑,再到厌烦,甚至出现不想再去海底捞消费的情感转变,给海底捞带来了负面的影响。此案例可见,新媒体环境下,互动广告虽然能够提供给用户更加自由和便利的沟通方式,更容易通过洞察了解受众内在的情感元素,更容易通过体验激发受众的情感,但由于这种互动在方向上缺乏可控性,因此要充分地预见互动的影响程度和影响范围,把握受众在情感体验上的转变。

三、互动广告的行动体验

互动广告中的行动体验是非常普遍的,它着重体现在通过互动广告使受众参与,并且围绕参与进行跟踪与反馈,形成一种行动体验的联动机制。一方面,在强调参与性的行动体验现场,受众可以直接获得与品牌接触的机会,从而加深对品牌的认同感;另一方面,通过行动体验的载体可以将广告信息进行二次传播,让没有参与到互动广告中的受众也能够得到相关的广告信息,并且在感受互动广告的传播效应后,加深对品牌的印象。

新媒体环境下,互动广告的行动体验更加注重与受众的生活方式、兴趣爱好、媒介习惯的结合,常常直接让受众置身于广告信息的生产和传播环节中,创新互动广告的形式。新媒体本身非常注重受众的个体主观能动性,新媒体技术又给予受众主观能动性发挥的空间,这正好与互动广告行动体验强调的参与感不谋而合。因此,新媒体环境下的互动广告的行动体验往往可以吸引更多受众的关注,引起他们更大的参与热情。

197

---

① 趣告互动.从神坛到泥潭——海底捞微博营销变形记[EB/OL].[2012-03-26]http://blog.sina.com.cn/s/blog_8baa922d0100xq9t.html.

图 9-6　MINI"Getaway Stockholm
(逃离斯德哥尔摩)"的互动广告活动

　　汽车品牌 MINI 曾在瑞典为当时新上市的 Countryman 车型策划了一次名为"Getaway Stockholm(逃离斯德哥尔摩)"的互动广告活动。MINI 在斯德哥尔摩城市某处设置了一台虚拟的 MINI 最新款的四门、四驱 Countryman 车,参与者需要预先下载专门为活动开发的手机 APP,通过 APP(如图 9-6 所示)查看虚拟的 MINI 所在的位置去完成 Countryman 发布的核心主题"Getaway(逃离)"。只要是下载了 APP 的参与者都可以来抢夺这辆虚拟的 MINI,不过,只有最后一个抢到并保留这辆虚拟 MINI Countryman 的参与者才可以获得一辆真实的 Countryman 作为奖励。此外,参与者还可以运用移动媒体把参与的过程和感受即时分享给自己的好友,形成互动广告信息的二次传播。这个案例非常好地把附带品牌、新产品信息的广告活动与 LBS 结合,并通过 AR 技术展示虚拟车辆,通过"抢"的方式聚集受众,获得了空前的成功。不仅 MINI 品牌得到了广泛的宣传,新产品 Countryman 得到了推广,而且在互动广告结束后的首季度,MINI 在瑞典的销量上涨了 108%,互动广告的效果显著。① MINI Countryman 的案例中,手机 APP 和 AR 技术、LBS 技术等构成的互动形式既符合年轻参与者对移动媒体的使用习惯,又直接让参与者体验到了最能激发好奇心理和行动力的"寻宝"游戏,再加上还有"大奖"的利益诱惑。所有的这些,从参与者的生活方式、兴趣爱好、媒介习惯等角度保证了该互动广告活动在行动体验方面的最佳效果。

第五节　新媒体环境下的互动广告传播策略

本书将结合新媒体环境的特点,从创意、媒介投放两个角度,分析互动广告的传播策略。

一、新媒体环境下的互动广告创意策略

本书第五章第三节已经针对新媒体广告创意的重要性、原则等方面作了详细地说明。为了更好地提升新媒体环境下互动广告的创意性,吸引更多地受众参与互动,本书作者相应地总结几种广泛使用的互动广告创意策略。

1. 悬念性策略

新媒体环境下,互动广告需要建立在与受众深度沟通的基础之上,任何互动广告创意都需要从吸引受众的注意力出发,然后通过由受众主导的沟通,广告信息才有可能在这个过程中得到影响受众的机会。由于新媒体广告的受众面对的是海量信息,再加上积累起来的广告态度,特别容易站在一个固定的角度、使用一种固定的模式来看待任何一种形式的广告信息传播。在互动广告中加入悬念的元素,可以有效地改变受众的固有思维方式带来的懈怠性,引起他们的猎奇心理,驱使他们主动去探寻本源和答案。

当然悬念设置的过程中,也要充分考虑到受众的需求,以保证悬念的合理性。单纯为了吸引眼球的悬念,或者不注重受众需求的悬念,都没有

199

---

① 易车网. MINI 的经典手机 APP＋AR＋LBS 营销案例[EB/OL].[2012-06-07]http://news. bitauto. com/szyx/20120607/1405719071. html.

办法在互动产生后提供符合受众期待的、让受众满意的答案,那就很可能没有办法获得转化,导致互动广告无效。从受众的生活经验、兴趣爱好等角度出发设置的悬念,往往能让受众有探寻的动力,也就能获得较多的受众参与。

另外,由于悬念需要受众主动去揭开,所以要提供合适的方式,使受众享受这个不断揭秘的过程。比如,上文 MINI Countryman 的案例中,悬念是需要参与者借助手机 APP 中的地图才可以被揭开的,若是换成指南针、地图等传统的工具,就不符合年轻人的使用习惯,无法迎合年轻人的兴趣爱好,这个游戏的参与度便会大打折扣。

2. 利益诱导性策略

新媒体广告环境下,受众依然表现出一定的趋利性。所以,在互动广告中,通过适当的利益诱导,比如利用一些打折、赠品等奖励作为吸引受众参与的利益点,可以最大限度地调动受众的参与可能。比如,上文 MINI Countryman 的案例中,吸引参与者们与"Getaway Stockholm(逃离斯德哥尔摩)"广告活动进行互动的一个诱因是最终获胜的参与者可以获得一辆真实的 Countryman 作为奖励。

但是要注意的是,利益设置的合理性需要进行充分的考量。利益本身是不是与互动广告中的广告内容、互动广告的传播目的相适应,受众参与的目的性会不会因为利益的设置而发生根本的变化等,都是考察利益合理性的重要方面。比如微博上的很多信息传播都是通过"转发抽奖"实现的,但很多"转发抽奖"活动不论是什么广告目的,最终的奖励常常是iPhone、iPad 之类的与广告内容信息完全无关的东西,这虽然能够吸引更多的参与者进行广告转发,但因为不全是广告的直接目标受众,互动广告的效果会大受影响。

3. 趣味性策略

由于趣味性、娱乐性符合新媒体使用者的群体个性和使用目的,所以它也是吸引受众进行互动沟通的重要原因之一。具体来说,趣味性包括互动广告内容上的趣味性和互动广告形式上的趣味性。互动广告是建立在受众主动索取广告信息的基础之上的,所以内容上要尽可能地避免广告产品信息的直接介绍、广告产品优势的大肆宣传,这种直接和无限放大的宣传方式极易招来受众的反感。但若是把内容适当地与心理测验、星座分析之类的强调娱乐性、趣味性的个性化信息作结合,就比较容易拉近与受众之间的距离,让他们主动参与到广告互动中。互动广告可以采取游戏等比较活泼的互动方式,当然游戏的难易度以及广告信息的植入方式需要进一步的分析和设置。

上文提到的几种常用的新媒体互动广告创意策略既可以单独运用,也可以根据实际的需要把某两种创意策略,甚至三种创意策略结合在一起运用,以达到最佳的创意效果。

二、新媒体环境下的互动广告媒介投放策略

互动广告若想获得良好的广告效果,除了运用优秀的创意策略外,还需要有合适的广告媒介投放策略。新媒体环境下,互动广告媒介投放策略包括媒介的选择策略和投放时间策略。

1. 媒介选择策略

新媒体环境下,互动广告的媒介选择相对复杂,需要考虑更多的因素,但依然遵循科学、有效的原则。

首先,要根据目标选择合适的互动广告发布媒介。每个广告活动都要通过预算控制广告的成本。对互动广告来说,并不是投放到的媒介越多,投放的频次越高,广告效果就会越好。所以,在选择互动广告发布媒介的时候也得考虑广告的单位成本,尽可能寻找性价比较高的媒介。

除此之外,不同的媒介会有特定的用户群体,所以广告主在为互动广告选择媒介之前,还需要进行详细而完整的受众分析,然后根据目标受众的新媒体接触和使用习惯来选择相应的媒体。比如,微博的用户群体主要是年轻人,跟年轻人相关的产品比较适合在微博上进行发布或展开互动;但若是要在微博上发布与老年人相关的产品,就无法有效地覆盖目标人群,会造成广告资源的浪费。

在互动广告的实际投放中,任何一个媒介的受众都无法与广告主的目标消费群完全重合,这缘于目标受众的多元化组成和目标受众复杂的媒介接触行为。而在新媒体环境中,媒介的数量大大提升,每个媒介的特点又各有不同,所以,基于目标受众、目标受众的媒介接触现状和新媒介的特点,为了覆盖更多的目标人群,广告主在挑选互动广告媒介的过程中,更多地会从互补的角度,以媒介组合的方式确定最终的投放媒介。换

201

言之,当广告主确定一个媒介后,要针对它没有覆盖到的一部分目标受众,选择其他媒介协助完成。通过这种方式,可以尽可能多地覆盖目标群体。上文 MINI Countryman 的案例中,虽然只有下载手机 APP 的目标受众才可以现场参与寻找虚拟 MINI Countryman 的互动,但实际上,其互动广告传播的影响力并非只作用于参与互动的人群,广告主鼓励参加者通过社会化媒体的分享形成二次传播,把广告内容传递给当时没有参加活动的其他目标受众。因此,需要对目标受众进行完整的分析,才能充分了解目标受众的组成和目标受众的媒介接触习惯,为互动广告媒介的选择提供有效的判断依据。

其次,要充分考虑受众反馈的渠道。互动广告与传统广告最大的不同在于,互动广告不仅需要选择其发布的媒介,还需要确定受众反馈的渠道。选择的反馈渠道越是符合受众的使用习惯,越是便利,便越能保证反馈的即时性,也就越能吸引用户持续地参与到广告的互动中去。当然反馈渠道的选择不是仅从受众角度考虑的,还要充分考虑到互动广告的发布媒介与受众反馈渠道的契合性。假设互动广告选择手机 APP 作为最终的发布媒介,那么也得尽量从可移动的角度去考虑受众的反馈渠道,使得信息的接收和反馈保持在同一个广告生态环境中,实现顺利的对接,从而保证广告信息的即时、有效的互动。

2. 投放时间策略

选择完媒介之后,接下来需要确定互动广告在媒体上的投放时间,具体包括对广告时机和时段的选择。

互动广告的时机选择极为重要,如果能抓住由热点事件、突发新闻和热门话题形成的大众关注效应,适时推出相应的互动广告,必将获得更多的关注,形成更热烈的讨论,也将吸引受众积极地与广告信息互动。由于新媒体的发布门槛比较低,发布的方式相对简单,发布的时间几乎没有限制,也能随时随地对广告内容进行修改,所以只要保持对热点事件、突发新闻和热门话题的敏感度,在新媒体环境中把握互动广告推出的时机不是一件难事。

对于互动广告而言,有利的发布时机是可遇不可求的,大部分时候没有热点事件、突发新闻和热门话题可供借势,就得充分考虑目标受众的媒介接触时间,尽可能使互动广告的投放时间与目标受众的媒介接触时间重合,这样才能保证尽可能多地让目标受众接触到互动广告。新媒体环境下,媒介用户的使用时间更加碎片化,所以不适合连续式的投放策略,也无法期望仅用一个时间段就能抓住所有的目标用户。比如微博使用的便利性使得用户群体使用微博的时间极其不固定,若要在微博上发布互动广告,就很难仅仅以用户的微博接触时间作为互动广告发布时间的参考。所以,在新媒体环境下,互动广告的时段选择除了考虑目标受众的媒介接触时间以外,还要根据目标受众、广告目标、广告预算、广告创意策略等因素,选择合适的互动广告发布时段,以最大化互动广告的效果。

第十章　新媒体与精准广告传播

　　《纽约时报》曾报道过美国折扣零售商塔吉特公司怎样在没有被清楚告知的情况下预测出一个女性的怀孕情况。① 很多人都不知道,对于零售商来说,知道一个顾客是否怀孕非常重要。因为这是一对夫妻改变消费观念的开始,也是一对夫妻生命的分水岭,他们会开始光顾以前不会去的商店,渐渐对新的品牌建立忠诚。

　　塔吉特的分析团队首先查看了签署婴儿礼物登记簿的女性的消费记录。他们注意到,登记簿上的妇女会在怀孕大概第三个月的时候买很多无香乳液。几个月之后,她们会买一些营养品,比如镁、钙、锌。公司最终找出了大概20多种关联物,这些关联物可以给顾客进行"怀孕趋势"评分。这些数据甚至使得零售商能够比较准确地预测预产期,这样就能够在孕期的每个阶段给客户寄送相应的优惠券。

　　《习惯的力量》一书中讲到了接下来发生的事。一天,一个男人冲进一家位于明尼阿波利斯市郊的塔吉特商店,要求经理出来见他。他气愤地说:"我女儿还是高中生,你们却给她邮寄婴儿服和婴儿床的优惠券,你们是在鼓励她怀孕吗?"而当几天后,经理打电话给这个男人致歉时,这个男人的语气变得平和起来。他说:"我跟我女儿已经谈过了,预产期是8月份。我完全没有意识到这个事情的发生,应该说抱歉的人是我。"

　　舍恩伯格在其著名的《大数据时代》中提到过上述美国折扣零售商塔吉特公司的案例。我们看到在大数据时代的背景下,广告主对用户进行的精准广告,已经不仅仅建立在判断用户当下需求的基础上,还需要掌握预测分析的能力,通过判断用户未来的需求,来贴近用户的内心,从而提

---

　　① 案例来源:维克托·迈尔-舍恩伯格,肯尼迪·库克耶.大数据时代[M].盛杨燕,周涛,译.杭州:浙江人民出版社,2013:77-78.

供让用户满意的个性化广告。

接下来,本书作者将对新媒体以及大数据背景下的精准广告作一个系统的梳理,介绍精准广告产生的相关背景及其含义,解析精准广告的实现基础和实现平台等整个生态链,并站在与普通广告传播区别化的立场上,分析精准广告的传播模式,再针对精准广告的发展现状提供精准广告的传播策略。

第一节　精准广告产生的背景与含义

一、精准广告产生的背景

新媒体广告市场规模的持续扩大说明广告主在面对新媒体广告市场日益增长的需求时,充分认可了新媒体广告市场巨大的发展空间和价值潜力,并积极参与其中。但与此同时,市场规模的快速扩大掩盖了一个不争的事实:对广告主而言,与传统广告类似的是,新媒体广告的投放依然达不到预期的效果,投资没有获得预期的回报。这打击了广告主对新媒体广告的投放热情。究其原因,可以从以下三方面来思考:

1. 媒介因素

新媒体的迅猛发展一方面挤压着传统媒体的发展,使传统媒体不断寻求转型或突破,另一方面使得媒介环境呈现出多样性和碎片化的趋势,集中表现在媒介数量的不断上升、新媒介革新速度的加快、媒介形态的复杂多样、媒介在碎片时空中的适用、媒介信息数量的激增等方面。对受众而言,可以选择的媒介变多了,媒介使用的场合不受限制了,媒介信息空前爆炸,于是,受众对单一媒介的忠诚度在不断下降,注意力也就随之分散,受众的媒介接触习惯和媒介接触行为被完全改变。如果在这样的媒介环境中继续沿用粗放型的广告投放,必然得不到预期的广告效果,只能造成广告费用的浪费。

2. 受众因素

随着社会经济的发展,人们生活水平不断提高,消费选择不断扩大,生活方式及意识形态呈现多样化趋势,个性化需求日益明显。即使是年龄、教育、收入基本相同的消费阶层内部也可能由于态度观念的不同,呈现出逐步分化离散的状态。① 在这种分化离散的状态下，人们接收信息的内容和方式开始产生变化，关注的程度也因人而异，甚至处在持续的变动中。传统媒介下，一对多式的单向传播模式已无法满足受众这种变动式的分众化趋势，而新媒体的出现给予受众互动沟通可能的同时还能够满足受众个性化的需求。从此，受众开始摆脱被动的信息接收者的角色，聚集到一个个小集合中，形成一个个分众，在消费领域表现出日益多样化和分散化的个性需求，在广告传播中表现出主动搜寻和阅读自己感兴趣的广告的特点。再加上媒介环境的多样性和碎片化，受众使用媒介的选择性和自由度得到提升，媒介市场的细分化加剧了受众的分众化。

因此，传统意义上仅一个广告就能感动千万人，仅一个广告就能说服千万人，仅一个广告就能满足千万人的现象不复存在，取而代之的是，根据不同分众的属性特点和媒介接触习惯，区别化、个性化广告，才能取得较好的广告效果。

3. 广告因素

广告界一直流传着这么一句话，"我花在广告上的钱有一半是浪费掉的，可我不知道是哪一半"。这句话像是个永远无解的未知数一般困扰着广告主，甚至被称为广告界的"哥德巴赫猜想"。当然，广告主除了希望清楚得知广告费用具体被浪费在哪里以外，更希望实现的是尽可能合理化广告资费，让每一分钱都有产出，让每一分钱都用在刀刃上。也只有这样，才能够使广告主保持甚至增加广告投入。

传统广告效果评估相对模糊，也就无法给广告主一个准确有效的答案，对于广告主而言，他们需要一种更有效、更经济、更有针对性的广告形式，精准广告就在这样的愿景和呼声中应运而生。

二、精准广告的含义

精准广告这个词最早由业界提出，由百度于 2006 年 7 月在百度世界大会上首次发布。它是一种革命性的广告推广方式，依托于百度全球领先的技术实力和庞大的网民行为数据库，对网民几乎所有上网行为进行个性化的深度分析，按广告主需求锁定目标受众，进行一对一传播，提供

① 黄升民，杨雪睿.碎片化背景下消费行为的新变化与发展趋势[J].广告大观（理论版），2006(2)：4-9.

多通道投放，按照效果付费。

学界对精准广告的研究大多是在精准营销的背景下展开的。所谓精准营销，就是指在精准定位的基础上，依托现代信息技术手段，建立个性化、一对一的顾客沟通体系，实现企业可度量的低成本扩张。[①] 一般认为精准广告是精准营销的一种方式，可以一对一有针对性地开展个性化的广告传播。

不管是业界还是学界，都在尝试对精准广告的含义进行把握，尽管侧重点不同，但都描述了精准广告的特性。精准广告在发展的过程中，依托不同的技术和平台，使得精准程度不断升级，因此，精准广告的含义除了要体现精准广告的核心内涵以外，还要注重与当下精准广告的实际发展作紧密结合。本书作者将结合业界和学界的定义，再考察精准广告当下的发展特征，重新对精准广告的含义进行阐释。

当下的精准广告，指的是依托现代信息技术发展和大数据时代的背景，利用强大的数据挖掘和数据分析的实力，准确地了解受众的需求并定位受众，将广告传播内容与受众具体的需求进行匹配，选择合适的时间以及受众喜爱或习惯的合适渠道进行针对性的广告投放，并进行实时的监测以检验投放效果的一种新型广告传播形式。精准广告的含义中隐含着精准广告的几个重要内容：

第一，精准广告中的精准实现是一个不断演变、不断升级的过程。精准广告的第一阶段是通过地域定向投放实现精准，比如各大门户网站设立的地方门户就为当地企业精准广告的地域定向投放提供了实现平台；第二阶段是通过时间定向投放实现精准，根据受众的媒介接触时间以合理化广告的投放时间；第三阶段是依据受众的人口属性进行精准广告投放，即按照性别、年龄、职业等受众的信息实现对目标受众的精准化覆盖；第四阶段是结合媒介平台深度分析受众生成的内容和受众行为，实现了广告的量身定制和一对一式的传播，这是目前精准广告的主流形态。

第二，精准广告的核心本质是在合适的时间为合适的人展示合适的内容。精准广告中的精准涉及三个维度，包括时间、受众、内容。这三个维度如同三个齿轮一般各自运动又彼此关联，缺一不可。合适的时间指的是需要综合考虑受众媒介接触时间和受众需求产生时间，才能够在受

207

---

① 蔡国良.精准人群的互动营销[J].新营销,2014(6):88-90.

众需要广告的时间用受众接触得到的媒介即时地发布广告;合适的受众指的是要为目标受众定位,使其在海量的人群中能够被找到,当然可以使用不同的人群识别和分析依据;合适的内容指的是在充分挖掘和了解受众需求的基础上,为之量身打造满足这些需求的个性化信息内容。

第三,精准广告代表着新的广告理念,也是新媒体广告的发展方向。广告浪费问题从广告一诞生就如影随形,任何一个广告主都希望投放的广告可以少浪费,可以获得最大化的收益,这些与广告效果相关的问题早已困扰广告主多年。精准广告的出现在一定层面上符合广告主的期待与需求,虽然目前精准广告在我国处在发展的初级阶段,但是它充分注重受众的需求,追求广告个性化传播的理念以及合理化、节约化的广告投放理念,符合新媒体广告的发展要求,能够代表新媒体广告的发展方向。

第二节　精准广告的实现基础

一、海量数据

通过精准广告的定义及其发展情况,我们已经得知新媒体上的精准广告是以数据作为驱动的广告形式。可以说,大数据技术的出现提供了一个前所未有的机会,使以数据为基础的精准广告成为广告行业发展的必然趋势。舍恩伯格在《大数据时代》一书中对大数据的概括是,不用随机分析法(抽样调查)这样的捷径,而采用所有数据的方法。[①] 在此基础上,大数据技术指的是从各种各样类型的数据中,快速获得有价值信息的能力。但实际操作中,经济、技术等原因限制了我们对所有数据的收集和分析,目前数据运用中更实际的发展方向是海量数据,即不是所有数据但接近所有数据的状态,简单表现为尽可能多的数据。

当然海量数据不仅表现在数据量大,还具有结构复杂、类型众多等特点。这是因为,数据不等于数字,数据的来源相当广泛,文字、地理位置、人际关系和沟通都可以被数据化,即把普遍现象转化为可被分析量化形式的过程,这丰富了数据的结构类型。比如通过光学字符识别软件可以

---

① 维克托·迈尔-舍恩伯格,肯尼迪·库克耶. 大数据时代[M]. 盛杨燕,周涛,译. 杭州:浙江人民出版社,2013:39.

识别书页上的字、词和句,就能轻松地把书页的数字化图像转化为数据化文本;通过经纬度能把地理位置转化为数据,通过 GPS 定位时时刻刻都能产生各种有价值的信息;社会化媒体中通过社交图谱可以把关系数据化,在各种社会化用户生成的内容中,可以通过关键词的提取把沟通内容数据化。

　　虽然海量数据增加了数据的混杂性,但无疑减少了误差出现的可能,使结果更加接近事实。《大数据时代》中提到过这么一个案例,假设你要测量一个葡萄园的温度,但是整个葡萄园只有一个温度测量仪,那你就必须确保这个测量仪精确得能够一直工作;反过来,如果每 100 棵葡萄树就有一个测量仪,有些测试的数据可能会是错误的,可能会更加混乱,但结合众多的数据就可以提供一个更加准确的结果。[①] 这充分说明,海量数据的重要作用在于它不仅能抵消错误数据造成的影响,还能提供更多的额外价值。

　　数量巨大、结构复杂、类型众多的数据构成的海量数据若要进行数据处理和应用是相当复杂的,所以与海量数据相适应的数据处理模式的革新至关重要,云计算的出现提升了对海量数据的分析能力。所谓的云计算是一种商业计算模型,它将计算任务分布在大量计算机构成的资源池上,使各种应用系统能够根据需要获取计算力、存储空间和信息服务。[②] 换言之,云计算能够为海量数据的处理提供空间、速度、能力上的保障,使得从各种结构、各样类型的海量数据中快速获得有价值信息的能力得到飞跃式的提升。

二、人群画像

　　以受众为中心的精准广告建立在充分了解受众的基础之上,就目前而言,对受众的把握主要依据用户的行为数据以及用户生成的内容数据。用户的行为数据指的是由用户浏览过哪些网站、下载过哪些应用、搜索过哪些关键词等能够折射及反映其具体的新媒体使用状况的行为转化而来的数据。用户生成的内容数据指的是由受众主动发布在类似微博、人人

209

---

　　① 　维克托·迈尔-舍恩伯格,肯尼迪·库克耶.大数据时代[M].盛杨燕,周涛,译.杭州:浙江人民出版社,2013:48.

　　② 　刘鹏.云计算[M].北京:电子工业出版社,2010:1.

网等媒体上的个性化内容转化而来的数据。

通过以上数据我们可以了解到用户的行为、偏好、特征,从而全面了解用户的购买行为、态度、生活形态和媒体接触习惯等,然后为每个用户打上人口属性、兴趣、产品行为等多维度的标签,再对不同维度的标签进行筛选、聚类,进行族群划分、标签描述、定性描述。这是一个通过数据去塑造一个有血有肉的活体的过程,即人群画像的实现过程。传统意义上的抽样调研是希望通过个案去总结群体的共性,而人群画像是为了找到目标用户的个体差异和偏好,而且这个差异和偏好是实时、动态的。人群画像帮助广告主充分研究用户,并且投其所好,是精准广告能够找到合适受众的关键。

三、技术工具

1. 精准广告的用户数据采集工具

用户行为数据的采集——Cookie。Cookie 是指某些网站为了辨别用户身份进行跟踪而储存在用户本地终端上的数据(通常经过加密)。HTTP 协议是无状态的,即服务器不知道用户上一次做了什么,比如在网上购物场景中,用户浏览了几个页面,购买了几本书,最后结账时,由于 HTTP 的无状态性,服务器并不知道用户到底买了什么,这严重阻碍了交互式 Web 应用程序的实现。① 而由于 Cookie 具有记录用户的账号、密码、浏览过的网页、停留的时间等信息,也就准确而有效地解决了用户身份的识别问题。

目前利用 Cookie 技术采集用户行为数据进行精准广告投放的操作方式是:众多网站采用 Cookie 技术,搭建用户信息数据库,并实时跟踪用户行为,收集用户的浏览页面、检索行为、登录时间、页面停留时间、收藏物品、支付行为等一系列相关信息,再把这些信息分类和整理,从中提取出相应的关键字,最后根据关键字信息,向用户推荐网站中其他类似或相关网页。② 即把利用 Cookie 技术采集到的用户行为数据进行分类,提取关键词,根据关键词进行用户细分、相关联产品的推荐等,以实现精准广

① mastudio. cookie 的问题,应该是法律的问题[EB/OL]. [2013-03-29] http://www.mastudio. org/news/news_708. html
② 刘英贵、李海峰. 新媒体传播中精准广告的营销方式研究[J]. 当代传播,2013(4):86-88.

告的投放。

亚马逊是最早利用 Cookie 工具进行精准广告投放的实践者。用户一般在使用亚马逊网站的过程中,大部分行为都会被记录下来,亚马逊根据这些数据,不断勾画出每个用户的特征轮廓和需求,并以此为依据向其推送精准广告。比如搜索了什么产品,浏览了哪些产品的详细介绍,最终购买了什么产品,都会被亚马逊记录下来。接下来当用户做决策的时候,亚马逊便会推送与用户有着相同购物经历或者相似兴趣爱好的人如何选择商品的信息,为用户决策提供一定的参考。

用户生成内容数据的采集——OAuth + API。OAuth 协议是 Open Authorization 的简写,是一个开放标准,允许用户让第三方应用访问该用户在某一网站上存储的私密资源(如照片、视频、联系人列表),而无需将用户名和密码提供给第三方应用。OAuth 允许用户提供一个令牌,而不是用户名和密码来访问他们存放在特定服务提供者处的数据,每一个令牌授权一个特定的网站在特定的时段内访问特定的资源。[①] 因此 OAuth 是一种相对安全的授权方式,让用户可以授权第三方应用访问他们存储在其他的服务提供者处的某些特定信息,而非所有内容。

API(Application Programming Interface,应用程序编程接口)是一些预先定义的函数,目的是提供应用程序与开发人员基于某软件或硬件得以访问一组例程的能力,而又无须访问源码或理解内部工作机制的细节。[②] 目前各种社会化媒体纷纷将自身资源开放给开发者调用,对外提供的 API 调用使得站点之间的内容关联性更强,同时这些开放的平台也为用户、网站、开放者提供了更大的价值。

目前在社会化媒体上利用 OAuth 和 API 对用户生成内容进行采集的方式是:社交媒体上的安全授权技术 OAuth 返回授权的令牌给第三方应用程序,然后第三方应用程序可以使用返回的、有效的令牌调用社会化媒体提供的 API 来获取想要的用户数据,这其中就包括用户生成的内容。当运用 OAuth 和 API 采集到用户生成的内容数据后,类似利用 Cookie 收集用户行为数据的精准广告一般,将数据分类后提取关键词,

211

---

① Felix.微信公众平台开发 OAuth2.0 网页授权[EB/OL].[2014-04-15]http://tobec-to.com.

② 马丁雷迪.C++AP2 设计[M].刘晓娜,等译.北京:人民邮电出版社,2013:1.

从而进行用户细分、相关联产品的推荐等。比如,可以利用 OAuth 和 API 采集的 Facebook、Twitter 上用户生成内容数据进行分析,匹配广告内容,以实现精准广告投放。

2. 精准广告的投放技术

关联规则(Association Rule)技术。关联指的是一个事件与他事件,一个物体与他物体之间的依赖性和联系性。因此,当一个事件或者物体与其他事件或者物体存在一定关联时,那么其中一个事件或者物体就可以通过关联规则被预测到。精准广告中的关联规则技术被用于发现算法以及根据用户行为向用户推荐。比如通过数据库统计购买了甲产品的人购买乙产品的关联性,关联性越高,广告的精准性越高。换言之,如果购买过甲产品的人中 99% 都购买乙产品,那么一个新的消费者购买了甲产品后,向他推送乙产品的广告,乙产品就很有可能是符合消费者需求的产品,广告的效果就能得到直接体现。当然这不仅仅局限在对用户购买行为数据的分析上,对用户的其他行为都可以利用关联规则挖掘有价值的信息,并以此为根据投放精准广告。

聚类(Cluster)技术。聚类指的是将物理或抽象对象的集合分成由类似的对象组成的多个类的过程。由聚类所生成的簇是一组数据对象的集合,这些对象与同一个簇中的对象彼此相似,与其他簇中的对象相异。[①] 精准广告通过聚类技术将属性、特征相似的用户分配到相同的类中,根据目标用户的需求分析,从而提供满足目标用户所在类的广告信息。比如,百度精准广告就是依托于百度,在对网民的上网行为进行个性化深度分析的基础上运用聚类技术,精准锁定目标受众,提供符合需求的广告信息。

协同过滤(Collaborative Filtering)技术。协同过滤一般采用最近邻技术,利用用户的历史喜好信息计算用户之间的距离,然后根据与目标用户的喜好最相近的用户对商品评价的加权平均值来预测他对特定商品的喜好程度,从而根据这一喜好程度来对目标用户进行推荐。换言之,协同过滤是利用某兴趣相投、拥有共同经验之群体的喜好来推荐使用者感兴趣的信息,个人透过合作的机制给予信息相当程度的回应(如评分)并记

---

① 冯晓蒲,张铁峰. 几种主要聚类方法的比较和试验[EB/OL]. [2011-08-29] http://www.dzsc.com/data/html/2011-8-29/95360.html.

录下来以达到过滤的目的进而帮助别人筛选信息。[①] 协同过滤又可分为评比(Rating)或者群体过滤(Social Filtering),前者指的是利用数学运算让系统自动计算喜好的强弱进而去芜存菁使得过滤的内容更有依据,后者指的是借由社群的喜好提供个人化的信息、商品等的推荐服务。

第三节 精准广告的产业链构成

一、RTB

RTB(Real Time Bidding),即实时竞价,是一种利用第三方技术在数以百万计的网站上针对每一个用户展示行为进行评估以及出价的竞价技术。与大量购买投放频次不同,实时竞价规避了无效的受众到达,针对有意义的用户进行购买。[②] 简单来说,实时竞价的对象是针对每一个用户的广告展示机会,以拍卖用户一次页面浏览的形式卖给广告主,出价最高的广告主获得用户该次页面浏览时展示广告的机会。RTB 的实现,需要整个产业链上不同的参与方(供应方平台、广告交易平台、需求方平台)共同合能作才完成。

与以往的广告相比,RTB 在核心理念上发生了本质的改变。

RTB 的核心理念之一是售卖人而不是广告位。因为 RTB 并不固定在新媒体上的某一位置,也无法被所有人接触到,当某一用户浏览某一个网页,或者打开应用、服务时,专门的广告平台可以通过各种手段获得该用户的基本资料、行为或者生成的内容数据等信息,然后通过这些信息为该用户展示适合的广告。因此,不同的用户在同一个页面上会接触到不同的广告,每一个用户接触到的每一个 RTB 广告都是广告平台为其量身定制的。当然在这当中,了解到用户的相关信息是关键所在,可以运用上文提到的两种数据采集工具进行用户信息的搜集,目前主流的做法是通过 Cookie 对用户进行追踪定位区分。RTB 对精准广告的重要贡献在于,在对用户了解的基础上为其匹配广告信息,这实现了精准广告为合适

213

---

① 邢哲,梁竞帆,朱青.多维度自适应的协同过滤推荐算法[J].小型微型计算机系统,2011,32(11):2210-2216.

② 王宇婷.聚焦广告业新一代颠覆者——RTB广告[J].文化产业导刊,2014(9):66-70.

的人推送合适的广告这一重要原则。

RTB 的核心理念之二是实时竞价而不是固定价格。传统广告展示一般是固定价格的,或根据曝光时间长短定价,或按照曝光次数定价,或按照受众点击次数定价,不管哪种定价方式,都是广告投放前双方协定好的。但是实际上,每一个用户对于广告主的价值都是不同的,在广告主广告预算有限的前提下,广告主会选择对它们而言价值更大的用户进行广告投放。根据 RTB 采用的实时策略,只有当高价值用户浏览确定的网页或者打开确定的应用、服务时,广告主才开始为广告的展示机会出价,出价最高者便获得为这一高价值用户展示广告的机会,并以这一次的竞价为广告投放买单。这种实时竞价的方式,一方面使得每个广告展示机会都尽可能卖到广告主愿意的最高价值,另一方面广告主可以根据实际的情况主动出价,平衡各个广告主体的利益。

二、DSP

DSP (Demand-Side Platform),即需求方平台,它是一个系统,也是一种在线广告平台。它服务于广告主,帮助广告主在互联网或者移动互联网上进行广告投放,DSP 可以使广告主更简单便捷地遵循统一的竞价和反馈方式,对位于多家广告交易平台的在线广告,以合理的价格实时购买高质量的广告库存。[①] 区别于传统的网络广告,DSP 并非从网络媒体出包买广告位,也不是以包天、包月等形式买断广告位,而是从广告交易平台通过实时竞价的方式获得广告的曝光机会。DSP 的出现,为 RTB 的实现提供了强大的基础设备和能力,这主要表现在两个方面:

1. 强大的运算能力和飞速的运算速度

普通用户在发出指令打开网页、应用,到他们看到网页、应用上的内容和广告这短短的几百毫秒之间,DSP 与广告交易平台之间会发生多次信息交换。首先,广告交易平台要向 DSP 发出竞价请求,告知 DSP 这次曝光的属性,如物料的尺寸、广告位出现的 URL 和类别,以及用户的 Cookie ID 等;DSP 接到竞价请求后,必须在几十毫秒内决定是否竞价这次曝光,如果决定竞价,出什么样的价格,然后把对竞价的响应发回到广

① 黎斯丽.掀起"红盖头"揭开真正意义 DSP 神秘面纱[EB/OL].[2012-03-09]http://net.it168.com/a2012/0309/1322/000001322701.shtml.

告交易平台。① 如果这个过程中,DSP 的运算能力不够,运算速度过慢,广告交易平台就无法在规定时间内获得 DSP 的竞价,就会影响广告主的广告投放。

2. 基于数据的人群定向技术

服务于广告主的 DSP,需要根据曝光属性的相关数据,为每一次从广告交易平台传递来的竞价请求决定竞价的策略。这些数据包括本次曝光所在网站、页面的信息,以及更为关键的本次曝光的受众人群属性,人群定向的分析直接决定 DSP 的竞价策略。② 在这个过程中,基于数据的人群定向技术的 DSP 决定着目标受众的捕获,决定着是否能找到合适的人。

我国的 DSP 刚刚起步不久,与国外领先水平虽有一定的距离,但体现出良好的发展势头。其中,品友互动依托国际化水平的 RTB 架构和算法,凭借先进的人群定向专利技术,成为目前我国最大的 DSP,实现了与淘宝与谷歌两大广告交易平台的对接,为广告主提供了精准广告的多种实践。

三、Ad Exchange

Ad Exchange 是互联网广告交易平台,像股票交易平台一样,Ad Exchange 联系的是广告交易的买方和卖方,也就是广告主方和广告位拥有方。简言之,这个平台在 DSP 媒体广告资源对接的基础上,进一步实时实现广告资源的互换,实现资源的最大化利用。对广告主而言,Ad Exchange 具有收集处理广告目标客户的数据,自定义定向、出价和预算,以及在恰当的时机买入符合需求的广告资源的功能;对媒体而言,Ad Exchange 具有系统管理海量广告位,提供多维定向功能以精准地控制受众覆盖面,便捷地创建、管理广告订单和投放计划,以及及时、多维地跟踪投放效果等功能。③

215

---

① 黎斯丽.掀起"红盖头"揭开真正意义 DSP 神秘面纱[EB/OL].[2012-03-09]http://net.it168.com/a2012/0309/1322/000001322701.shtml.

② 黎斯丽.掀起"红盖头"揭开真正意义 DSP 神秘面纱[EB/OL].[2012-03-09]http://net.it168.com/a2012/0309/1322/000001322701.shtml.

③ london.h.数字百科:什么是 Ad Exchange[EB/OL].[2013-08-15]http://www.damndigital.com/archives/96972.

Google 的 DoubleClick 凭借其"动态广告报告与目标定位"技术,成为目前最为典型的 Ad Exchange。它不仅为企业提供广告的集中策划、执行、监控和追踪等综合性的广告服务,更重要的是通过建立一个开放的市场,并在实时竞价过程中确定广告资源的价格,使得展示广告和广告空间的分配都更为高效、更加轻松。

四、SSP

SSP(Sell-Side Platform),即供应方平台,它是一个系统,也是一种在线广告平台。SSP 专门为资源提供方服务,他们专注于广告位优化、展示有效性优化、展示竞价优化,希望将自己手里的资源、流量变现,而且希望利益最大化。简而言之,SSP 就是为供应方服务的,供应方可以在 SSP 上管理自己的广告位。[①],借助 SSP,供应方希望他们的库存广告位可以通过竞拍获得最高的展示价格,而不必以低价卖出。与 SSP 供应方平台相呼应的是 DSP 需求方平台,DSP 是要为广告主省钱,而 SSP 要为供应方赚更多的钱,这两者有着不同的诉求。

目前,国内典型的 SSP 有 Avazu 艾维邑动、Mediav、Taobao Tanx 等,他们提供与 DSP、Ad Exchange 等的对接,为实时竞价广告的展开提供广告位支持。

五、DMP

DMP (Data-Management Platform),即数据管理平台,是把分散的第一、第三方数据进行整合,纳入统一的技术平台,并对这些数据进行标准化和细分,从而把这些细分结果推向现有的营销环境中。[②] 具体来说,DMP 以技术为驱动,具有数据管理、数据分析、数据调用等功能。实质上,DMP 是 DSP 的一个重要组成部分,DMP 让广告主和广告代理公司得以控制他们自身的第一方受众数据和广告推广活动数据,通过这些第一方数据和第三方数据间的互相参考,来使媒体购买、广告计划管理等决

---

① london. h. 数字百科:什么是 Ad Exchange[EB/OL]. [2013-08-15]http://www. damn-digital. com/archives/96972.

② Vincent Chen. 白皮书:解密 DMP 数据管理平台[EB/OL]. [2012-05-23]http://www. rtbchina. com/bluekai-data-management-platforms-demystified. html.

策更为明智。[①]

我国 DMP 发展的典型易传媒,不仅是国内最早开始提供 DMP 服务,也是最先专注于移动数据管理的平台。目前它已经成为国内最大的一个多屏数据管理平台。

六、精准广告的完整产业链

综上,目前精准广告已经发展到统一平台管理跨媒体投放阶段。如图 10-1 所示,当下,精准广告的完整产业链是由 SSP—Ad Exchange—DSP 的核心链条衔接,再加上 DMP 环节支持,最终实现 RTB。

具体来说,实现精准广告的完整过程需要经历以下这些步骤:

当一个用户访问新媒体广告位页面时,SSP 端向 Ad Exchange 发出访问讯号,告知有一个访问请求,SSP 把广告位的具体信息,例如所属站点、最低出价以及通过 DMP 分析匹配后的用户属性信息打包发送给各个 DSP,DSP 端开始对这个广告展现进行竞价,竞价获胜者就能够让自己的广告展现在这个广告位上,进而让用户看到。[②]

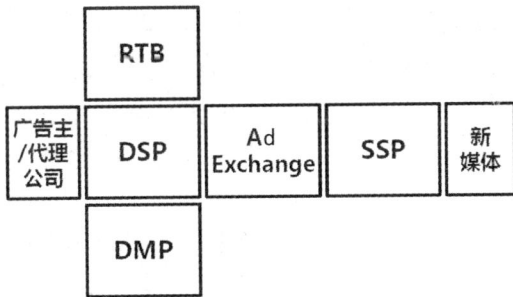

图 10-1　精准广告的完整产业链构成

举例来说,某用户打开一个视频网站观看某一美妆类的节目,在页面右边有一个广告位,当该用户访问页面的一瞬间,SSP 得知有用户打开了这个页面,接下来这个页面就被挂牌到一个或多个 Ad Exchange 进行出售。同时,广告位置、该视频网站的属性、最低价格等基本信息,连同通过

---

① Vincent Chen. 白皮书:解密 DMP 数据管理平台[EB/OL].［2012-05-23］http://www.rtbchina.com/bluekai-data-management-platforms-demystified.html.

② london. h. 数字百科:什么是 Ad Exchange[EB/OL].［2013-08-15］http://www.damn-digital.com/archives/96972.

DMP 分析匹配后的用户属性信息(例如年轻、女性、关注美妆信息等)被发送给各个 DSP。DSP A 经过分析后帮助化妆品品牌 A 报价,DSP B 分析后帮助化妆品品牌 B 报价,如此全部 DSP 都报价后,所有的 DSP 出价信息都将反馈给 Ad Exchange 再汇总到 SSP。如果最后发现化妆品品牌 B 的出价最高,那么接下来在广告位上为该用户展示的就是化妆品品牌 B 的广告。该女性用户看到广告内容若觉得符合兴趣、满足需求,就有可能点击广告,继而产生购买行为。

第四节 精准广告的传播过程和传播模式

一、精准广告传播过程

大致上,精准广告的传播过程经历了广告目标清晰设定、目标受众精准定位、消费需求精准预测、广告投放精准可控、广告效果精准评估这五个环节。

1. 广告目标清晰设定

所有的广告活动都是在广告目标的指导下展开的,广告目标反映了广告活动所要达到的目的,决定了广告活动中其他环节的选择。如果要使精准广告切实产生效果,则必然要在广告目标设定阶段就体现其精准的指导性。

传统意义上的广告目标普遍过于模糊、过于宽泛,对于精准广告传播而言,缺乏实际的指导意义。如"通过广告传播活动,使某电商网站的销量在一个月内提升 10%"这样一个广告目标看似非常清晰,但是对于精准广告而言远远不够。促销、折扣、新流量的引入等都会带来电商网站销量上升的结果,所以,必须要明确广告传播活动具体展开的方向是告知折扣信息、宣传促销信息,还是向新用户宣传网站信息,只有这样才能够保证精准广告的效果。

2. 目标受众精准定位

传统广告环境下,由于缺乏对数据的采集和分析,无法实现对目标人群的精准定位,只能对受众进行群体化的细分,即将受众根据不同的细分标准(如人口、心理等)划分为在属性、特征、行为、需要等某方面类似的群体,而后根据选定的受众匹配合适的广告信息,从而期望达到预设的广告目标。

精准广告与传统广告的市场细分存在一定的差别,传统广告市场细分的重点是群体化的细分,而精准广告的市场细分由于借助个人行为数据或者个人生成内容数据的采集、分析、运用,重点向着个人化的细分发展。这意味着,精准广告是在个体层面上运作的广告活动,能够根据不同的细分标准独立地呈现单个个体的属性、特征、行为、需要等。因此,精准广告传播能够同时精准定位单个受众,并实现广告主与众多单个受众的个性化互动沟通。

当然对受众的精准定位要特别注意精准判断其在特定时间的消费情境。消费情境是指消费行为发生时的环境因素,主要包括时间环境、地理环境、社会影响、购买目的、购买前的情绪和状态等。[①] 通过多维度的关联分析,精准判断其消费情境,比如男性"正在公司、数码控、常吃快餐、喜欢健身"或女性"在某商家附近、喜欢聚会、重视美容健康、有孩子"等[②],以遵循精准广告"在合适的时间找到合适的人"这一重要原则。

3. 消费需求精准预测

大数据时代下,精准广告结合媒介平台深度分析受众生成的内容和受众行为以获得单个受众的精准定位后,还需要深入分析单个受众当下的需求,甚至通过关联规则等进一步挖掘潜在需求,预测其未来的消费需求,再通过有针对性的个性化推荐,促成有效的购买。比如,本章导入案例中,美国折扣零售商塔吉特公司掌握了怀孕女性的购物数据后,通过对单个个体的购买行为数据的采集和分析,实现了对单个个体的受众细分,并对细分后的目标个体进行怀孕预测,从而挖掘他们在不同阶段的不同消费需求,进而精准投放广告信息。

4. 广告投放精准可控

精准广告在目标受众精准定位和消费需求精准预测环节中体现的是对受众的分析和洞察,在广告投放环节,精准广告同样展现出强大的精准性和控制力。我们已经知道,精准广告的生态链构成中,SSP—Ad Ex-

219

---

① 符国群.消费者行为学[M].北京:高等教育出版社,2000:370.
② 倪宁,金韶.大数据时代的精准广告及其传播策略——基于场域理论视角[J].现代传播,2014(2):99-104.

change—DSP 这一链条串联起广告主和单个广告个体的互动沟通,并对实时竞价模式起到了核心作用。由于实时竞价模式实现了从根据位置出售广告到根据人出售广告、从固定价格到实时价格等方面的转变,使广告主在广告投放的受众个体、广告投放的价格、广告投放的时间、广告投放的位置等方面有了更多的自由,提升了广告主在精准广告投放中的主动性。通过对广告展示位置和时间的灵活控制、特定用户的一对一获取、广告投放费用的点对点核算,广告主实现了整个广告投放过程的精准可控。①

5. 广告效果精准评估

广告主在投放新媒体广告后,可以通过监测广告阅读量、点击率、转化率等指标,即时衡量广告效果,但是这反映的仅仅是全局的概念,很难针对广告受众单个个体进行深入的追踪和分析。由于精准广告实现了与单个受众个体的互动沟通,在互动沟通中能够及时有效地获得单个受众个体的反馈,所以,精准广告在效果评估中不仅能够通过固有的传统指标大致了解广告的效果,还能够进一步获得基于单个受众个体的广告效果。这在精准性和可追溯性方面有了较大的提升,可帮助广告主优化广告策略,适时调整广告的投放。

此外,在大数据技术的支持下,广告效果评估方式也在根据受众的行为和习惯不断地演化升级。举例来说,受众接触到门户网站的品牌信息后,不一定直接产生点击广告的行为,反而会通过搜索引擎、品牌网站、社会化媒体等多元平台进行品牌信息的搜索行为,最后在电子商务网站下单购买。这种情况下,单纯依据受众对门户网站广告的点击情况判断广告效果就不够全面准确了,应该从对受众的广告接触媒介行为的系统搜集和分析出发,在区分广告渠道和广告内容的基础上实现对广告效果的精准评估。全球最大的媒介购买集团之一浩腾媒体(Optimum Media Direction,OMD) 2012 年构建了倒推分析式"Attribute Modeling"的广告效果衡量模型,研究促成订单之前,用户都接触到什么,通过对用户每一步媒介接触点的分析,计算每个媒介渠道在促成广告主销售目标的道路上贡献了多少价值,从而帮助广告主实现营销过程的全程精准、持续优

① 倪宁,金韶.大数据时代的精准广告及其传播策略——基于场域理论视角[J].现代传播,2014(2):99-104.

化。[1] 这便是在大数据技术下分渠道广告投放效果精准评估的典型。

二、精准广告传播模式

　　传统广告传播流程中的基本要素包括信源、编码过程、信息、传播渠道(通道)、译码过程、受众、反馈、噪音。其中,信源就是出资人,信息就是广告,渠道便是媒介,而受众就是消费者或潜在消费者,编码是组织广告的手段,解码是理解广告的前提,反馈是广告传播的功能,噪音是妨碍传播效果的因素。[2] 这种模式下,大部分广告主都以一对多的方式向受众群体强制性地传播同一广告信息,这在当下的新媒体广告环境里,无疑暴露了它的诸多弱势:第一,覆盖的受众群体过于广泛,无法关注受众个性化的需求;第二,一味地强制性推送广告信息,忽略了广告传播中受众的主动性和参与性;第三,虽然允许受众群体进行反馈,但是由于延时性的问题,实际反馈的效果和意义不大。

　　在传统广告传播模式的基础上,针对精准广告的传播现状,结合精准广告的传播,可以总结出精准广告的传播模式。结合图 10-2,我们可以从以下几个方面来理解精准广告的传播模式。

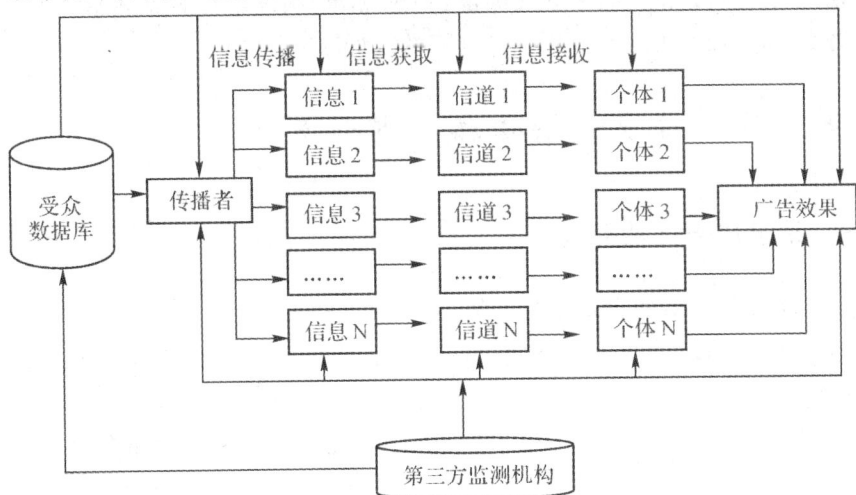

图 10-2　精准广告传播模式[3]

①　麻震敏,等.大数据重塑营销[J].成功营销,2012(8):40-43.
②　丁俊杰,康瑾.现代广告通论(第3版)[M].北京:中国传媒大学出版社,2013:22-25.
③　图片来源:邓瑛.精准广告的传播模式与策略研究[D].长沙:湖南大学,2008:24.

第一,实现了一对一式的互动沟通。与传统广告一对多的方式不同的是,精准广告实现的是一对一式的互动沟通,即通过对单个受众的信息、需求等的分析,选择他们习惯接触的媒介(信道),将符合单个受众需求的信息以受众喜爱或习惯的形式传达给受众。在个体层面上运作的精准广告,通过信息的传播无疑强化了受众的主体地位,反映了单个受众的个性化需求,也更符合以消费者为中心的理念。

第二,精准广告传播的基础是受众数据库。在对受众进行精准定位后,受众数据库中以数据的方式保存着所有受众的,包括人口、心理、行为等相关信息,当然这些数据主要是由第三方监测机构收集并提供给广告主的。虽然受众数据库不直接参与精准广告传播,但精准广告是根据这些受众相关数据为数据库中的受众量身定制广告信息,并且在互动中随时保存来源于受众的各种反馈数据,这样便可以为之后的广告传播奠定受众与数据的基础。

第三,精准广告效果的即时测量和评估。由于精准广告可利用一些技术手段,轻易地获得单个广告受众的相关数据进行统计,甚至还可以实现跟踪,使得精准广告的效果测量更全面精准,精准广告的效果评估更即时交互,从而有助于整个广告投放策略的调整和完善。

第五节　精准广告传播问题和策略

一、精准广告传播问题

1. 精准广告的受众定位问题

虽然精准广告的目标受众定位已经在朝精细化的方向发展,但是,目前精准广告传播中主要呈现的问题之一依然是受众定位的问题。具体来说,主要有两个方面的原因。第一,虽然目标受众的定位标准和依据是多样化的,人口、心理、行为等都可以成为划分的标准,但是只根据性别、年龄、职业等人口属性进行的定位对于精准广告的意义其实并不大。因为这仅仅只是缩小了目标受众的范围,而没有实现对于个体的把握。人口属性一般都作为最根本的定位依据,真正的目的是在其基础上,准确地找到目标受众,并分析受众的兴趣、需求等。第二,人口、心理、行为等定位的标准难以确保真实性,也无法精准到个人。网络本身是一个虚拟的空间,从虚拟中得到的信息数据不可能明晰透彻,而且由于只是记录用户在网络中的行为、内容等,也就无法真正识别媒体使用者。例如,精准广告面对公共场合的电脑使用者就缺乏用武之地,因为无法清楚地识别哪一些行为归属于哪一些用户。

目标受众一旦把握不准确,就无法让精准广告定位到准确的受众,广告的投放就会产生浪费。

2. 滞后性问题

根据用户行为数据精准投放的广告,虽然可以通过掌握用户的行为轨迹洞察、预测用户的需求,但是很多情况下,仅仅通过单一数据无法及时判断用户需求所处的状态,就无法在合适的时间给用户推送能够满足需求的广告,容易造成广告投放滞后性的问题。对于用户需求的精准预测是多方面构建的,不仅需要预测需求的内容,还需要预测需求的场合。比如,用户在电商网站上的商品浏览、商品收藏、将商品添加到购物车等行为数据被提取后,再通过各种技术手段分析受众的需求而进行相应广告的投放时,受众很有可能已经完成了商品的购买,那么所谓的精准广告对受众而言不过是过时的广告,无法产生预期的广告效果。这也是目前我们在精准广告中经常遇到的问题。

因此需要建立在了解用户完整的行为轨迹,搜集用户完整的行为数据的基础上进行分析,才能够精准把握需求所处的状态。另外,由于目前受众的商品浏览行为和商品购买行为可能趋向分散化,即这些行为产生不一定来源于同一个平台,如受众很有可能在搜索引擎、社会化媒体上搜索商品的信息,而在电商平台购买商品,这对追踪受众的完整行为提出了更高的要求,也就在一定程度上给精准广告的即时性增加了一定的难度。

3. 内容与受众个性化需求的匹配问题

虽然精准广告强调广告内容与受众需求的精准匹配,即在找准目标受众的基础上,根据目标受众的需求投放广告,但是,目前影响精准广告传播的另外一个问题是广告内容没有满足用户的需求,即广告内容与用户需求在匹配环节出现了问题。究其原因,第一是媒体采购端不够自由和便捷,使得精准广告在找到合适用户后,无法运用合适的媒介承载及表现广告内容,内容与媒介的对接相对生硬,影响了内容与受众的精准匹配;第二是由于受众群体的深入细分下广告主缺乏具体的应对,即当受众展现出个性化的需求时,广告主很容易忽略个人的、小群体的需求,而首先选择去满足大群体的需求。

若在找到目标受众及分析其需求后,无法让精准广告为合适的人投放合适的内容,广告的效果只会是差强人意。

4. 隐私问题

精准广告的用户需求洞悉是建立在对用户基本信息数据、行为数据、用户生成内容数据进行搜集、分析、运用的基础之上。换言之,越是精准满足用户需求的广告,便越是追踪与掌握了更细致、更具体的用户数据,而这会引发用户对隐私方面的更多担忧,特别是通过 Cookie 技术进行跟踪与采集用户行为的精准广告,更有可能造成在隐私方面的负面影响。我们已经了解到 Cookie 的存在是为了让网站能够识别用户的身份,比如电商网站可使用 Cookie 技术来优化商品的购买程序,以分析用户在哪一环节的购买体验出现了问题,影响到了购买决策。但一些网络广告公司通过自行研发浏览器插件,或者通过向大型网站购买带有广告的内嵌代码等方式来收集 Cookie①。根据 Cookie 投放的定向广告常常让受众反感,甚至感觉被侵犯到隐私,这是因为在 Cookie 采集用户行为数据之前,用户本身不一定了解或者知晓自己的上网行为被跟踪,并被运用到精准广告的投放中。原则上,新媒体广告商只能够在用户许可的情况下利用 Cookie 采集、运用用户行为数据,但实际上,对 Cookie 的搜集不仅没有让用户知情并得到许可,甚至还存在剽窃、窜改等违规行为。如某些利益主体会故意设置网络臭虫,使得用户的上网习惯被收集,甚至用户的上网输入数据也会遭窃取。

在 2013 年的"3·15"晚会上,央视曝光了一些互联网企业在 Cookie 数据方面泄露用户隐私的问题。这之后,围绕着 Cookie 是否泄露隐私的大讨论深入展开。一方面精准广告厂商声明他们严格按照隐私保护的标准实践,不会提取单个用户数据,而是把个人纳入到群组中进行分析,不会泄露用户的隐私信息。他们的目的不过是为了让广告更加精准,改善网民体验而已。但是,另一方面,众多国内浏览器如 360、搜狗等纷纷推

---

① 赵楠.Cookie:一半是广告,一半是隐私[N].第一财经日报,http://www.yicai.com/news/2013/03/2560460.html,2013-03-18.

出消除 Cookie 的功能,紧跟 Safari、IE10、Chrome、Firefox 等国外浏览器的方向,甚至一些相关人士提出了牺牲个性化和精准化的体验以换取隐私的保护。这无疑是精准广告发展过程中经历的一次大挑战。

二、精准广告传播策略

1. 广告目标上重视效果

传统广告的运作是围绕媒体展开的,是以媒体价值为核心的,但是由于缺乏对数据的系统收集和分析,媒体价值很难被精确地衡量,投放在媒体上的广告效果也极难评估。另外,传统广告传播主要依靠增加曝光次数以增加广告达到率,这是一种面对大众的、一对多的方式,虽然可能在一定阶段提升了品牌、产品的知名度,但未必会收获良好、持久的美誉度。因此,传统广告效果的说服力甚为缺乏,传统广告目标与广告效果往往是割裂的。

新媒体环境下,精准广告的传播逻辑发生了根本性的变化,消费者价值成为核心。在大数据技术的支持下,不仅可以对消费者个体人口属性进行精准把握,对消费者个体的行为进行捕捉和追踪,搜集消费者个体的相关数据,并在数据基础上分析消费者个体以精准定位目标受众,投放实时、个性、精准的,与消费者个体的兴趣与需求匹配的广告内容,而且还能够及时实现消费者个体对广告的反馈、态度以及由此引发的行动,从而获得相对精准的广告效果。对消费者个体的关注,发布具有针对性的广告内容,注重实时性等方面无疑大大提升了广告效果。除此以外,通过和电子商务的购买支付体系关联,可以直接促成广告点击和消费购买,形成"广告—用户—销售"的营销闭环,从而提升广告投放的效果转化能力和投资回报率。[①]

因此,精准广告目标的设定应该尽可能与广告效果挂钩,明确效果的具体构成,甚至呈现量化的目标效果,以帮助广告活动顺利地展开。而精准广告具有的更低的预算门槛、更个性的投放内容、更精准的效果反馈等特点,都在突显着精准广告在效果上的重视,说明精准广告这种形式更加适合中小企业的广告投放。

225

---

① 倪宁,金韶.大数据时代的精准广告及其传播策略——基于场域理论视角[J].现代传播,2014(2):99-104.

2. 广告体验上利用技术手段

毫无疑问，精准广告的实现与大数据技术有着密切的关系，需要在大数据技术的支持下，进行数据跟踪和数据挖掘，以获得精准的目标受众，再围绕目标受众的需求、兴趣等适时推送针对性的广告。从人群定向、实时追踪、关联分析到精准推送、点对点购买，再到数据监测、效果测算，都需要一系列的机器识别、复杂网络、推荐算法等技术手段的支撑。① 虽然大数据技术与广告创意的提升没有直接性的关联，但实际上，大数据技术渗透在精准广告的各个环节，帮助实现针对性的广告投放。对于受众而言，这大大减少了与自身无关的广告接触，从而提升了广告的体验。

除了大数据技术以外，多媒体技术、HTML5 网页嵌入、实时交互等技术手段的支撑也必不可少，他们为广告创意的实现提供了必要的基础，提升了用户的感官、情感、行动等多方面的互动体验。

技术因素不能决定一切，但如果无视新技术带来的影响，固守传统媒体的思维与工作方式，那么在新技术浪潮的冲击下，终将变得越来越被动。② 因此，对于精准广告这么一种技术驱动型的广告形式而言，需要广告主、广告公司、广告发布方等认识技术的重要性，在精准广告的各个环节中充分利用技术手段，提高受众定位和受众需求的精准程度，优化广告形式和广告投放，从而提升用户的广告体验以获得更好的广告效果。

3. 广告投放上科学化、自动化、高效化

精准广告在受众定位、滞后性、内容与受众个性化需求的匹配等方面的问题影响着精准广告的精准程度，这需要精准广告在受众定位、需求分析与预测、信息匹配等环节更加科学化的运作。对于受众定位，在提高信息真实性的基础上，需要多增加定位分析的维度。比如，从 2013 年开始大热的褚橙在精准广告中通过大数据技术精准锁定目标人群，根据不同的维度，如人群属性、兴趣图谱、竞品粉丝挖掘目标人群和意见领袖，进行多个信息搜集，最终呈现的精准化营销效果充分说明了科学化定位受众的重要性。对于受众的需求预测，在条件允许的情况下需要尽可能结合

---

① 倪宁,金韶.大数据时代的精准广告及其传播策略——基于场域理论视角[J].现代传播,2014(2):99-104.

② 彭兰.社会化媒体、移动终端、大数据:影响新闻生产的新技术因素[J].新闻界,2012(16):3-8.

众多的数据。其中,应着重搜集用户完整的行为数据,特别是跨平台的数据,以精准把握需求所处的状态,从而科学化地预测用户需求,分析用户需求的满足场景。内容与受众个性化需求的匹配方面也需要科学化的对待,根据受众个性化的需求,需要推送与之适应的个性化广告信息,否则受众定位、需求分析与预测等环节的精准获得就失去了意义。而且,广告信息越来越需要科学化的架构,很大程度上不再是广告的直接推送,而是隐身于优质的个性化内容中。以褚橙的精准广告为例,在受众定位和需求分析后,制定了三组适合的内容方向,包括褚橙产品安全方向、褚时健故事励志方向、微博粉丝独享优惠方向,再把广告信息隐藏在三组内容中,针对不同的属性、需求的用户,投放不同内容方向的广告,从而搭建起与目标消费者联系的桥梁。

目前,不管是受众的分析还是广告的投放,都是在广告目标的指导下借助技术手段自动实现的。精准广告的投放需要更加依赖精准广告的完整产业链,即 SSP—Ad Exchange—DSP 的核心链条衔接,DMP 环节支持,RTB 的方式实现。精准广告的重点不只在于要为特定受众提供个性化的广告内容,还需要及时发现用户的动态需求,及时满足用户的动态需求。对于动态需求的把握,人工手段明显已经落后,精准广告产业链中的各个环节几乎都越来越倾向于全自动化的操作,这也预示着未来精准广告的自动化发展方向。

精准广告的科学化、自动化的发展方向无疑推进了精准广告的高效化。这里所谓的高效不仅体现在效果的引爆速度上,而且还体现在受众反馈的获得速度上。精准广告会与社会化媒体、互动媒体等产生更多的联系,借助这些媒体,吸引受众的参与和分享。这一方面使得信息不断滚动传播,有助于价值的产生;另一方面,广告主通过与受众的互动,更便捷、快速地获取受众的反馈,有助于沟通的深入展开和对广告效果的及时评估。通过这些,精准广告的高效性得以深化。

4. 广告伦理上加强隐私保护

精准广告建立在用户数据追踪、搜集、挖掘和分析的基础上,有可能涉及用户的隐私侵犯。隐私保护的措施多种多样,除了立法、自律、道德约束以外,精准广告尤其需要善用技术手段,加强技术开发,以减少漏洞。

隐私来源于用户的相关数据,如果仅仅掌握数据而不使用数据,实质上不存在对隐私的侵犯,而数据使用者是数据二级应用的最大利益方,因此,必须形成相应的法律法规,培育相应的自律组织,以加强对数据使用者的控制和管理,防止隐私和商业机密的泄露。2013年4月9日,中国29家互联网企业签署《自律宣言》,旨在增强企业自律性,规范Cookie的使用。

与此同时,针对精准广告隐私侵犯上可能引起的受众逆反心理、主动回避行为等问题,需要通过一些手段强化受众对精准广告的认可。

首先,加强受众对精准广告技术的了解。用户普遍对于Cookie技术持负面的看法,美国市场调研公司Jupiter Research的一份调查发现,约有接近40%的网民至少每个月删除一次Cookie,删除的原因是,很多用户误以为Cookie类似于窃取他们资料的间谍软件,以为Cookie会像网络臭虫般窃取用户个人资料。事实上,Cookie的正常搜集和运用不仅不会泄露隐私,而且能够帮助用户提升体验。而如果网页Cookie被删除,当用户再次访问网页时,相关的用户信息、页面内容等需要重新加载,有可能引发账号信息的丢失,或造成打开网页速度缓慢等问题,这些都给用户的正常浏览增加了困难。因此,相关网站应该采取措施普及Cookie技术知识,增进受众对它的了解,表明网站对于受众信息安全的保护态度和立场,例如在网页中增加与隐私、Cookie相关的各种声明。

其次,保证受众的知情权。当受众在享受互联网提供的服务和应用时,应该在合适的时间提醒受众其在互联网上的行为可能被跟踪,可能会被提取并利用相关的数据以投放广告。建议在受众享受互联网提供的服务和应用时,询问受众服务和应用是否有跟踪用户的行为,只有在用户许可的条件下,才能施展精准广告。通过这种方式能从源头上保证用户对精准广告活动展开的心理接受。

最后,保证广告的推送满足受众在特定场景下的需求。受众都有着这样一种心理,当网站与服务猜中用户的喜好并向用户推荐的时候,用户会满心欢喜地接受,但当各大网站上的各式广告推荐用户之前搜索过的产品时绝大多数的人都表示反感。这就说明立即满足用户产生的所有需求的精准广告未必能够产生良好的效果,实际上,用户需求与场景密切相关,特定场景下的需求才决定受众是否真正需要广告主向他推送广告。

参考书目

阿芒·马特拉,米歇尔·马特拉.传播学简史[M].孙五三,译.北京:中国人民大学出版社,2008.

保罗·莱文森.手机:挡不住的呼唤[M].何道宽,译.北京:中国人民大学出版社,2004.

陈刚.网络广告[M].北京:高等教育出版社,2010.

陈刚.新媒体与广告[M].北京:中国轻工业出版社,2002.

丁俊杰.现代广告通论[M].北京:中国传媒大学出版社,2007.

符国群.消费者行为学[M].北京:高等教育出版社,2001.

傅玉辉.大媒体产业:从媒介融合到产业融合[M].北京:中国广播电视出版社,2008.

高丽华,赵妍妍,王国胜.新媒体广告[M].北京:清华大学出版社,北京交通大学出版社,2011.

哈罗德·伊尼斯.传播的偏向[M].何道宽,译.北京:中国人民大学出版社,2003.

蒋宏,徐剑.新媒体导论[M].上海:上海交通大学出版社,2006.

匡文波.手机媒体:新媒体中的新革命[M].北京:华夏出版社,2010.

匡文波.新媒体概论[M].北京:中国人民大学出版社,2012.

李彬.传播学引论[M].北京:新华出版社,2003.

刘鹏.云计算[M].北京:电子工业出版社,2010.

迈克·费瑟斯通.消费文化与后现代主义[M].刘精明,译.南京:译林出版社,2000.

莫梅锋.互动广告发展研究[M].北京:新华出版社,2012.

倪宁.广告学教程[M].北京:中国人民大学出版社,2001.

彭兰.社会化媒体:网络时代的关键转折[A]//尹韵公,吴信训,等.

中国新媒体发展报告 NO.3[C].北京:社会科学文献出版社,2012.

石磊.新媒体概论[M].北京:中国传媒大学出版社,2009.

舒咏平.新媒体广告[M].北京:高等教育出版社,2010.

舒咏平,陈少华,鲍立泉.新媒体与广告互动传播[M].武汉:华中科技大学出版社,2006.

约瑟夫·塔洛.分割美国:广告与新媒介世界[M].洪兵,译.北京:华夏出版社,2003.

唐·舒尔茨,等.整合营销传播[M].吴怡国,等译.北京:中国物价出版社,2002.

维克托·迈尔-舍恩伯格,肯尼思·库克耶.大数据时代[M].盛杨燕,周涛,译.杭州:浙江人民出版社,2013.

威廉·阿伦斯.当代广告学[M].丁俊杰,程坪,等译.北京:人民邮电出版社,2006.

许正林.新媒体新营销与广告新理念[M].上海:上海交通大学出版社,2010.

杨坚争,李大鹏,周杨.网络广告学[M].北京:电子工业出版社,2007.

杨效宏.现代广告文案[M].成都:四川大学出版社,2003.

喻国明.传媒经济学教程[M].北京:中国人民大学出版社,2009.

刘志明.中国舆情指数报告(2013)[M].北京:社会科学文献出版社,2014.

宋安.网络广告媒体策略与效果评估[M].厦门:厦门大学出版社,2008.

SPUPGEON C. *Advertising and new media* [M]. London: Routledge,2007.

FLEW T. *New media* [M]. Melbourne: OUP Australia & New Zealand,2005.

图书在版编目(CIP)数据

新媒体广告 / 孙黎,徐凤兰著. —杭州:浙江大学出版社,2015.9(2019.1 重印)
ISBN 978-7-308-15070-5

Ⅰ.①新… Ⅱ.①孙…②徐… Ⅲ.①传播媒介－广告 Ⅳ.①F713.8

中国版本图书馆 CIP 数据核字(2015)第 202638 号

新媒体广告

孙　黎　徐凤兰　著

责任编辑	徐　婵	
责任校对	张一弛	
封面设计	续设计	
出版发行	浙江大学出版社	
	(杭州市天目山路 148 号　邮政编码 310007)	
	(网址:http://www.zjupress.com)	
排　　版	浙江时代出版服务有限公司	
印　　刷	杭州杭新印务有限公司	
开　　本	710mm×1000mm　1/16	
印　　张	14.75	
字　　数	235 千	
版 印 次	2015 年 9 月第 1 版　2019 年 1 月第 3 次印刷	
书　　号	ISBN 978-7-308-15070-5	
定　　价	35.00 元	